2정판

로스쿨 특허법

2정판

로스쿨 특허법

윤 선 희 저

세창출판사

국립중앙도서관 출판예정도서목록(CIP)

로스쿨 특허법 / 저자: 윤선희. -- 2정판. -- 서울 : 세창출판사, 2015
    p. ;   cm

색인수록
ISBN   978-89-8411-538-5 93360 : ₩24000

특허법(법률)[特許法]

365.92-KDC6
346.0486-DDC23   CIP2015020370

2정판 머리말

　　2010년 로스쿨 특허법이 처음 출판된 이후 약 5년여 간 특허법은 많은 개정이 있었다. 최근의 내용을 살펴보면 출원인의 권리를 보호 및 강화하기 위하여 제30조 제3항을 신설하였고, 공지예외주장 보완 제도를 도입하였다. 이와 함께 출원인이 시장변화 등에 능동적으로 대응할 수 있도록 제52조 제1항 제3호를 신설하여 등록결정 이후라도 분할출원이 가능하도록 하였다. 그리고 이와 같은 특허법 개정 상황을 실용신안법에서도 준용하도록 하였다. 그 외에도 「대한민국과 미합중국 간의 자유무역협정」 체결에 따른 개정 사항을 모두 반영하는 등 그간의 개정 사항을 모두 반영하였다. 책의 후반부에 새로운 판례를 추가하는 등 책의 내용상에도 다소간의 수정을 하여 다소 부족했던 부분을 보충하였다.

　　'교육을 통한 법률가 양성'이라는 로스쿨 제도 도입의 취지를 달성하고자 예비 법조인인 법학전문대학원생들에게 특허법의 이해에 기본적이고 가장 필수적인 내용들을 압축하여 소개하고자 한 본서의 초기 목적에 맞추어 개정판에서도 특허법을 「실체법」 부분과 「절차법」 부분으로 분리하여 구성하였으며, 특허법을 처음 접하는 학생들도 특허법에 대하여 깊이 있게 생각해 볼 수 있도록 기본적인 내용들과 관련된 심화논점을 제시하는 구성을 취하였다.

　　본서는 특허법의 기본적 이해에 부합할 수 있도록 본서를 접하는 로스쿨 학생들 및 변리사 시험을 준비하는 수험생들이 각자의 시험을 준비하는 데 작은 도움이라도 되길 희망해 본다.

　　본서의 개정판이 출간될 수 있도록 도와주신 세창출판사 이방원 사장님과 임길남 상무님, 영업부 최성수 부장님께 감사드리며, 꼼꼼히 교정을 본 정진우 조교, 한양대학교 지적재산권법 전공자들과 변리사반 학생들에게도 감사의 뜻을 전한다.

2015년 7월
저　자

머리말

우여곡절 끝에 시행된 법학전문대학원이 어느덧 두 번째 신입생을 맞을 준비를 하고 있다.

최근에 지적재산권법에 관련된 내용은 더 이상 특수한 영역의 사람들만이 필요로 하는 것이 아닌 누구나 일상생활에서 쉽게 접할 수 있는 것이 되었다. 또한 특허와 상표, 디자인 및 저작권에 관련된 크고 작은 분쟁들이 많이 발생하여 일반인들도 지적재산권법에 대한 관심이 늘어가고 있는 추세이다. 그중에서도 특허법은 저작권법을 제외한 산업재산권법들 중에서 가장 중요한 역할을 하는 실체법이자 절차법으로서 기타 산업재산권법들을 이해하는 데에도 필수적인 역할을 하므로 그 중요성은 거듭 강조할 필요성이 없을 것이다.

이에 본서는 '교육을 통한 법률가 양성'이라는 로스쿨 제도 도입의 취지를 달성하고자 예비 법조인인 법학전문대학원생들에게 특허법의 이해에 기본적이고 가장 필수적인 내용들을 압축하여 소개할 수 있도록 노력하였다. 기존의 서적들과는 달리 특허법을 「실체법」 부분과 「절차법」 부분으로 분리하여 체계적으로 집필하였으며, 복잡한 내용들을 도식화하여 독자들의 이해를 돕기 위한 노력을 하였고, 기본적인 내용들과 관련된 심화논점을 제시하여 독자들이 특허법에 대하여 깊이 있게 생각해 볼 수 있도록 하였다. 또한 변호사시험에 대비할 수 있도록 특허법상의 주요 판례와 관련된 문제들을 제시하여 변호사 시험을 준비하는 법학전문대학원생들과 변리사 시험을 준비하는 수험생들에게 도움을 주고자 하였다.

본서는 2009년도 한양대학교 학술연구비의 지원을 받아 연구한 결과물이며, 출간을 물심양면 도와주신 세창출판사 이방원 사장님과 임길남 상무님, 영업부 최성수 부장님께도 감사드리며, 꼼꼼히 교정을 본 김린수 변리사반 학생을 비롯한 변리사반 학생들과 한양대학교 지적재산권법 전공자들, 지적재산 & 정보법센터 박경신 연구원에게도 감사의 뜻을 전한다.

2010년 새해 연구실에서

저 자

차 례

제1편 특허법의 일반이론

| 제1장 | 특허실체법

| 제2장 | 특허절차법

제2편 특허법상의 주요논점

| 제1장 | 특허실체법

| 제2장 | 특허절차법

제1편

특허법의 일반이론

제1장 | **특허실체법**

제1절 특허법 총설

Ⅰ. 특허제도의 의의

발명자는 정신작용에 의해 생성된 창작물인 발명을 직접 이용할 수 있으며, 비밀로서 유지하는 한 독점할 수도 있다. 그러나 당해 발명이 재산적 가치를 갖고 있는 경우라면 그 발명은 권리로서의 보호 필요성이 요구됨에도 불구하고, 권리로써 보호되지 않고 단순히 비밀로서 유지되는 경우에는 그 비밀성이 침해되기 용이하여 독점적 이용이라는 상태가 쉽게 침해받게 된다. 특히 발명자가 발명의 완성을 위해 많은 연구투자를 하여 발명을 완성한 경우, 이를 정당한 권한이 없는 제3자가 그 발명을 무단으로 실시하게 된다면 발명자는 그 투자액·시간만큼 경쟁력을 잃게 되며, 당해 발명으로 오히려 불리한 입장에 처하게 될 것이다. 이에 발명자의 노력·비용·시간을 투자에 의해서 만들어진 창작물인 발명은 일정한 제도로서 보호되어야 할 것이다.

또한, 산업발전에 있어서 발명이 차지하는 역할을 생각한다면, 이러한 발명의 보호는 산업발전을 위한 필수적 요건이라고 할 것이다. 만약 새로운 발명에 대하여 이를 보호하는 법제가 없다면 위에서 본 바와 같이 발명자는 불리한 입장에 처하게 되며, 이는 발명의 의욕을 감퇴시켜 산업발달의 저해라는 결과를 낳게 된다. 또한, 이따금 완성된 발명도 숨겨져서 이른바 가전(家傳)[1]의 비밀로 되어 사회의 기술수준 향상에는 아무런 역할을 하지 못하게 된다. 이에 대부분의 국가에서는 발명을 장려하고 보호하려는 법제를 두고 있다.[2]

---

1) 가전(家傳)의 경우 공개되지 않기 때문에 특허법에 의한 보호대상이 되지 않는다. 하지만, 공개되지 않은 경우에도 영업비밀의 요건을 갖추는 경우에는 부정경쟁방지 및 영업비밀보호에 관한 법률에 의해 보호하고 있다.
2) 이에 대해서는 설이 다음과 같이 나누어져 있다.
  ① 기본적 재산권설: 발명의 권리는 본래 발명을 한 자에게 있다하여 재산권으로 인정하는 설
  ② 정보공개설: 사회에 유용한 기술을 공개하도록 유인하는 것이 필요하기 때문에 특허제도를 두었다고 하는 설
  ③ 기본적 수익권설: 유용한 발명에 의해 이익을 받는 사회로부터 공헌에 비례한 보수가 발명자에게 주어진다는 설

발명을 장려·보호하려는 제도로서는 국가 등이 발명자에게 포상을 하는 것과 발명자에게 일정 기간 발명의 독점권을 주는 특허제도가 있다. 전자의 제도가 국가 등에 의한 발명의 평가라든지 포상을 위한 재원 마련이라는 문제를 갖고 있는 반면, 특허제도는 일정 요건의 발명에 대하여는 그 보호를 인정하고, 그 상태에서 당해 발명이 갖는 가치는 현실의 경제활동 속에서 자동적으로 평가받게 하는 장점을 갖고 있는 제도로 우리의 특허법이 채택하고 있는 형태이다.

II. 특허법의 목적

특허법은 발명에 대해서 재산권의 일종인 특허권을 부여하는 방식을 취하고 있다. 즉 특허법은 새로운 발명을 공개한 대가로 일정 기간의 독점권을 부여하여 해당 기술에 대해서 다른 사람이 중복해서 연구하지 않도록 하고, 그 공개된 기술을 이용하여 보다 진보된 기술이 나오도록 한다.

그러나 단지 일정한 재산적 가치를 갖는 발명에 대하여 이를 발명자의 천부적인 인권으로 확인하고 보호하는 것만이 특허법이 의도하는 목적은 아니다. 오히려 연혁적으로 고찰해 본다면 특허제도는 산업정책적인 이유에서 비롯되었으며, 우리 특허법 역시 제1조 목적조항에서 "이 법은 발명을 보호·장려하고 그 이용을 도모함으로써 기술의 발전을 촉진하여 산업발전에 이바지함을 목적으로 한다"라고 규정하고 있다. 즉 발명에 대해 일정의 독점권을 인정하는 특허법의 목적은 발명자의 발명 의욕을 자극함이며, 보호를 위한 조건으로서 당해 발명의 공개를 유도하고, 공개된 발명을 이용해 산업발전에 기여하기 위함에 있다.[3]

이러한 특허법의 산업정책적인 의도는 여러 곳에서 확인된다. 예컨대 특허법은 그 보호를 받기 위한 절차에 있어 발명을 한 자가 특허출원을 하지 않을 경우에는 특허가 부여되지 않고, 새롭게 발명한 자에게 특허권을 부여하는 것이 아니

---

④ 발명장려설: 투자한 연구개발비의 회수를 보장함으로써 발명을 장려하는 설
⑤ 투자유인설: 발명에 대한 투자를 유인함과 동시에 대체기술개발을 촉구하는 설
⑥ 경쟁질서설: 발명자에게만 독점권을 부여함으로써 과당경쟁을 방지하고 경쟁질서를 확보하자는 설
3) 우리 특허법은 '산업발전'을 목적으로 하지만 전체적으로 보면, 당초에 국내산업의 보호육성을 배경으로 한 '산업정책'적인 색채가 농후한 제도의 성격을 띠었고, 최근에 와서는 공정한 경쟁질서의 유지를 도모하기 위한 '경쟁정책'을 배려한 제도로 바뀌고 있다.

라 제일 먼저 출원한 자(者)에게 특허권을 부여하고 있으며, 특허를 받을 수 있는 발명에 대하여도 원자핵변환방법에 의해 제조할 수 있는 물질의 발명에 대하여 그 재산적 가치에도 불구하고 산업상의 영향을 이유로 구특허법(1995년 이전법)은 불특허사유로 하고 있었다. 또한, 발명의 이용과 관련하여 특허권자는 발명의 내용을 제3자(즉, 그 발명이 속하는 기술분야의 통상적인 지식을 가진 사람)가 실시할 정도로 공개할 의무를 지며(특§42③), 이를 위반한 발명은 거절결정되며(특§62 iv), 특허가 인정된 경우에도 무효사유가 된다(특§133① i).

III. 특허법상의 보호대상

특허법의 보호대상은 발명이다. 특허법 제2조 제1호에서는 '발명'을 "자연법칙을 이용한 기술적 사상의 창작으로서 고도한 것"으로 정의하고 있다.[4]

1. 자연법칙의 이용

발명은 자연법칙[5]을 이용[6]한 것이어야 한다. 따라서 자연법칙 그 자체나 자연법칙을 이용하지 않는 단순한 정신활동은 발명이 될 수 없다. 또한, 영구운동기

---

4) 독일의 법학자인 요제프 콜러(Joseph Kohler, 1894~1919)는 "발명이란 기술적으로 표시된 인간의 정신적 창작으로 자연을 제어하고, 자연력을 이용해서 일정한 효과를 낳는 것을 말한다"라고 정의하고 있다. 이러한 발명의 규정은 1959년 일본이 특허법을 개정하면서 삽입한 것을 우리는 아무런 연구·검토 없이 받아들인 것이다.
   미국 특허법 제101조는 법령에서 새롭고 유용한 방법, 기계, 제품 또는 물질의 조성물 또는 그에 의한 신규의 유용한 개량을 발명하거나 발견한 자는 특허법의 조건과 요건에 따라서 특허를 받을 수 있다고 규정하고 있다.
5) 자연법칙이란 자연계에 존재하는 물리적·화학적·생물학적 원리원칙을 말한다. 즉 자연에서 경험으로 찾아낸 법칙인데, 예를 들면 i) 자연과학상의 학문적 법칙(뉴턴의 운동법칙, 에너지보존의 법칙 등), ii) 경험칙(물은 높은 곳에서 낮은 곳으로 흐른다), iii) 생리학상의 법칙이다. 그러나 i) 인간의 정신적 활동으로 안출된 법칙(계산법칙, 작도법, 암호작성법), ii) 경제학상의 법칙, iii) 심리법칙(최면방법 등), iv) 인간의 판단(조세방법, 상품의 판매방식, 기억방식, 회계방법, 광고방법, 레크레이션 방법) 등은 자연법칙이 아니다. 즉 자연법칙자체나 자연법칙에 반하는 것, 자연법칙이 아닌 것은 특허법의 '발명'이 되지 않는다.
6) 발명은 자연법칙을 전체로서 이용하여야한다. 발명을 이루는 구성요소 중 일부라도 자연법칙을 이용하지 않는 부분이 있는 것은 특허법상 자연법칙의 이용이라 할 수 없다(특허법원 2006.12.21.선고 2005허11094; 2007.6.27.선고 2006허8910).

관과 같이 자연법칙에 위배되는 발명[7]이나 자연법칙에 관한 잘못된 인식을 전제로 하는 발명은 자연법칙을 이용한 발명이라 할 수 없다. 반면, 설령 잘못된 인식 하에 성립된 발명이라도 일정한 효과가 있으면 발명은 성립한다. 즉 결과적으로 보아 자연법칙을 이용한 것이라면 그 자연법칙의 원리에 대한 인식을 반드시 필요로 하는 것은 아니다.

2. 기술적 사상의 창작

발명은 자연법칙을 이용한 기술적 사상[8]이다. 따라서 특허법상의 발명은 일정한 목적을 달성하기 위한 합리적 · 구체적 수단이고 그 자체로서의 기술일 필요는 없으며, 장차 기술로서 성립할 가능성이 있으면 충분하며 추상적이고 개념적인 사상으로서의 수단이면 족하다. 즉, 실현가능성 내지 반복가능성을 가지고 있지 않으면 안 된다. 이 점에서 그 기술적 사상이나 심미적(審美的) 창조성(예술성)이 유형의 물품을 통해 표현될 것을 요구하는 실용신안법이나 디자인보호법과 구별된다. 또한, 특허법상의 발명은 기술적 사상의 창작[9]이라는 점에서 단순한 발견과 다르다.[10] 다만, 방법의 발명에 있어서는 특허법상의 발명과 발견을 한계짓

---

7) 吉藤幸朔, 「特許法槪說(第9版)」, 有斐閣, 1991, pp.52~55; 中山信弘 編, 「註解特許法(第2版) 上卷」, 靑林書院, 1989, pp.28~31.
　　대법원 1998.9.4.선고, 98후744 판결: 급수조에서 낙하하는 물 전부를 폐수되는 물이 없이 보다 높은 위치의 양수조로 끌어 올린다는 것이 되어 에너지 보존법칙에 위배되므로, 출원 발명은 자연법칙에 어긋나는 발명으로 보았다.

8) 여기서 '기술'이란 소정의 목적을 달성하기 위한 구체적 수단이고, '사상'이란 아이디어나 개념이다. '기술적 사상'이란 소정의 목적을 달성하기 위한 아이디어나 개념이 어느 정도의 구체성을 갖는 수단으로 나타낸 것이 아니면 안 된다. 현실적으로 산업에 직접 이용될 수 있는 구체성을 요구하는 것은 아니나, 적어도 장래 기술로서 성립할 가능성이 있으면 된다. 즉 투수의 포크볼의 투구방법이나 그림, 조각, 데이터베이스는 특허법상의 '발명'이 되지 않는다.

9) 창작이란 처음으로 생각해 내어서 만든 것이다.

10) 미국 특허법 제100조(a)에서 '발명'이란 "발명 또는 발견을 의미한다"라고 정의하고 있다. 미국에서 발명은 적극적인 정의를 내릴 수 없다는 설이 있다. 이 때문에 발명이란 개념은 판례의 집적(集積) 중에서 수렴한 외곽을 이해하는 것이 필요하다. 미국법률용어사전인 BLACK'S LAW DICTIONARY에 의하면, "발명(invention)이란 미지의 기술의 창작으로서 기술자가 당연하게 할 수 있는 수준을 넘은 신규하며 유용한 것"이라고 한다.
　　발견(discovery)에 대하여 미국헌법 제1장 제8조 제8항은 연방의회의 권한으로서 다음과 같이 규정하고 있다. "저작자 및 발명자에 대하여 일정한 기간을 각각의 저작 및 발견에 대해서 독점적 권리를 보증하고 학술 및 유용한 기술의 진보를 촉진하는 것…" 특허의 주요한 대상이 발명인 것은 모든 학설 · 판례가 인정하고 있지만 본조는 헌법상의 요청을 받아들여

는 것이 문제될 수 있다.[11]

3. 고도성

특허법상의 발명은 고도한 것이어야 한다. 즉 당해 발명이 속하는 기술분야의 통상의 지식을 가진 자에 대하여 자명(自明)하지 아니한 것으로 창작의 수준이 높아야 한다. 다만, 실용신안법과의 관계에서 고안과 별개의 것으로 판단할 것인가에는 학설이 나누어지고 있다. 즉 특허법상의 발명과 실용신안법상의 고안은 논리적으로 별개의 것이므로 고도성에 대해 그 의의를 고려하여야 한다는 해석과 고도성은 특허법과 실용신안법상의 제도적 구별에 불과하며 실체적으로는 차이가 없다는 해석으로 나누어지고 있다.

발명자는 자신의 발명이 갖는 고도성에 대한 판단에서 실용신안으로 출원하기도 하며, 고도성에 대한 판단에도 불구하고 출원의 용이(容易)를 이유로 실용신안법상의 보호를 받기도 한다. 따라서 고도성을 발명의 본질적 특징으로 보고 실용신안법상의 고안과 구분짓기 위한 것으로 이해하기보다는 실체적으로는 차이가 없이 특허법과 실용신안법의 적용범위를 구분하는 의미밖에 없다고 해석해야 할 것이다.

일반적으로 설명하자면, 연필에 지우개를 다는 것을 고안이라 할 수 있고, 로켓과 같은 발명은 고도성이 있는 것으로 특허의 대상이라 할 수 있다.

광의의 발견도 포함하여 특허의 대상으로 하고 있는 것을 확인할 수 있다. 사실 발명은 일반적으로 발견을 배경으로 하여 만들어지는 것이라고 말할 수 있다. 그러나 자연현상, 자연법칙인 것과 같은 인간의 창작력이 부가되지 않은 사실의 발견(naked discovery)은 본조에서 말하는 발견에는 포함되지 않는 것으로 해석된다.

11) 발견이란 사물의 성질을 찾아내는 것이지만 그것이 발명으로 연결되는 경우도 있을 수 있다. 용도발명이라 불리는 것이 그 전형적인 예로, 예를 들면 DDT라는 이미 알고 있는 물질에 살충효과가 있음을 발견하면 거기에서 바로 'DDT를 성분으로 하는 살충제' 또는 'DDT를 살포하여 살충하는 방법'이라는 발명이 완성된다. 이 발명은 발견과 지극히 유사한 것으로 발견을 목적으로 이용한 것으로서 기술적 사상의 창작에 해당한다.
또한, 천연물 그 자체는 기술적 사상의 창작이 아니므로 특허를 받을 수 없다. 다만, 천연물에서 분리, 추출된 것은 특허를 받을 수 있다. 예를 들면 항생물질, 인터페론 등의 의약품에서 많이 볼 수 있다. 이것은 항생물질 그 자체는 천연의 곰팡이 등에 존재하는 것이지만 의약품으로서의 항생물질이 천연에 존재하는 것은 아니고 분리, 추출, 정제 등을 거쳐 비로소 이용가능하게 되는 것으로 기술적 사상의 창작이라 할 수 있다(中山信弘 編, 「註解特許法(第2版) 上卷」, 靑林書院, 1989, p.32 인용).

심화학습

새로운 물질을 발견한 경우와 기존의 물질을 연구하던 중 새로운 효과를 발견한 경우 특허발명의 대상이 되는가? 특허발명의 대상이 된다면 특허등록을 위해 필요한 요건은 무엇인가?

Ⅳ. 발명의 종류

1. 물(物)의 발명과 방법의 발명

특허법상의 발명은 크게 '물건의 발명'과 '방법의 발명'으로 나눌 수 있다(특 §2ⅲ). 물건의 발명이라 함은 발명이 유체물[12]에 나타나는 경우로서 화학물질이나 기계·기구·장치·시설과 같은 유형물에 관한 발명이며,[13] 방법[14]의 발명은 물건을 생산하는 방법의 발명과 분석방법·측정방법(온도검사법)과 같이 직접적으로 물건의 생산이 수반되지 않는 협의의 방법발명을 포함한다.[15]

2. 기본발명과 개량발명

발명은 그 기술적 성질에 의하여 기본발명과 개량발명으로 나눌 수 있다. 기

---

12) 物 ┬─ 물질 ──── 순수물(물질발명)
　　　└─ 물건 ──── 혼합물(조성물발명)
13) 물건의 발명에는 다시 ⅰ) 제법적(製法的)인 것(예: 기계, 기구, 장치 등)과 ⅱ) 재료적인 것(예: 화학물질, 조성물 등), 그리고 ⅲ) 특정용도에 사용하는 물건의 발명(용도발명)으로 나눌 수 있다.
14) '방법'이란 유용한 결과를 낳는 일련의 행위·공정이다. 따라서 방법이 그 기계가 갖는 기능을 나타내면 특허를 받을 수 있다. 통신공학에서 많이 사용하는 '방식'은 주로 장치와 결합되는 수가 많아 이때에는 물건발명이 된다.
15) 방법의 발명 ┬ 협의의 방법발명 ┬ ⅰ) 제조(생산)법의 발명
　　　　　　　　│　　　　　　　　├ ⅱ) 기타—방법의 발명
　　　　　　　　│　　　　　　　　│　　예: 통신방법, 분석방법, 측정방법(검사방법)
　　　　　　　　│　　　　　　　　└ ⅲ) 물질을 특정용도에 사용하는 방법발명(용도발명)
　　　　　　　　└ 물건을 생산하는 방법의 발명은 출발물질, 처리방법, 목적물질의 3요소에 의해 성립되는 것으로 기구제조방법, 나일론 제조방법 등을 들 수 있다.

본발명에는 그 발명이 속하는 분야에서 기술문제를 최초로 해결한 발명인 반면, 개량발명은 기본발명에 기술적으로 더욱 보완한 발명을 말한다. 특히 개량발명은 기본발명에 대해 새로 부가한 개량적 작용효과가 나타나는 구성에 대해서만 발명이 성립하며, 개량발명에 특허를 얻었다 할지라도 기본발명에 대한 선출원(先出願)특허권자의 동의를 얻지 못하면 당해 발명을 업으로서 실시할 수 없다(특§98).

3. 독립발명과 종속발명

발명은 상호간의 이용관계에 따라 독립발명과 종속발명으로 나눌 수 있다. 독립발명이라 함은 그 실시에 있어서 다른 발명을 이용할 필요가 없는 발명이며, 종속발명이란 다른 발명을 실시하지 않으면 실시할 수 없는 발명을 의미한다. 또한, 종속발명은 선행발명에 새로운 다른 기술을 부가하여 선행발명의 이용분야를 외연적으로 확대하는 발명과 선행발명을 상위개념으로 하여 그 하위개념인 범위 내에서 선행발명의 인식 이외의 새로운 작용효과를 알아내거나 독립의 기술문제를 해결한 발명으로 나누어 설명하기도 한다.

4. 종업원의 발명(직무발명, 업무발명 및 자유발명)

발명은 원래 자연인의 창의(創意)에 의하여 생기는 것이지만 현재와 같이 기술이 급속히 발전하는 시대에 있어서는 개인의 재능과 자력만으로 발명을 한다는 것은 오히려 드문 실정이고, 보통은 다른 곳(기업, 단체, 국가 등)으로부터 지적·금전적 원조를 받든가, 설비를 이용한다든가, 타인과 공동으로 연구를 하여 발명을 완성하는 경우가 많다. 이에 특허법은 직무발명 규정을 두어(구특§39, §40) 종업원16)과 사용자17) 간의 관계를 밝히고 그 안에서 종업원 개개인의 발명의욕 자극을

---

16) '종업원'은 통상의 의미에서 기업의 종업원뿐만 아니라 회사의 이사, 공무원 등 고용관계에 있는 모든 자를 포함하는 개념이다. 또한, 상근인지 비상근인지는 문제되지 않으며 일용이나 시간제고용 종업원도 포함된다.

17) '사용자'란 민법이나 노동법적 관점에서의 고용관계를 전제로 한 사용자가 아니라 종업원이 한 발명에 대하여 형평의 관점에서 일정한 이익을 정당하게 가질 수 있는 자이다. 이러한 사용자는 자연인뿐만이 아니라 법인격을 갖는 자를 포함하는 개념으로 타인을 고용한 자연인·법인·국가 또는 지방공공단체가 여기에 해당한다. 그러나 영리·비영리를 불문하고 법인격이 없는 사단은 설령 그 대표자 또는 관리인이 정해진 경우에도 사용자에는 포함되지 않는다.

도모하고 있었다. 그러나 사용자가 종업원에게 직무발명의 대가를 정당하게 보상하여 주지 않는다는 판결[18]로 인하여 2006년 3월 3일 특허법과 발명진흥법에 각각 규정하고 있던 직무발명의 규정을 특허법 제39조와 제40조에 있던 규정을 삭제하고, 발명진흥법(법률 제7869호)로 이관하여 직무발명의 규정을 두게 되었다.

종업원의 발명에는 '자유발명'[19]과 '업무발명'[20] 및 '직무발명' 등이 있다.[21] 이러한 세 가지 발명의 차이를 살펴보면 다음과 같다. '직무발명'의 경우 미리 정한 승계계약에 의해 직무발명에 의한 권리는 사용자에게 귀속된다. 단 원시취득은 불가능하고 승계취득만이 가능하다. 그러나 '자유발명'이나 '업무발명'에 대한 권리는 발명자에게 귀속된다. 만약 사용자에게 승계될 것을 정한 승계계약이 있거나 또는 사용자 등을 위하여 정한 전용실시권을 설정하는 계약 등을 포함하는 근로규정이 있다면 이는 무효이다(발진§10③).

직무발명이란 종업원·법인의 임원 또는 공무원이 그 직무에 관하여 발명한 것이 성질상 사용자·법인 또는 국가나 지방자치단체의 업무범위에 속하고, 그 발명을 하게 된 행위가 종업원 등의 현재 또는 과거의 직무에 속하는 발명을 말한다(발진§2ⅱ). 직무발명으로서 성립하기 위하여는 ⅰ) 발명이 종업원에 의한 것으로서, ⅱ) 발명의 성질상 사용자의 업무범위에 속하며, ⅲ) 발명을 하게 된 행위가 직무에 속하고, ⅳ) 종업원의 현재 또는 과거의 직무에 속하는 발명일 것을 요건[22]으로 한다.

직무발명으로서 인정되면 종업원과 사용자는 직무발명에 대하여 일정한 권리[23]와 의무를 갖게 된다. 종업원은 직무발명에 대하여 ⅰ) 정당한 보상[24]을 받

---

18) 日亞化學工業事件 - 연구자(中村 보상금출원시1만엔+등록시1만엔=2만엔) (발광다이오드 사건) 平成13年提訴 - 동경지판平成16.01.30.

19) 자유발명이란 사용자의 업무범위에 속하지 않는 발명을 말한다.

20) 업무발명이란 사용자의 업무범위에 속하는 발명으로 직무발명을 제외한 것을 말한다.

21)

종 류	발명자의 책무	발명분야	사전승계	근거규정
직무발명	주로 연구개발을 업무로 함.	현재 또는 과거의 직무	가 능	근무규정 사전계약
업무발명	연구개발을 업무로 하지 않음.	직무분야는 아니나 회사의 업무범위에 속함.	불가능	자유의사
자유발명	연구개발을 업무로 하지 않음.	직무 및 회사의 업무 이외의 분야	불가능	자유의사

22) 윤선희, 「지적재산권법(14정판)」, 세창출판사(2014), pp.61~63.

23) 직무발명에 대한 권리의 귀속에 대해 학설이 대립한다. 권리가 사용자에게 귀속되어야 한다

을 권리(발진§15)[25)]와 ⅱ) 발명자로서의 일반적인 권리인 발명자게재권과 특허를
받을 수 있는 권리(특§33)가 발생하며, ⅳ) 직무발명의 완성사실을 사용자에게 통
지할 의무(발진§12)와 ⅴ) 직무발명에 대하여 예약승계된 경우에 특허출원시까지
비밀을 유지할 의무(발진§19)가 부여된다. 이에 대하여 사용자는 직무발명에 대하
여 ⅰ) 무상의 법정통상실시권(발진§10①)[26)]과 ⅱ) 발명의 완성 전 예약승계에 의

는 사용자 기여설, 종업원에게 그 권리를 귀속시켜야 한다는 발명자설, 공평설로 나누어 볼
수 있다. 원래 특허를 받을 수 있는 자는 발명자인 종업원이지만, 직무발명은 발명을 하는 것
그 자체가 특별한 조건하에서 완성된 발명이므로 일반원칙을 그대로 적용시키는 것은 타당
하지 않다. 따라서 사용자와 종업원들의 역할을 중시하여(공평설), 그 역할에 따라 권리관계
를 정할 필요가 있다고 본다. 즉 사용자 등은 특허출원권을 종업원으로부터 승계하지 않으면
특허출원을 할 수 없다. 윤선희, 「지적재산권법(14정판)」, 세창출판사(2014), pp.63~64.

24) 보상의 종류는 특허를 받을 수 있다고 생각되는 것을 발명하였을 때 지급하는 '발명보상', 출
원시에 지급되는 '출원보상', 특허로 등록된 때 지급되는 '등록보상' 그리고 이런 특허발명이
실시되어 이익이 생긴 경우에 지급되는 '실시 또는 실적 보상' 등이 있으나, 일반적으로 금전
적 보상이다. 2006년 특허법 개정에서 특허법에서 해당 규정을 삭제하고, 발명진흥법(법률
제7869호)으로 이관하여 동법 제15조에서 이를 규정하고 있다.

25) 제15조(직무발명에 대한 보상) ① 종업원 등은 직무발명에 대하여 특허 등을 받을 수 있는
권리나 특허권 등을 계약이나 근무규정에 따라 사용자 등에게 승계하게 하거나 전용실시권
을 설정한 경우에는 정당한 보상을 받을 권리를 가진다.
② 사용자 등은 제1항에 따른 보상에 대하여 보상형태와 보상액을 결정하기 위한 기준, 지급
방법 등이 명시된 보상규정을 작성하고 종업원 등에게 문서로 알려야 한다.
③ 사용자 등은 제2항에 따른 보상규정의 작성 또는 변경에 관하여 종업원 등과 협의하여야
한다. 다만, 보상규정을 종업원 등에게 불리하게 변경하는 경우에는 해당 계약 또는 규정
의 적용을 받는 종업원 등의 과반수의 동의를 받아야 한다.
④ 사용자 등은 제1항에 따른 보상을 받을 종업원 등에게 제2항에 따른 보상규정에 따라 결
정된 보상액 등 보상의 구체적 사항을 문서로 알려야 한다.
⑤ 사용자 등이 제3항에 따라 협의하여야 하거나 동의를 받아야 하는 종업원 등의 범위, 절
차 등 필요한 사항은 대통령령으로 정한다.
⑥ 사용자 등이 제2항부터 제4항까지의 규정에 따라 종업원 등에게 보상한 경우에는 정당한
보상을 한 것으로 본다. 다만, 그 보상액이 직무발명에 의하여 사용자 등이 얻을 이익과
그 발명의 완성에 사용자 등과 종업원 등이 공헌한 정도를 고려하지 아니한 경우에는 그
러하지 아니하다.
⑦ 공무원의 직무발명에 대하여 제10조 제2항에 따라 국가나 지방자치단체가 그 권리를 승
계한 경우에는 정당한 보상을 하여야 한다. 이 경우 보상금의 지급에 필요한 사항은 대통
령령이나 조례로 정한다.

26) 다만, 사용자 등이 「중소기업기본법」 제2조에 따른 중소기업이 아닌 기업인 경우 종업원 등
과의 협의를 거쳐 미리 다음 각 호의 어느 하나에 해당하는 계약 또는 근무규정을 체결 또는
작성하지 아니한 경우에는 그러하지 아니한다.
1. 종업원 등의 직무발명에 대하여 사용자 등에게 특허 등을 받을 수 있는 권리나 특허권
등을 승계시키는 계약 또는 근무규정
2. 종업원 등의 직무발명에 대하여 사용자 등을 위하여 전용실시권을 설정하도록 하는 계

한 특허권 및 전용실시권의 권리를 갖게 되고, 사용자의 의무로서 iii) 예약승계 규정이 있는 경우는 종업원에게 직무발명의 승계 사실을 통지할 의무(발진§13①)가 부여되며 iv) 종업원에게 정당할 보상(발진§15①)을 하여야 한다.

구체적으로 종업원이 완성한 발명을 사전계약[27]이나 근무규정에 의해 사용자가 출원할 수 있고, 이러한 사전계약이나 근무규정이 없는 경우나 사용자 등이 직무발명에 관한 권리의 승계를 포기하는 경우에는 발명자 자신이 출원절차를 밟아야 한다. 직무발명에 관한 승계 여부 통지를 사용자가 일정기간 하지 아니하는 경우에는 당해 직무발명을 자유발명으로 보고 있으며, 사용자는 당해 발명을 한 종업원 등의 동의를 받지 아니하고는 통상실시권을 가질 수 없다(발진§13③). 또한 종업원 등이 직무발명을 완성한 경우에는 지체 없이 그 사실을 사용자 등에게 문서로 통지하여야 한다(발진§13①). 2인 이상의 종업원 등이 공동으로 직무발명을 완성한 경우에는 공동으로 통지하여야 한다(발진§12). 이 경우 일정기간 내에 사용자 등이 그 발명에 대한 권리의 승계의사를 알린 때에는 그때부터 그 발명에 대한 권리는 사용자등에게 승계된 것으로 본다(발진§13②). 반면 통지를 받은 사용자 등(국가 또는 지방자치단체를 제외한다)은 대통령령이 정하는 기간 이내에 그 발명에 대한 권리를 승계할 것인지 여부를 종업원 등에게 문서로 통지하여야 한다. 만약 사용자등이 위 기간에 승계여부를 알리지 아니한 경우에는 사용자등은 그 발명에 대한 권리의 승세를 포기한 깃으로 본다. 이때는 지무발명에 해당하더라도 그 발명을 한 종업원 등의 동의를 받지 아니하고는 통상실시권을 가질 수 없다(발진§13③). 다만, 미리 사용자 등에게 특허 등을 받을 수 있는 권리 또는 특허권 등을 승계시키거나 사용자 등을 위하여 전용실시권을 설정하도록 하는 계약이나 근무규정이 없는 경우에는 사용자 등이 종업원 등의 의사에 반하여 그 발명에 대한 권리의 승계를 주장할 수 없다(발진§13① 후단). 또, 종업원 등은 사용자 등이 직무발명을 출원할 때까지 그 발명의 내용에 관한 비밀을 유지하여야 하며, 사용자 등이 승계하지 않기로 확정된 때에는 그러하지 아니한다(발진§19).

종업원이 직무발명한 것을 특허출원하는 것보다 기술적 노하우로 관리하는 것이 사용자측에서 보아 유리할 경우도 있을 수 있다. 이 경우 발명은 사용자가

약 또는 근무규정
27) 종업원의 직무발명 이외의 발명, 즉 자유발명과 업무발명에 있어서는 미리 사용자로 하여금 특허를 받을 수 있는 권리나 특허권 등을 승계시키거나 전용실시권을 설정할 것으로 하는 내용의 약정은 금지되며 이러한 약정조항은 무효로 한다(발진§10③).

실시하고 사용자가 종업원에게 정당한 보상을 하는 경우에는 큰 문제가 되지 않는다(발진§16).

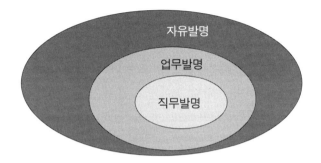

심화학습

(a) 직무발명의 완성사실을 고의로 통지하지 않거나 통지시점을 늦게함으로써 사용자가 받는 불이익을 방지할 방법에 대하여 검토하시오.

(b) 현행 직무발명의 보상체제의 문제점에 대하여 검토하시오.

(c) 직무발명을 경쟁회사 사원이 공동으로 완성한 경우 특허 받을 수 있는 권리가 예약승계되는 것이 이전제한규정(특§37②)에 위반한 것인지 검토하시오.

5. 완성발명과 미완성발명

완성발명이란 일반적으로 발명으로 성립한 것을 말하며, 절차상에서는 요건을 갖춘 발명을 의미한다.

미완성발명이라 함은 발명의 성립이라고 볼 수 있는 외관을 갖추었으나 실질적으로 완성되지 않은 발명과 형식상의 하자가 있는 발명을 말한다. 이러한 미완성발명에는 ⅰ) 발명의 목적을 달성하기 위한 수단은 제시되어 있으나, 자연법칙상으로 보아 발명의 목적달성이 현저하게 의심스러운 경우, ⅱ) 발명의 목적을 달성하기 위한 수단의 일부 또는 그 전부가 결여되어 발명의 목적달성이 실제로 실시불능인 경우, ⅲ) 미생물 관련 발명을 특허출원 전에 미생물을 기탁하도록 한 미생물기탁요건을 갖추지 않은 발명[28]이나 ⅳ) 외국어로 된 출원으로서 번역문에 원문의 기재내용

이외의 발명이 기재된 경우 등이 있을 수 있다.

6. 결합발명과 비결합발명

결합발명이라 함은 하나의 기술적 문제를 해결하기 위하여 수개의 장치 또는 수단·방법 등의 기술사상을 결합한 발명을 말한다. 이때 결합발명에 대하여 발명성은 결합되는 장치·수단·방법 등이 공지된 것인가에 관계없이 그 요소의 결합에 의하여 상승적 효과가 나타나는가에 의존한다. 또한, 결합발명과 비결합발명을 구분하는 실익은 주로 발명의 요지인정의 기준에 있다.

7. 용도발명(발견)과 물질발명

용도발명은 특정물질의 새로운 성질(용도)을 발견해 낸 것인 반면 물질발명은 새로운 물질 자체를 발명하는 것을 말한다. 전자의 예로서는 "이미 알고 있는 '물질' DDT에 살충효과가 있다는 것이 발견되면, 이 속성을 이용하여 'DDT를 유효성분으로 하는 살충제' 또는 'DDT를 벌레에 뿌려서 살충하는 방법'의 발명"이 용도발명에 해당된다.29) 후자의 예로서는 원소, 화합물, 화학물질, 조성물, 의약품, 미생물 등과 같은 것을 말한다. 후자의 물질발명이란 용어는 특허법에서 사용하고 있지 않으나 1987년 특허법 개정 전까지 있던 ⅰ) 화학물질 및 그 용도발명, ⅱ) 의약을 조제하는 방법의 발명, ⅲ) 음식물 또는 기호물의 발명과 1995년 개정 시에 삭제된 '원자핵 변환방법에 의하여 제조될 수 있는 물질의 발명' 등이 물질특허로 사용되어 왔던 것을 원용해 보면, 이에 해당된다고 할 수 있다.

8. 식물발명

식물발명이란 식물 신품종 자체 또는 그 육종방법의 발명을 말한다.30) 즉

---

28) 미생물은 기탁하는 것이 원칙이지만, 이미 존재가 확인되고 통상의 지식을 가진 자가 용이하게 입수할 수 있는 신규한 미생물은 기탁할 필요가 없다(대법원 1987.10.13.선고, 87후45 판결).

29) 吉藤幸朔, 「特許法槪說(第9版)」, 有斐閣, 1991, p.64.

30) 특허청, 「산업부문별 심사실무가이드 생명공학분야(2012년)」에 의하면, 신규식물 자체 또는 신규식물의 일부분에 관한 발명(신규식물이라 함은 유전적으로 발현되는 특성 중 한 가지 이상의 특성이 다른 식물군과는 상이한 식물군 또는 이러한 식물군의 그룹을 말하며, 신

2006년 개정법 이전의 특허법에서는 무성적(無性的)으로 반복생식[31] 할 수 있는 변종식물(變種植物)의 발명을 말하였다(구특§31). 하지만 2006년 개정 특허법에서는 제31조 규정을 삭제하여 식물발명에 대한 특허요건에서 생식방법요건을 해제하여 식물발명도 다른 발명과 동일한 특허요건을 적용하도록 하였다. 이는 기존의 특허법상 유·무성번식식물의 유전자, 식물세포, 재배방법의 보호뿐만 아니라 무성번식방법만 기재하면 유성번식식물 자체의 보호도 가능하였으나 2006년 개정 이전의 특허법 제31조에서 "무성적으로 반복생식 할 수 있는"으로 규정되어 있어 무성번식식물만 보호하는 것으로 오해하는 경우의 발생과 유성번식식물에 관한 출원은 거절결정 되기 쉽고 등록되더라도 권리범위가 제한될 소지가 있었기 때문이었다. 2006년 특허법 개정시 생식방법요건을 삭제하여 일본, 유럽, 미국 등과 같이 식물발명에 대한 특허도 다른 기술분야와 동일하게 함으로써 식물특허제도는 국제적으로 조화를 이루게 되었다.[32]

식물의 신품종에 대한 육성자의 권리보호, 주요작물의 품종·성능의 관리, 종자의 생산·보증 및 유통 등에 관한 사항을 식물신품종 보호법으로 제정하여 보호하게 되었다.

9. 미생물발명

미생물이란 육안으로 식별이 곤란한 미세한 생명체, 즉 바이러스, 세균, 원생

규식물의 일부분에 관한 발명은 종자, 과실, 화분 등에 관한 발명을 의미한다), 신규식물의 육종방법에 관한 발명 및 식물의 번식방법에 관한 발명(식물의 번식방법에 관한 발명이라 함은 식물의 유성번식방법에 관한 발명 또는 식물의 무성번식방법에 관한 발명을 말한다)에 적용된다고 한다.

31) '무성적(無性的) 반복생식(asexual reproduction)'은 유성(有性)번식과 대비되는 개념으로 배우자의 형성과정을 거치지 않고 영양체의 일부가 직접 다음 세대의 식물을 형성하는 것으로 영양번식(vegetative propagation)이라고도 하며, 변종식물을 만드는 육종방법(breeding)의 유·무성에 관계없이 변종식물이 무성적으로 반복생식하는 것을 말한다(특허청, 「생명공학분야 특허심사기준」, 2003).

32) 예를 들면, 돌배나무에 신품종 배나무를 접붙여 번식시키는 경우 등이다. 여기서 '무성적'이란 교배 등의 수단에 의해 신품종을 만들어낸 다음 자웅의 결합 없이 개체가 분열·발아 등으로 새로운 개체를 형성하는 것으로서 芽接(budding), 接木(grafting), 取木(layering), 분할 등의 방법이 있다. '반복생식 할 수 있는 것'이라 함은 식물의 반복가능성을 말하고, '변종식물'은 그 특성인 균일성, 영속성이 보증되어야 한다는 의미이다. '변종식물에 관한 발명'이란 유전적으로 발현되는 특성 중 한 가지 이상의 특성이 다른 식물군과 구별되고 안정적으로 증식될 수 있는 식물에 관한 발명을 말한다.

동물, 효모, 곰팡이, 버섯, 단세포조류, 방선균 등을 의미하며, 동식물의 분화되지 않은 세포 및 조직 배양물도 포함된다.[33)]

　　미생물에 관한 발명을 크게 둘로 나누어 보면, 미생물 자체의 발명과 미생물을 이용한 발명으로 나눌 수 있다. 전자인 미생물 자체의 발명이란 자연계로부터 분리 또는 변이(變異)수단, 유전자공학적 수단 등에 의해 창제(創製)한 신규 미생물의 발명을 말한다. 후자인 미생물을 이용한 발명은 발효, 분해 등의 기능에 착안한 발효음식물 등의 발명과 미생물의 특정물질의 생산성에 착안한 항생물질, 발효 등의 제조방법 등의 발명으로 다시 구분된다. 전자의 예로는 특정 미생물에 의한 발효음식물의 제조방법, 특정 미생물에 의한 유해물질의 분해방법, 특정 미생물로부터 화학물질의 변환방법 등이 있고, 후자의 예로는 특정 미생물에 의한 아미노산, 유기산, 발효, 항생물질 등의 제조방법을 들 수 있다.

10. 동물 관련발명

　　최근 생명공학기술의 급속한 발전으로 동물[34)]의 형질전환 기술은 물론 동물복제 기술의 출현과 함께 이러한 기술을 이용하여 유용한 물질을 생산하는 발명이 다양하게 출원됨에 따라 특허청이 생명공학분야의 심사기준을 만들어, 사람을 제외한 다세포 동물에 관하여 동물 자체의 발명, 동물의 일부분에 관한 발명, 동물을 만드는 방법의 발명, 동물의 이용에 관한 발명에 적용되는 심사기준을 만들어 보호하여 주고 있다.

　　이 외에도 유전자, 벡터, 재조합 벡터, 형질전환체, 융합세포, 모노클로날항체, 단백질, 재조합단백질 등에 관한 발명은 유전공학관련 발명으로 하여 보호하여 주고 있다.[35)]

11. 컴퓨터 관련발명

　　컴퓨터 관련발명이란 컴퓨터프로그램 관련 발명, 이와 관련된 영업방법 발

---

33) 특허청, 「산업부문별 심사실무가이드 생명공학분야」, 2012, p.34.

34) 여기서 동물이란 사람을 제외한 다세포 동물을 의미한다(산업부문별 심사실무가이드 생명공학분야」, 2012, p.51).

35) 윤선희・김승군, 「동물특허보호에 관한 연구」, 한국발명진흥회 지적재산권연구센터, 2000. 12. 참조.

명, 방대한 양의 데이터를 처리하는 기술과 데이터베이스, 인터넷 보안 기술, 멀티미디어 기술 등의 IT관련 기술에 관한 발명을 말하고, 방법발명과 물건의 발명으로 나눌 수 있다. 즉 컴퓨터 관련발명이란 컴퓨터 내에서 실행되는 발명 및 컴퓨터가 읽을 수 있는 매체에 사용해서 실행되는 발명을 말한다. 즉 프로그램을 하드웨어와 일체로 하여 그 하드웨어의 성능을 높이거나 제어하는 방법 내지는 장치로서 혹은 프로그램을 기록한 컴퓨터가 독해 가능한 기록매체로서 출원하면 등록될 수 있다.

[컴퓨터 관련발명의 범주]

방법발명		시계열적으로 연결된 일련의 처리 또는 조작, 즉 단계로 표현되어 그 단계를 특정하는 방법
물건발명	물 건	발명이 완수하는 복수의 기능으로 표현할 수 있을 때 그 기능으로 특정된 물건
	매 체	- 프로그램을 설치하고 실행하거나 유통하기위해 사용되는 '프로그램을 기록한 컴퓨터로 읽을 수 있는 매체' - 기록된 데이터 구조로부터 컴퓨터가 수행하는 처리 내용이 특정되는 '구조를 가진 데이터를 기록한 기록 매체'

* 특허청 홈페이지에서 인용.

영업방법(Business Method, Business Model: 일명 "BM"이라 한다) 특허36)란 순수한 영업방법특허와 IT기술을 이용한 영업방법특허로 대별할 수 있다. 전자의 경우의 영업방법이란 경영분야에서 이윤을 발생시키는 구조를 의미하고, 특허분야에서는 IT기술을 이용한 영업방법특허보다는 순수한 '영업방법(Business Method)'의 특허를 말하며,37) 후자인 IT기술을 이용한 영업방법특허는 컴퓨터 및 네트워크 등의 통신기술과 사업 아이디어가 결합된 영업방법 발명에 대해 허여된 특허

---

36) BM이란 용어는 Business Method, Business Model이 혼용되어서 사용되고 있으나 미국 특허법상 용어로 Method가 통용되고 있고, 국내 특허법에서도 발명의 카테고리를 물건과 방법으로 구분하고 있으므로, Business Model 보다는 Business Method라는 용어가 보다 적절한 것으로 판단된다.

37) 윤선희, "비지니스 모델(BM) 특허의 보호동향,"『창작과 권리』 19호(2000년 여름호), pp.49-53; 정연용, "전자상거래와 특허보호," Pharma Koreana (2000.5), p.170; 유재복, "비지니스 모델특허,"(『새로운제안』, 2000), pp.62-63.

를 말한다.[38] 이와 관련하여 특허법 제2조 발명의 성립성에 대하여 자연법칙을 이용한 것이 아니면, 특허법상의 보호대상이 되지 않음에도 불구하고, 후자의 경우와 같이 매체와 결합하여 특허출원하면 「전자상거래 관련 발명의 심사 지침」, 「컴퓨터 관련 발명 심사기준」에 의하여 특허등록이 될 수 있다.

컴퓨터소프트웨어에 관련한 발명을 특허법으로 보호하는 데 대하여 부정설,[39] 긍정설,[40] 절충설[41]로 나누어지고 있다. 이러한 컴퓨터 관련발명을 특허법으로 보호하는 데는 현행 특허법 제2조 제1호에서 정의하고 있는 발명의 개념 중 '자연법칙을 이용한 것'으로 되어 있는 부분을 재정립하지 않으면 안 될 것이다.[42]

12. 기　타

이 외에도 발명은 특정발명과 관련발명,[43] 단독발명과 공동발명, 대발명과 소발명, 이용발명 · 선택발명, 단순발명과 복잡발명, 자연인발명과 법인발명, 조합발명(組合發明)과 주합발명(奏合發明)[44] 등으로 나누어 설명하기도 한다.

---

38) http://www.kipo.go.kr/kpo/user.tdf?a=user.html.HtmlApp&c=8060&catmenu=m06_07_08_01 (2009년 8월 1일 방문).

39) 부정설: 컴퓨터 프로그램이 인간의 머릿속에서 수행하는 정신적 · 지능적 수단이나 과정에 불과하며, 자연법칙을 이용한 발명이 아니고 본질적으로 일종의 계산방법에 불과하기 때문에 특허의 대상이 될 수 없다는 것이다.

40) 긍정설: 프로그램은 컴퓨터에 입력하여 사용하므로 컴퓨터에 프로그램을 입력하였을 때부터 컴퓨터의 일부분으로 구성되며, 이의 구성이 기술적으로 일체를 이루었거나 결합함으로써 특정목적에 적합한 구체적인 장치를 설치한 배선이나 접속수단과 동일시할 수 있으므로 자연법칙을 이용한 것으로 특허성이 인정되어야 한다는 주장이다.

41) 절충설: 프로그램에는 특허를 받을 수 있는 것과 없는 것이 존재하므로 개별적으로 판단하여야 한다는 설이다.

42) 미국의 경우 발명의 정의에 "자연 ~ 것"이라는 요건이 없어 보호 가능하지만 우리나라의 경우 조금 어려운 점이 있다.

43) 여기서는 '결합발명과 관련발명'으로 분류하였으나, 이수웅 변리사는 '결합발명과 비결합발명'으로 분류하나(이수웅, 「특허법」, 한국지적재산권법학연구소, 1997, p.147), 이종일 변리사는 '결합발명과 부결합발명'으로 분류(이종일, 「특허법」, 한빛지적소유권센터, 2000, p.95)하기도 한다.

44) 조합발명이란 발명이 복수개의 종래 기술의 결합으로 완성되는 것일 경우 각 종래 기술의 결합으로 특별한 효과가 있도록 결합된 발명을 조합(combination)발명이라 하고, 주합발명이란 종래기술 A와 B가 결합되는 양태가 A와 B가 상호작용을 함이 없이 단순히 모아놓은 또는 붙여놓은 형태의 발명을 일컫는다(이종일, 위의 책, p.95 인용).

심화학습

> (a) A발명에 대하여 A발명과 A발명을 제조하는 방법에 대한 방법 중에서 출원인에게 유리한 방법이 무엇인지 출원단계와 등록 후로 나누어 검토하시오.
>
> (b) 청구범위의 기재 누락으로 인하여 미완성발명으로 인정된 발명을 보정하여 완성된 발명으로 할 수 있는지를 검토하시오.

V. 법률상 특허를 받을 수 있는 발명(적극적·실체적 요건)

발명이라고 하여 모두 특허를 받을 수 있는 것은 아니며, 특허를 받기 위해서는 특허법 제29조의 특허요건을 갖추어야 한다. 즉 발명은 ⅰ) 산업상 이용가능하고, ⅱ) 새로운 것으로(新規性), ⅲ) 그 발명이 속하는 기술분야에서 통상의 지식을 가진 자가 용이하게 발명할 수 있는 것이 아닌 것(進步性)이어야 한다.

1. 산업상 이용가능한 것

발명이 특허를 받기 위해서는 그 발명이 산업상 이용가능한 것이어야 한다.[45] 이는 특허법의 목적이 산업발전에 이바지하고 있음에 비추어 당연한 요건이라 할 수 있다.

여기서 '산업'은 광의의 개념으로 공업 외에도 광업·농수산업·목축업 등을 포함하며, 비록 생산이 뒤따르지 않으나 운송업이나 교통업과 같은 보조산업도 포함한다는 것이 통설이다. 그러나 보험업·금융업 등과 같이 단순한 서비스업은 포함되지 않으며 인체(人體)의 구성을 필수요건으로 하는 의료업에 대하여도 의

---

45) 실제 명백히 실시할 수 없는 것(예를 들면, 지구와 달을 연결하는 다리)이나 개인적으로만 이용되고 시판 등의 가능성이 없는 것(예를 들면, 혀를 내밀면서 차를 마시는 법)은 산(사)업으로서 실시할 수 없는 것에 해당된다.

방법발명에서 수술 및 치료방법, 유전자치료법, 진단방법 등은 의료행위에 해당하므로 산업상 이용가능성이 없는 것으로 본다. 즉 사람에 해당하는 것은 특허대상이 되지 않지만 동물에 대해서는 특허대상이 된다. 그러나 인체에서 분리된 것(혈액·모발 등)은 인체가 아닌 것으로 보아 공공질서 및 미풍양속에 반하지 않는 한 특허대상이 될 수 있다. 질병의 순수한 치료·진단 및 예방방법과는 구별되는 의료행위를 위한 기구·장치 등에 관한 발명은 당연히 산업상 이용할 수 있는 발명이다.

료업 자체가 사물을 대상으로 하는 산업의 범위에 포함될 수 없기 때문에 인체를 발명 구성의 요건으로 하는 순의료적 발명[46]은 산업에서 제외하고 있다.[47]

산업상의 이용은 출원당시의 산업적 실시를 의미하는 것이 아니라 장래 실시할 가능성이 있으면 족하다. 한편, 산업상의 이용가능성이 경제성을 의미하지는 않는다. 즉 산업상의 이용가능성의 판단은 기술적 가치평가의 문제로 비록 경제적 불이익을 초래하는 발명이라 할지라도 곧 발명의 특허성이 부정되지는 않는다.

비록 특허발명이라 할지라도 그것을 이용한 제품을 실시하기 위해서는 일정 행정기관의 인·허가를 받아야 할 경우가 있다. 이는 특허권의 인정과 당해 특허 발명제품의 실시에 관련한 행정기관 행위의 목적이 상이(相異)하기 때문이다. 따라서 산업상 이용가능성과 타기관의 인·허가문제는 별개의 문제이다.

2. 신 규 성

특허를 받을 수 있는 '발명'은 지금까지 세상에 없는 '새로운 것'이 아니면 안된다. 이미 누구나 알고 있는 발명에 특허권이란 독점권을 부여하는 것은 특허법의 목적에 반할 뿐만 아니라 사회에 유해하기 때문이다. 이러한 특허제도는 새로운 기술을 발명한 자에게 그 공개에 대한 보상으로 일정한 기간 동안 독점권을 부여하는 제도이므로 이미 사회일반에 공개되어 공유되고 있는 기술에 대하여 독점적 권리를 부여하는 것은 불필요하며 사회의 기술진보를 저해하는 일이기도 하다. 따라서 발명이 특허를 받기 위해서는 발명의 기술적 창작의 내용이 출원 전 종래의 기술적 지식·선행기술에 비추어 알려져 있지 않은 새로운 것이어야 한다.

이에 특허법은 ⅰ) 특허출원 전에 국내 또는 국외에서 공지된 것(公知[48]: 특§29①ⅰ 전), ⅱ) 특허출원 전에 국내 또는 국외에서 공연히 실시[49]된 것(특§29 ①ⅰ

---

46) 의료·위생분야 심사기준(2008.6).

47) 대법원 1991.3.12.선고, 90후250 판결.

48) 공지란 다수는 아니라도 불특정 다수인이 알 수 있는 상태에 있는 것을 말한다(대법원 1963.2.28.선고, 62후14 판결). 불특정다수인이라 함은 비밀을 지켜야 할 의무가 없는 사람을 말한다. 예를 들어 TV에서 방영되는 것이 공지이다.

49) '공연히 실시'라고 하기 위해서는 제3자가 그 기술의 내용을 알 수 있는 상태에 있지 않으면 안 된다[통설, 中山信弘, 「工業所有權法(上)」(第二版 增補版), 弘文堂, 2000, p.122]. 그러나 실시되고 있다고 하더라도 그것이 비밀로서 관리되어, 제3자가 그 기술의 내용을 알 수 있는 가능성이 없는 경우가 있다. 이러한 경우에는 통설에 의하면 제3자가 그 기술의 내용을 알 수 없는 이상, 실시되고 있는 방법이 특허출원 되더라도 그 출원은 신규성을 상실한 것이

후), iii) 특허출원 전에 국내 또는 국외에 반포된 간행물에 게재된 것[50](특§29①ii
전), iv) 특허출원 전에 전기통신회선을 통하여 공중의 이용이 가능하게 된 것(특
§29① ii 후)일 때에는 신규성이 없다고 규정하고 있다. 구체적으로 i) "公知"(특
§29① i 전단)란 특허출원 전에 이미 비밀상태에서 벗어나 널리 불특정 다수인에게
알려진 발명을 말한다. 나아가 '공지'는 비밀유지의무자 이외의 자에게 발명의 내
용이 현실적으로 인식된 것뿐만 아니라 객관적으로 알 수 있는 상태에 놓여 있는
경우까지를 포함한다는 것이 판례[51]의 입장이다. ii) "公用"(특§29 ① i 후단)은 특
허출원 전에 국내 또는 국외에서 공연히 실시(公用)된 발명[52]을 말한다.[53] 공연히
실시라 함은 관련업자가 그 발명의 내용을 용이하게 알 수 있는 것과 같은 상태에
서 실시되는 것을 의미하며, 이 때 '실시(實施)'는 특허법 제2조 제1항 제3호에서
규정한 행위를 의미한다. 따라서 방법의 발명에 대해서는 용이하게 그 방법을 알
수 있는 경우가 아닌 한 단순히 판매 또는 양도되었다는 사실로 공연한 실시가 인
정되지는 않는다. iii) "반포된 간행물기재"(특§29①ii 전단)란 특허출원 전에 국내
또는 국외에서 반포[54]된 간행물[55]에 게재된 발명을 말한다. 간행물이란 인쇄 기

되지 않는다.
이는 이미 실시되고 있는 기술이 제3자에게 상세하게 알려져 있지 않았다고 하더라도 그것
을 특허로 부여할 필요가 없지 않은가하는 의문을 가지게 한다(相澤英孝, "ビジネスの方法
と特許," ジュリスト No.1189, p.29). 이미 실시되고 있는 기술에까지 기술개발에 대해 인
센티브를 부여할 필요성은 크지 않기 때문이다.

50) 잡지에 게재된 발명이다. 예를 들어 연구논문으로 발표한 것을 들 수 있다.
51) 대법원 1996.6.14.선고, 95후19 판결; 대법원 2002.9.6.선고, 2000후1689 판결.
52) 공연히 실시된 발명이란 통상의 지식을 가진 자가 그 발명의 내용을 용이하게 알 수 있는 상
태로 실시된 발명이다. 예를 들면, 자동차 엔진발명의 경우 시험주행차가 도로를 달리는 것
자체를 公用으로 보지는 않는다(대법원 1996.1.23.선고, 94후1688 판결).
53) 특허출원 전에 이미 특허된 것과 동일 또는 유사한 것이 국내에 공지되거나 공연히 실시되
었다면 발명의 신규성이 없다(대법원 1968.3.19.선고, 67후32 판결).
54) 반포라 함은 당해 간행물이 불특정 다수의 일반 대중에 의하여 열람이 가능한 상태로 배포
되는 것을 말한다. 예를 들면 도서관에 문헌이 입수되어 공중의 열람이 가능해지면 신규성
을 상실했다고 할 수 있다.
55) 반포된 간행물이라 함은 불특정 다수의 일반 공중이 그 기재내용을 인식할 수 있도록 세상
에 널리 퍼뜨린 간행물을 말한다(대법원 1985.4.26.선고, 82후84 판결).
박사학위논문은 논문심사위원회에서 심사를 받기 위하여 일정한 부수를 인쇄 내지 복사하
여 대학원 당국에 제출하는 것이 관례화되어 있는데, 이는 논문심사를 위한 한정된 범위의
사람들에게 배포하기 위한 것에 불과하므로, 그 내용이 논문심사 전후에 공개된 장소에서
발표되는 등의 특별한 사정이 없는 한 인쇄시나 대학원 당국에의 제출시 또는 논문심사위원
회에서의 인준시에 곧바로 반포된 상태에 놓이거나 논문내용이 공지된다고 보기는 어렵고,
일반적으로는 논문이 논문심사에 통과된 이후에 인쇄 등의 방법으로 복제된 다음 공공도서

타의 기계적·화학적 방법에 의하여 복제된 공개적인 문서나 도면 등의 정보전달 매체를 말하며, 반포란 당해 간행물이 일반 대중에 의하여 열람 가능한 상태에 놓여지는 것을 의미한다. ⅳ) "전기통신회선56)을 통하여 공중이 이용가능하게 된 발명"(특§29① ⅱ 후단)은 현재 과학·기술계에서는 물론 특허청이 발행하는 특허공개공보와 특허공보도 인터넷 등에 의한 공개가 일반적으로 이용되고 있기 때문에 정보전달수단의 발달을 반영하여 인터넷57)에 공개된 기술정보도 잡지나 도서 등의 형태로 간행된 기술정보와 같은 정도의 정보성을 가지고 있어 반포된 간행물의 기재와 마찬가지로 신규성 상실사유로 보게 되었다.

신규성판단은 당해 발명의 특허출원시를 기준으로 한다. 특히 이는 출원시간을 기준으로 하는 것으로, 선(先)출원관계(특§36)나 이용저촉관계(특§98)의 판단이 일(日)을 기준으로 하는 것과 비교된다. 신규성판단의 지역적 기준과 관련하여 2006년의 개정 특허법 이전 법에는 공지(公知)·공용(公用)에 관하여는 국내에서 생긴 것을 대상으로 하고 있었으며, 간행물 기재에 있어서는 외국에서 반포된 것을 포함하고 있었다. 그러나 2006년 개정 특허법은 신규성 판단의 지역적 기준을 국내에서 국외까지 그 범위를 확대하게 되었다. 이는 교통수단 및 정보통신 등의 발달로 국외에서 공지·공용된 기술을 쉽게 접할 수 있음에도 불구하고 이를 선행기술로 인정하지 아니하고 있어, 국외에서 이미 알려진 기술에 대하여도 특허가 부여될 우려가 있을 수 있었다. 따라서 특허출원 전에 국외에서 공지되었거나 공연히 실시된 발명에 대하여는 특허를 받을 수 없도록 하여 국내뿐만 아니라 국외에서 알려진 기술에 대하여도 특허가 부여되지 않도록 함으로써 국제적인 기술

관 또는 대학도서관 등에 입고되거나 주위의 불특정 다수인에게 배포되었을 때 공지된 것으로 본다(대법원 1996.6.14.선고, 95후19 판결).

56) 특허법 제29조 제1항 제2호 후단에서 전기통신회선이란 특허법 시행령 제1조의2에서 ① 정부·지방자치단체, 외국의 정부·지방자치단체 또는 국제기구, ②「고등교육법」제3조에 따른 국·공립학교 또는 외국의 국·공립대학, ③ 우리나라 또는 외국의 국·공립 연구기관, ④ 특허정보와 관련된 업무를 수행할 목적으로 설립된 법인으로서 특허청장이 지정하여 고시하는 법인으로 한정하고 있다.

57) 인터넷(internet)이란 통신망과 통신망을 연동해 놓은 망의 집합을 의미하며, 랜(LAN) 등 소규모 통신망을 상호 접속하는 형태에서 점차 발전하여 현재는 전 세계를 망라하는 거대한 통신망의 집합체가 되었다. 이러한 인터넷에서 이용할 수 있는 서비스는 전자우편(e-mail), 원격 컴퓨터 연결(telnet), 파일 전송(FTP), 유즈넷 뉴스(Usenet News), 인터넷 정보 검색(Gopher), 인터넷 대화와 토론(IRC), 전자 게시판(BBS), 하이퍼텍스트 정보열람(WWW: World Wide Web), 온라인 게임 등 다양하며 동화상이나 음성 데이터를 실시간으로 방송하는 서비스나 비디오 회의 등 새로운 서비스가 차례로 개발되어 이용 가능하게 되었다.

공개의 현실을 충분히 반영하기 위함이다.

　특허법은 신규성의 유무를 출원시를 기준으로 하나, 이 원칙을 너무 엄격히 적용하면 오히려 특허법의 목적인 기술발전을 저해할 수 있어 일정한 경우에는 비록 어떤 발명이 공지의 상태로 된 경우에도 해당 발명의 출원에 대하여 신규성이 상실되지 아니한 것으로 취급하는 예외 규정을 두고 있다(특§30). 특허법 제30조는 특허를 받을 수 있는 권리를 가진 자의 발명이 다음 각호(① 시험, ② 간행물에의 발표, ③ 대통령령이 정하는 전기통신회선을 통한 발표, ④ 산업통상자원부령이 정하는 학술단체에서의 서면발표)의 어느 하나에 해당하는 경우에는 그날부터 12월 이내에 특허출원을 하면 그 특허출원된 발명에 대하여 신규성(특§29①) 또는 진보성(특§29②)의 규정을 적용함에 있어서는 그 발명은 신규성 상실에 해당하지 아니한 것으로 본다. 다만, 조약 또는 법률에 따라 국내 또는 국외에서 출원공개 되거나 등록공고 된 경우는 제외 된다(특§30① i). 또한 발명자가 특허출원 전에는 발명의 내용을 비밀유지하려 하였으나 타인으로부터의 협박·사기강박·산업스파이 행위, 절취 등으로 인하여 본인의 의사에 반하여 이루어진 경우에는 신규성 상실의 예외를 인정한다.[58] 그러나 출원 전에 공지되어도 특허를 받을 수 있는 것으로 잘못 알고 공지한 경우나 대리인에 의해 이미 출원된 것으로 믿고 공표하였는데 아직 출원절차를 밟지 않은 경우 등이라면 자기 의사에 반한 것이라고 할 수 없다.

┃ 그림 ┃ 신규성 의제 주장에 의한 출원가능기간

---

58) 자기의 의사에 반하여 출원인의 발명내용이 사용인 또는 대리인의 고의 또는 과실로 누설되거나 타인이 이를 도용함으로써 일반에게 공표된 경우, 신규성을 주장하는 자는 위와 같은 자기의 의사에 반하여 누설 또는 도용된 사실을 입증할 책임이 있다(대법원 1985.12.24.선고, 85후14 판결).

신규성 의제 주장이 적법한 경우에는 신규성 의제사유에 해당하는 일이 발생한 날에 신규성이 소급하여 의제된다. 그러나 신규성을 의제받은 특허출원은 그 출원일 자체가 소급되는 것은 아니다. 따라서 신규성을 의제받은 특허출원의 출원일보다 먼저 타인이 동일한 발명에 대하여 출원한 경우에는 비록 신규성의 소급일자가 타인의 출원일보다 앞서게 되는 경우라도 의제받은 특허출원은 선출원주의에 의하여 특허를 받을 수 없다.

>> **公知의 의제(확대된 범위의 선출원: §29③)**

특허출원한 발명이 당해 특허출원을 한 날 전에 다른 특허출원(또는 실용신안등록출원)이 공개되어 있는 경우는 그 출원서에 최초로 첨부한 명세서 또는 도면에 기재되어 있는 발명 또는 고안과 동일한 출원은 거절된다. 다만, 그 특허출원의 발명자와 다른 특허출원의 발명자나 실용신안등록출원의 고안자가 동일한 경우 또는 당해 특허출원의 특허출원시의 특허출원인과 다른 특허출원이나 실용신안등록출원의 출원인이 동일한 경우에는 그러하지 아니하다(특§29③). 후출원이 선출원공개 후에 출원된 것이라면 간행물 기재에 의해 후출원이 거절되지만, 후출원이 선출원의 공개 전에 출원된 것이라면 선출원의 명세서는 특허청 내부에서 비밀로 보관하는 상태에 있기 때문에 공지라고 할 수 없으므로 공지의 의제가 된다. 이러한 것을 '확대된 범위의 선출원' 또는 '공지의 의제'라고 부른다.

심화학습

정당한 권원 없는 제3자가 공지된 발명의 일부만을 변경한 발명을 실시한 경우, 발명자가 공지예외주장을 하며 출원한 경우에 제3자의 실시에 특§30①ⅱ 규정이 적용될 수 있는지 검토하시오.

3. 진 보 성

공지의 기술로부터 용이하게 생각해낼 수 있는 발명에 특허를 부여한다면 이는 제3자의 기술실시의 자유를 부당하게 억압하여 산업발달에 기여하고자 하는 특허제도의 목적에 반하는 결과가 발생할 염려가 있다. 즉, 과학기술의 진보에 공헌하지 않는 자명(自明)한 발명에는 특허권을 부여할 가치가 없고, 또 간단한 발명에 대하여 특허권을 인정한다면 일상적으로 행해지는 기술적인 개량에 대해서 모두 출원하지 않으면, 다른 사람에게 특허를 빼앗기기 때문에 출원인에게 부담이 될 수 있다. 이에 특허법 제29조 제2항은 신규의 발명일지라도 출원시점에서 그 분야의 당업자(當業者)가 용이하게 창작가능한 발명은 특허를 허락하지 않는다고 규정하고 있다.

진보성의 판단과 관련하여 특허법은 "특허출원 전에 그 발명이 속하는 기술분야에서 통상의 지식을 가진 사람이 제1항 각호(발명의 성립성, 산업상 이용가능성, 신규성)에 규정된 발명에 의하여 용이하게 발명할 수 있는 것일 때에는 그 발명은 제1항의 규정에 불구하고 특허를 받을 수 없다"라고 규정하고 있다(특§29②).

따라서 진보성의 판단은 당해 발명의 산업상 이용가능성과 신규성을 전제로 한 것이다. 그러나 용이하게 진보성 추정을 판단할 수 있는 경우에까지 당해 발명의 산업상 이용가능성 내지 신규성 판단을 전제로 하는 것은 아니다.

진보성 판단의 시간적 기준은 신규성 판단의 경우와 같이 특허출원시를 기준으로 한다. 그리고 '그 발명이 속한 기술분야'의 판단은 출원인이 명세서에 기재한 '발명의 명칭'으로서 직접 표시된 기술분야에 구애되지 아니하며, 그 발명의 목적·구성·효과 등의 측면을 고려하여 이루어진다. 한편 '통상의 지식을 가진 자'는 당해 발명이 속한 기술분야에서 평균수준의 기술적 지식을 가진 평균적 전문가로서 통상의 창작능력을 발휘할 수 있는 자이다.[59] 일반적으로 특허청 심사관이 판단하지만 그 판단이 곤란한 것은 전문가의 판단을 요하기도 한다. 이와 함께 ⅰ) 발명품의 판매가 기존의 물품을 누르고 상업적 성공을 거둔 경우[60]이거나, ⅱ) 이론상으로 보면 기술적 효과가 큼에도 불구하고 오랫동안 이를 실시한 자가 없었거나 그 동안 해결되지 않았던 과제 등이 있었던 발명을 실시하게 된 경우에는 진보성을 부정할 이유가 없는 한 진보성 판단에 참고해야 한다는 견해도 있다.

심화학습

> 출원인의 명세서에 선행발명으로 기재된 발명이 진보성 판단의 인용발명으로서 사용될 수 있는지 검토하시오. 또한 타인의 명세서에 선행발명으로 기재된 발명은 인용발명이 될 수 있는지 검토하시오.

---

59) 대법원 1999.7.23.선고, 97후2477 판결.
60) 대법원 1996.10.11.선고, 96후559 판결; 대법원 1995.11.28.선고, 94후1817 판결.

VI. 법률상 특허를 받을 수 없는 발명(소극적 요건)

　　발명이 발명의 성립성을 갖추고, 특허등록요건을 갖추었다고 하더라도 국가의 산업정책에 따라 특허권을 부여하지 않는 경우가 있다. 이는 연혁적으로 산업재산권법에 대하여는 속지주의(屬地主義)가 지배하여 왔다. 즉 어떤 산업재산권을 보호할 것인가의 판단은 각국의 경제적 · 사회적 · 시대적 상황을 전제로 한 정책적 판단에 영향을 받아 왔다. 이러한 산업재산권법으로서의 속성은 특허법에도 적용되고 있어, 비록 어떤 발명이 특허요건(산업상의 이용가능성, 신규성, 진보성)을 갖추어도 국가의 산업정책적 또는 공익적인 견지에서 특허를 부여하지 않는 경우가 있을 수 있다. 특히 이는 우리나라의 산업발전에 이바지함을 목적으로 한다는 특허법 제1조의 목적조항과의 관계에서도 당연한 규정이다.

　　어떠한 발명이 불특허사유에 해당하는 것인가는 국가[61]와 시대[62]에 따라 다르다. 즉 이것은 각국의 경제적 · 사회적 · 시대적 배경에 따라 다르게 정하여지고 있다. 우리의 특허법은 불특허사유[63]로서 특허법 제32조를 정하고 있다.

---

61) 북한 특허법(「조선민주주의인민공화국 발명 및 창의 고안에 관한 규정」을 약칭) 제13조: 다음과 같은 발명에는 특허권이 해당되지 않는다.
　　1. 화학적 방법으로 얻어진 물질
　　2. 의약품과 식료품
　　3. 원자핵 반응으로 생긴 물질과 원자력을 이용한 설비
　　4. 동식물의 새 품종과 육종방법"
　　김의박, "북한특허법," 「발명특허」 vol. 223, p. 22 참고.
62) 불특허사유와 관련하여 우리나라는 1987년 특허법 개정시 의약 또는 2 이상의 의약을 혼합하여 하나의 의약을 조제하는 방법발명, 화학물질발명 및 그 용도발명을, 1990년 개정시에는 음식물 또는 기호물의 발명을, 1995년 특허법 개정에서는 UR/TRIPs 제27조 제1항을 반영하여 원자핵 변환방법에 의하여 제조될 수 있는 물질의 발명을 불특허사유에서 삭제하여 특허대상의 범위가 확대되었다.
63) 특허법 제32조 외에도 우리 특허법은 특허출원한 발명이 국방상 필요한 것일 때에는 외국에 특허출원을 금지하고 있다(특§41①). 또한, 전시 · 사변 또는 이에 준하는 비상시에 있어서 국방상 필요한 경우에는 특허를 받을 수 있는 권리를 정부에서 수용할 수 있다고 규정(특§41②; §106)함으로써 공용징수에 해당되는 것도 광의의 불특허사유(넓은 의미로는 특허를 받을 수 없는 발명)라고 할 수 있다. 이러한 경우에는 정부가 정당한 보상금을 지급하여야 한다(특§41③④). 다만 "국방상 필요한 경우에는 특허하지 아니하거나 특허를 받을 수 있는 권리를 수용할 수 있다"라고 규정한 구법과는 달리, 현행법은 TRIPs협정 제73조를 반영하여 '전시 · 사변 또는 이에 준하는 비상시에 있어서 국방상 필요한 경우'에 한정하여 수용할 수 있도록 그 범위를 한정하고 있다.

WTO/TRIPs협정 제27조 제2항에서는 불특허대상으로서 공서양속(public order or morality) 혹은 인간, 동물, 식물의 생명, 건강의 보호 또는 환경에의 심각한 피해를 예방하기 위해 필요한 경우에는 당해 발명을 특허대상에서 제외할 수 있다고 규정하고 있으며, 이러한 경우를 제외하고 그 발명의 이용이 국내법에 금지되어 있다는 이유만으로 특허대상에서 제외해서는 안 된다고 명시하고 있다. 이러한 TRIPs협정의 조항을 반영하여 우리의 특허법은 "공공의 질서 또는 선량한 풍속을 문란하게 하거나 공중의 위생을 해할 염려가 있는 발명은 특허를 받을 수 없다"라고 규정하고 있다.

이때 공서양속의 개념은 각 이해당사국에 따라 다르며, 동일 국가 내에서도 시대적 배경을 이유로 달리 판단될 수 있겠다. 이에 TRIPs협상 과정에서는 그 내용을 구체화하기 위하여 많은 논의가 이루어지기도 했다. 예컨대 미국이나 스위스, EU 등의 국가는 개도국이 동 개념을 확대해석하여 광범위한 불특허대상의 근거규정으로 활용할 우려가 있다면서 '국제적으로 인정된 공서양속(internationally accepted public order or morality)'으로 규정하여야 한다고 주장하기도 했다.

이러한 공서양속에 반하여 불특허대상이 되는 것으로는 화폐변조기, 아편(마약) 흡입도구, 도둑질하는 데 필요한 만능열쇠, 인체에 유해한 완구 · 피임기구 등과 사람의 신체(사체를 포함)를 사용하는 발명 등도 특허법 제32조 규정[64]에 해당되는 것으로 해석하여 불특허대상으로 하고 있다. 또한, 근거 단속법규로는 약사법, 마약단속법 등이 있다.

위 불특허사유에 해당하는 발명은 거절이유(특§62 i)가 될 뿐만 아니라 특허결정 이후에는 특허의 무효사유(특§133① i)가 된다.

VII. 특허를 받을 수 있는 권리자

발명을 한 사람 또는 그 승계인은 특허법에서 정하는 바에 의하여 특허를 받을 수 있는 권리를 가진다(특§33① 본).

---

64) 의료 · 위생분야 심사기준(2008.6).

1. 특허를 받을 수 있는 권리(특허출원권)

발명을 한 자는 그 발명의 완성에 의해 특허를 받을 수 있는 권리를 갖는다. 즉 발명을 한 자는 국가에 대하여 특허를 청구함으로써 그 보호를 받을 수 있으나, 현행법상 출원에서 등록에 이를 때까지의 소정의 절차를 밟지 않으면 독점배타적 효력을 가지는 특허권이 발생하지 아니하므로 발명의 완성시부터 설정등록될 때까지 발명자를 보호할 수단이 필요하게 된다. 특허법은 이러한 상태를 양도성을 가지는 재산권으로 보아 그 이전 및 공용수용 등에 관한 규정 및 정당한 권리자에 관한 보호규정 등을 두고 있다.

명문의 규정은 없으나 스스로 발명을 한 자 또는 승계인은 자신의 발명을 실시할 수 있다. 또한, 특허출원 전에 제3자에게 당해 발명의 실시허락을 하는 것도 자유이다. 다만, 당해 발명이 타인의 특허권을 저촉하는 경우에는 그러하지 않다.

발명을 한 자는 자신의 발명에 대하여 특허를 받을 수 있는 권리, 즉 특허출원권을 갖는다. 이는 기본적으로 재산권이나 인격권적인 요소를 포함하고 있는 것으로 그 내용이 간단하지만은 않다. ⅰ) 특허출원권은 재산권인 동시에 인격권적 요소를 포함하고 있다. 따라서 양도성이 당연히 인정되는 것은 아니다. 예컨대 미국의 법제는 특허출원권의 양도를 인정하지 않는다. 그러나 세계적인 추세는 그 권리의 양도성을 인정하는 것이며, 우리의 특허법 역시 특허를 받을 수 있는 권리의 양도성을 인정하고 있다(특§37①). 특허출원 전의 권리의 양도에는 아무런 양식도 필요로 하지 않고 합의에 의해서 양도의 효과가 발생한다. 다만, 양수인이 출원하지 않는 한 제3자에게 대항할 수 없다(특§38①). 특허출원 후에 있어서 특허를 받을 수 있는 권리의 승계는 상속 기타 일반승계의 경우를 제외하고는 특허출원인변경신고를 하지 아니하면 그 효력이 발생하지 않는다(특§38④). 그리고 특허를 받을 수 있는 권리의 상속 기타 일반승계가 있는 경우에는 승계인은 지체 없이 그 취지를 특허청장에게 신고하여야 한다(특§38⑤). ⅱ) 비록 특허를 받을 수 있는 권리의 양도성은 인정되나, 특허법은 질권의 설정을 인정하지 않고 있다(특§37②).

발명은 발명자의 사상으로 이에는 발명자의 인격과 명예가 포함되어 있다. 이러한 발명자인격권 또는 명예권은 발명과 동시에 발명자에게 원시적으로 귀속되는 권리로 양도할 수 없다.[65] 이는 발명자게재권(파리조약§4의3), 출원인의 발명

---

65) 이러한 발명자인격권을 어떤 학자는 이를 '발명자 명예권'이라고도 한다(한일지재권연구회 역, 中山信弘 著, 「특허법」, 법문사, 2001, pp.171~172).

자표시의무(특§42① iv) 등과 같은 방법으로 구현된다. 비록, 이는 특허법 절차를 통하여 이루어지며 따라서 특허출원 전에 있어서는 구체적인 모습을 지니는 것은 아니나 발명자인격권(명예권) 자체는 출원 전부터 존재한다고 볼 수 있다.

발명자 또는 그 승계인(정당한 권리자)은 타인의 권리 또는 법에 저촉하지 않는 한 스스로의 발명을 자유로이 실시할 수 있으며 국가에 대하여 특허를 출원할 수 있다. 그러면 특허권을 부여받기 이전에 발명자가 갖는 이러한 권리가 제3자와의 관계에서는 어느 정도로 보호될 것인가를 살펴보지 않을 수 없다. 다만, 특허부여 전이라도 출원공개(특§64) 이후에 관하여는 특허법이 일정 규정을 두고 있는바 여기에서는 특허출원 전과 출원에서 출원공개까지의 권리를 살펴보겠다. 발명에 관한 독점권은 특허등록에 의해 생기는 것이므로 출원 전의 발명자에게 배타권을 인정하게 되면 특허제도의 존재이유가 없어져 버린다 하겠다. 따라서 특허를 받을 수 있는 권리에 기한 금지청구권이란 인정되지 않으며, 영업비밀의 효력과 유사한 제3자적 효력에 지나지 않는다. 물론 발명자의 실시를 물리적으로 방해하거나 허위사실을 유포하여 방해하는 행위 등이 부정경쟁방지 및 영업비밀 보호에 관한 법률상의 금지대상행위가 될 수 있음을 부정하는 것은 아니다. 또한, 그 침해가 불법행위가 될 수 있음에도 이론이 없다. 이 경우에도 제3자의 모든 실시행위에 대하여 정당한 권리자가 손해배상청구를 할 수 있는 것은 아니다.[66] 타인이 정당한 권리자의 특허를 받을 수 있는 권리를 침해하는 불법적 행위로서는 모인출원, 무단공표, 무단실시행위 등이 있다.

정당한 권리자는 자신의 발명에 대하여 출원을 할 것인가 또는 영업비밀로서 유지할 것인가의 결정권을 갖는다. 그러나 모인자(冒認者)의 출원에 의하여 그 선택의 여지를 잃어버리게 되며, 진정한 권리가 회복되지 않는 경우에는 발명자의 인격권(명예권)도 침해받게 된다. 따라서 모인출원 행위는 원칙적으로 정당한 권리자에 대한 불법행위가 된다. 특허를 받을 수 있는 권리의 승계인이 아닌 자 또는 특허를 받을 수 있는 권리를 모인한 자(無權利者)가 한 특허출원으로 인하여 특허를 받지 못하게 된 경우에는 그 무권리자가 특허출원한 후에 한 정당한 권리자의 특허출원은 무권리자가 특허출원한 때에 특허출원한 것으로 본다. 다만, 무권리자가 특허를 받지 못하게 된 날로부터 30일을 경과한 후에 정당한 권리자가 특허출원을 한 경우에는 그러하지 아니하다(특§34). 그리고 무권리자에 대하여 특허

---

66) 이러한 효력은 특허의 등록에 의해 비로소 발생한다.

된 것을 이유로 그 특허를 무효로 한다는 무효심결(특§133① ii)이 확정된 경우에는 그 특허출원 후에 한 정당한 권리자의 특허출원은 무효로 된 그 특허의 출원시에 특허출원한 것으로 본다. 다만, 그 특허의 등록공고가 있는 날부터 2년이 지난 후 또는 심결이 확정된 날부터 30일이 지난 후에 특허출원을 한 경우에는 그러하지 아니하다(특§35). 또한 발명자 또는 고안자가 아닌 자로서 특허를 받을 수 있는 권리 또는 실용신안등록을 받을 수 있는 권리의 승계인이 아닌 자가 한 특허출원 또는 실용신안등록출원은 처음부터 없었던 것으로 본다(특§36⑤).

무단실시란 정당한 권리자(출원권자)로부터 허락을 받지 아니하고 발명가의 발명을 실시하는 것을 말한다. 단 무단실시자가 진정한 발명자와 무관하게 발명을 완성하여 실시하고 있는 경우에는 불법행위가 되지 않는다. 또한, 무단실시자가 단순히 정당한 권리자로부터 발명의 내용을 지득(知得)하였다는 것만으로 불법행위의 성립을 인정할 수는 없다. 즉 지득의 수단이나 방법이 두드러지게 부당한 경우에 한하여 그 지득행위와 더불어 실시행위도 불법행위가 된다고 할 것이다. 또한 무단공표행위도 모인출원과 같이 정당한 권리자에 대한 불법행위가 되며, 정당한 권리자는 일정한 조건하에 구제를 받을 수 있다(특§30① ii).

그림 | 정당권리자의 출원시기

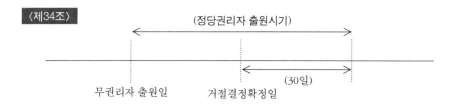

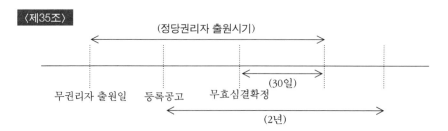

특허를 받을 수 있는 권리는 ⅰ) 행정처분(거절결정), ⅱ) 신규성 상실, ⅲ) 상속인 부존재, ⅳ) 권리포기 등의 원인에 의하여 소멸된다.

심화학습

> A발명에 대한 모인출원자의 출원이 출원공개 후에 명세서 기재불비로 거절결정된 경우 정당권리자가 특허법 제34조 규정을 적용받을 수 있는지 검토하시오.

2. 특허를 받을 수 있는 권리자

특허를 받을 수 있는 권리는 발명의 완성과 함께 실제로 그 발명을 완성한 자에게 인정된다. 발명은 사실행위인바 대리인이나 법인 자체에 의한 발명이란 있을 수 없다. 또한, 발명은 법률행위가 아닌바 특허법상의 행위능력 내지 권리능력을 필요로 하지 않는다. 따라서 법정대리인 또는 특허관리인에 의하지 아니하면 특허법에 정한 출원·심사청구 기타의 절차를 밟을 수 없는 미성년자 내지 재외자(在外者: 국내에 주소나 영업소를 가지지 아니하는 자)도 발명자가 되는 데에는 문제가 없다. 다만, 특허법은 제33조 제1항 단서에서 "특허청 직원 및 특허심판원 직원은 상속이나 유증의 경우를 제외하고는 재직 중 특허를 받을 수 없다"라고 제한규정을 두고 있다. 이 규정은 재직 중의 출원에 의하여 심사의 공정을 해할 염려를 방지하기 위하는 데 그 취지가 있으며, 2001년 7월 1일 개정법 이전에는 "특허청직원 및 특허심판원직원은 상속 또는 유증의 경우를 제외하고는 재직 중 특허를 받을 수 있는 권리를 가질 수 없다"라는 내용이었으나, 이는 특허청 직원의 발명가로서의 권리를 부정하는 것으로서 위헌적인 요소를 담고 있다는 지적에 따라 완화된 것이다. 이러한 특허를 받을 수 있는 권리가 인정되는가의 여부는 실제로 그에게 특허권을 부여하는가의 문제와는 별개의 것이다. 즉 동일한 발명이 각기 독립된 여러 사람(數人)에 의해 이루어진 경우 모든 자가 당해 발명에 대하여 특허를 받을 수 있는 권리를 갖는다. 하지만, 우리나라의 특허법은 실제 발명 완성시기의 선후에 관계없이 이러한 정당한 권리자 중 제일먼저 특허출원을 한 자에게 특허를 부여하는 선출원주의를 취하고 있다(특§36).[67]

2인 이상이 공동으로 발명한 때에는 특허를 받을 수 있는 권리는 공유(共有)

로 한다(특§33②). 또한, 발명자가 특허를 받을 수 있는 권리의 일부를 양도한 경우에도 공유관계가 발생한다. 이때 공동발명은 2인 이상의 자(者) 사이에 실질적인 상호협력에 의해 이루어진다는 공통의 인식하에 기술문제 해결을 위한 연구가 이루어진 경우에 인정된다. 따라서 비록 다수의 자가 관계하여 발명이 이루어진 경우라 할지라도 발명과정에 대한 일반적인 조언이나 지도만을 하는 단순관리자, 연구관의 지시에 따라 단지 주제를 정리하거나 실험만을 한다거나, 발명자에게 자금을 제공하거나 설비이용의 편의를 제공함으로써 발명의 완성을 지원하거나 위탁한 자 등은 공동발명자라 할 수 없다. 반면, 물리적으로 함께 또는 동시에 연구하지 않았거나, 관계자 사이에 동종 또는 대등한 기여가 없었다는 등의 이유로 공동발명이 인정되지 않는 것은 아니다. 특허법은 공동발명의 특허를 받을 수 있는 권리에 대하여 그 공동소유의 형태가 공유라고 규정하고 있다. 그러나 특허를 받을 수 있는 권리의 지분 양도에 있어 다른 공유자의 동의를 요건으로 하거나(특§37③), 특허를 받을 수 있는 권리 자체의 분할이 불가능하다는 점에서 그 실질적인 공동소유형태는 합유라 할 수 있다. 특허를 받을 수 있는 권리가 공유인 경우 공유자 전원이 공동으로 출원하여야 하며(특§44), 공유자의 일부에 의한 출원은 거절되며(특§62), 특허권 존속기간 연장등록출원을 하는 경우에도 공유자 전원이 연장등록출원 하여야 하며(특§90 ③), 심판의 당사자가 되는 경우에도 전원이 하여야 한다(특§139③).

특허를 받을 수 있는 자는 발명자이나 발명자로부터 그 발명을 승계받으면 발명자를 대신하여 특허출원을 할 수 있다. 즉 발명자의 특허를 받을 수 있는 권리는 계약 또는 상속 등을 통하여 그 전부 또는 일부를 이전할 수 있다. 이러한 특허를 받을 수 있는 권리의 이전은 특허출원의 전후를 불문한다. 다만, 특허출원 전의 권리이전은 그 승계인이 특허출원을 하지 않으면 제3자에게 대항할 수 없으며(특§38①), 특허출원 후의 권리이전은 상속 기타 일반승계의 경우를 제외하고는 특허청에 특허출원인변경신고를 하여야만 효력이 발생한다(특§38④⑤).

---

67) 미국은 입법례로서는 유일하게 동일 내용의 발명이 수개인 경우 최초에 발명을 완성한 자에게 특허권을 부여하는 "선발명주의(first to invention)"를 취하고 있다(미국특허법 제135조). 이에 대해 보다 자세한 내용은 Martin J. Adelman, Randall R. Rader, John R. Thomas, Harold C. Wegner, Cases and Materials on Patent Law, 2nd ed., Thomson West, 2003, p.160, pp.248~256을 참조하기 바란다.

발명자가 특허 받을 수 있는 권리를 제3자에게 승계한 후 발명자 자신이 그 발명을
출원한 경우 발명자의 출원은 정당권리자의 출원으로서 적법한지 검토하시오.

제2절 권리의 활용

I. 특 허 권

특허권은 앞에서 살펴본 바와 같이 발명의 성립성과 특허등록요건을 갖추어
서 특허청에 특허출원하여 심사절차를 거쳐 거절결정을 받지 않은 것은 특허를
받을 수 있다. 이러한 특허권은 설정등록에 의하여 그 효력이 발생한다(특§87①).
즉 특허권의 설정등록은 특허결정을 받고 특허료를 납부한 후 특허등록원부에 기
재됨과 동시에 권리로서 효력이 발생하게 된다. 특허등록은 특허청에 비치한 특
허등록원부에 특허청장이 직권으로 기재하며(특§85), 특허권의 설정등록을 하였
을 때에는 특허청장이 특허권자에게 특허증을 교부한다(특§86①).

특허권이란 특허를 받은 발명을 독점적으로 이용할 수 있는 권리이고(특§94),
타인의 이용을 배제할 수 있는 권리이다(특§126). 따라서 특허권자는 특허발명을
이용(사용)하여 수익을 올릴 수도 있고 타인에게 처분(양도)할 수도 있다.

법률의 범위 내에서 그 소유물을 사용ㆍ수익ㆍ처분할 권리(민§211)를 가진
소유권과 같이 특허권은 전면적인 지배권이다. 이러한 특허권은 특허권자의 개인
적 이익을 보호하는 사권(私權)이며, 또 재산적인 가치를 가지고 경제거래의 대상
이 되므로 일종의 재산권이다.

이러한 특허권의 이용형태는 특허권자 자신이 직접 기업화하여 실시할 수도
있고, 타인에게 이용(실시)하게 하여 그 대가로 로열티를 받을 수도 있다. 또 앞의
특허출원ㆍ심사절차에서 본 바와 같이 일정의 절차를 거쳐 특허등록된 권리라도
시간적ㆍ장소적 또는 내용적인 제한[68]이 있을 수 있으며, 또 무효가 될 수 있다.

그러므로 특허권은 민법상의 다른 소유권에 비해 불안정한 권리라고도 말할 수 있다.

II. 특허권의 효력발생

특허권은 설정등록에 의하여 그 효력이 발생한다(특§87①). 특허권의 설정등록은 특허청에 있는 특허등록원부에 기재됨과 동시에 효력이 발생하고, 이러한 효력은 국내에 한하여 유효한 권리이다. 특허권의 효력에는 특허권자가 업으로서 특허발명을 독점적으로 실시·이용할 수 있는 적극적 효력과 타인이 부당하게 특허발명을 실시하는 것을 금지시킬 수 있는 소극적 효력이 있다. 이에 특허법은 제94조 본문에서 "특허권자는 업으로서 그 특허발명을 실시할 권리를 독점한다"라고 규정하여 특허권의 적극적 효력을 밝히고 있으며, 그 소극적 효력에 관하여는 제97조에서 "특허발명의 보호범위는 청구범위에서 기재된 사항에 의하여 정하여진다"라고 규정하고 있다.

1. 적극적 효력

(1) 실 시

'실시'는 특허법 제2조 제3호에 정의된 '실시'를 의미하며, 따라서 물건발명의 실시, 방법발명의 실시 및 물건을 생산하는 방법발명의 실시로 나눌 수 있다.

⑦ **물건발명의 실시**   물건발명의 실시는 물건을 생산·사용·양도·대여 또는 수입하거나 그 물건의 양도 또는 대여의 청약(양도 또는 대여를 위한 전시를 포함한다)을 하는 행위를 말한다(특§2 ⅲ 가).

'생산'은 특허발명을 유형화하여 발명의 결과인 물건을 만들어내는 일체의 행위로 반드시 완성행위일 것을 요하지 않으며, 건조·구축·착수 등의 행위를 포함한다. 그러나 모형의 제작, 설계도의 작성과 같은 생산의 준비행위는 포함하지 않는다. '사용'은 발명의 기술적 효과를 실현시키는 일체의 행위로 예컨대 제조기계와 같은 물건의 특허발명에 있어 그 기계를 사용하여 일정한 제품을 만드는 행

---

68) 독점적인 특허권이 발생하였다고 하여, 타법을 배제하면서까지 그 실시를 허여하는 것은 아니다.

위를 들 수 있겠다. '양도'는 생산된 발명품의 소유권을 타인에게 이전하는 것으로
유·무상을 가리지 않는다. 다만, 직접 해외로 수출만을 하는 행위는 양도행위에
포함되지 않는다는 견해도 있다.[69] '대여'는 발명품을 일정한 시기에 반환할 것을
조건으로 타인에게 빌려 주는 것으로 양도와 같이 그 유·무상을 가리지 않는다.

"물건의 양도 또는 대여의 청약"이란 특허권자가 특허제품을 판매 또는 대여
하기 위하여 특허제품의 특징, 가격, 내용 등을 카탈로그나 팜플렛 등에 게재하여
배포하는 행위 등을 말한다. 즉 특허 또는 실용신안 제품을 국내에서 직접 판매하
지 않는 경우에도 카탈로그에 의한 권유, 팜플렛의 배포, 상품판매의 광고, 상품
의 진열 등에 의해서 특허 및 실용신안 제품의 판매를 유도하는 행위 자체는 청약
의 유인행위이나 이러한 유인행위는 특허제품을 판매하기 위한 행위이므로 '물건
의 양도 또는 대여의 청약'에 포함시켜 해석하여야 할 것이다. 여기서 '물건의 양
도'란 유·무상에 관계없으며[예를 들면 무상으로 시작품(試作品)을 배포하는 행
위도 특허법상의 실시가 된다], '대여의 청약'이란 리스의 청약과 같이 대여를 목
적으로 청약하는 행위를 말한다.

'전시'는 발명을 양도하거나 대여할 목적으로 불특정다수인이 인식할 수 있는
상태로 두는 것을 말하며, 양도나 대여의 목적이 아닌 단순한 전시는 특허법상의
실시에 해당하지 않는다.

'수입'은 외국에서 생산된 특허품을 국내시장에 반입하는 행위로, 단순한 송
장(invoice) 도착의 경우는 포함하지 않는다.

㈏ **방법발명의 실시**   방법의 발명에서 '실시'란 그 방법을 사용하는 행위를
말한다. 즉 기계, 설비, 장치 등의 사용방법과 측정방법 등의 사용행위가 이에 해
당된다(특§2 iii 나).

㈐ **물건을 생산하는 방법발명의 실시**   물건을 생산하는 방법발명(예, 보리
차의 제조방법)에서 '실시'란 방법의 발명 외에 그 방법에 의하여 생산한 물건을 사
용·양도·대여 또는 수입하거나 그 물건의 양도 또는 대여의 청약을 하는 행위
를 말한다(특§2 iii 다).

---

69) 특허권은 국내에서만 효력을 가지며 그 효력이 외국까지는 미치지 않기 때문에 수출에 특허
권의 효력은 미치지 않으나, 통상적으로 수출하기 전에 생산·판매 혹은 양도가 이루어지므
로 수출 자체를 금지할 수 없다고 하더라도 문제가 된다고는 할 수 없다[윤선희, 특허법, 법
문사(2012), p.148].

(2) 업(業)으로서의 실시

업으로서의 실시는 단순히 영업을 목적으로 하는 경우에 한하는 것은 아니며, 광의의 경제활동의 하나로서 실시하는 것을 말한다. 다만, 개인 또는 가정 내에서의 실시는 공정한 경쟁질서를 저해하지 않는다는 이유에서 제외된다.

(3) 독 점

특허권자는 특허발명을 독점적으로 실시할 수 있으며, 다른 사람은 정당한 이유 없이 이를 실시할 수 없다. 따라서 타인이 정당한 이유 없이 특허발명을 실시하는 경우에는 특허권을 침해하는 것이 되며 특허권자는 침해자에게 그 실시를 중지할 것을 청구할 수 있고, 침해행위로 인하여 손해가 발생한 경우에는 손해배상을 청구하는 등의 여러 구제조치를 취할 수 있다.

2. 소극적 효력

특허권은 적극적으로 당해 특허발명을 실시할 수 있는 효력뿐만 아니라 정당한 이유가 없는 타인이 특허를 받은 발명을 업으로서 실시할 때에는 이를 특허권의 침해로 보아 당해 행위를 금지하게 할 수 있는 소극적인 효력을 갖는다.

이와 같은 특허권의 소극적 효력과 관련하여 특허권 보호외 대상 내지 보호범위의 확정문제가 논리적인 전제로서 파악되어야 할 것이다. 즉 특허법은 일정한 발명에 대하여 배타적 지배권을 행사할 수 있도록 하고 있는데, 만약 그 독점적 지배권의 범위를 확정하지 않는다면 당해 발명의 보호는 무의미해진다 하겠다. 이에 특허법은 "특허발명의 보호범위는 청구범위에서 기재된 사항에 의하여 정하여진다"라고 규정함으로써 특허권이 갖는 소극적 효력의 범위대상을 확정하고 있다.

따라서 비록 발명자의 발명성과는 명세서 중 발명의 설명의 항의 기재에 의하여 일반인에게 공개되나, 특허권의 보호대상으로 출원인이 한 당해 특허발명의 정의 내지 당해 발명내용의 집약은 청구범위가 된다 하겠다. 특허권을 침해하는 자에 대하여 특허권자는 민사적으로는 침해금지청구권, 부당이득반환청구권 내지 손해배상청구권, 신용회복청구권 등과 같은 구제수단을 사용할 수 있으며, 형사제재를 가할 수도 있다.

심화학습

(a) 특허권의 보호범위를 정하는 기준에 대하여 검토하시오.

(b) 무효사유가 있는 특허권의 효력에 관하여 무효심결 확정되기 전에 특허권의 효력이 제한되는 경우에 대하여 검토하시오.

Ⅲ. 특허권의 효력제한

1. 시간적 제한

특허권의 존속기간은 법정(法定)(특§88①)되어 있기 때문에 그 기간이 경과되면 당연히 소멸된다. 즉 특허권의 행사(특허발명의 실시)를 하거나 하지 않아도 그 기간(설정등록일부터 출원일 후 20년) 내에는 특허권이 존재하나 그 후에는 소멸한다.[70]

그림 | 특허권의 존속기간

2. 장소적 제한

특허권의 효력은 우리나라 영역 내에 한한다. 즉 대부분의 국가들은 속지주

---

[70]

	특 허	실 용	디자인	상 표	저 작
시 작	출원	출원	출원	등록	창작(완성)
기간(년)	20	10	20	10+α	死後 70

의(屬地主義)를 채택하고 있다. 이것은 특허제도가 일국(一國)의 산업정책과 밀접한 관계가 있으므로 각국은 그 산업정책상 자국(自國)에서 부여하는 권리를 보호하는 것이기 때문에 특허권의 성립·소멸·이전 등은 각국의 특허법이 별도로 정하여 그에 따르게 하고 있다.

3. 내용적 제한

특허권 효력의 내용저인 제한은 특허권의 행사에 있어서의 제한과 특허권의 특수성에 근거한 제한으로 나눌 수 있다. 특허권의 행사는 헌법 제22조 제2항,[71] 제23조 제1항[72]에 근거하여 재산권으로 보호받을 수 있으나, 공공의 복리에 적합하지 않은 것은 당연히 제한되고(헌§23②), 또 신의성실의 원칙에 반하여(민§2①)[73] 행사하는 것은 권리의 남용이 되므로(민§2②)[74] 당연히 제한된다.

(1) 공공의 이익을 위한 제한

산업정책이나 공공의 이용 등에 의해 특정의 행위 또는 특정물에 대해 불특정인과의 관계에서 특허권의 효력이 제한된다.

1) 연구 또는 시험을 하기 위한 특허발명의 실시(특§96 ① i)

연구 또는 시험(「약사법」에 따른 의약품의 품목허가나 품목신고 또는 「농약관리법」에 따른 농약의 등록을 위한 연구 또는 시험을 포함한다)을 하기 위한 특허발명의 실시란 특허를 받은 발명의 기술적 효과를 확인 또는 검사하기 위하여 실시하는 것이며, 이러한 실시행위는 영리를 목적으로 하지 않으므로 특허권자의 이익을 해치는 것이 아니다. 또한 연구·시험을 함으로써 보다 나은 기술과 학문이 발전될 수 있으므로 이러한 행위를 업으로 하여도 특허권자는 실시(사용)금지를 하지

---

71) 헌법 제22조 제2항: "저작자·발명가·과학기술자와 예술가의 권리는 법률로써 보호한다."
72) 헌법 제23조 제1항: "모든 국민의 재산권은 보장된다. 그 내용과 한계는 법률로 정한다."
73) 민법 제2조 제1항(신의성실의 원칙) … 윤리적 규범
   모든 사람은 사회공동생활의 일원으로서 서로 상대방의 신뢰를 헛되이 하지 않도록 성의 있게 행동하여야 한다는 원칙.
74) 민법 제2조 제2항(권리남용금지의 원칙)
   권리가 법률상 인정되어 있는 사회목적에 반하여 부당하게 행사하는 것. 즉 외형상으로는 권리의 행사인 듯하나 그 사회성·공공성에 반하므로 정당한 권리의 행사로 볼 수 없는 경우.

못한다. 여기서 '연구 또는 시험'이란 학술적 연구 또는 시험뿐만 아니라 공업적 시험과 연구도 포함되며,[75] 개정법은 「약사법」에 따른 의약품의 품목허가나 품목 신고 또는 「농약관리법」에 따른 농약의 등록을 위한 연구 또는 시험이 포함된다는 것을 명확히 규정하고 있다.

2) 국내를 통과하는 데 불과한 선박, 항공기, 차량 또는 이에 사용되는 기계, 기구, 장치 기타의 물건(특§96①ii)

이 규정은 파리조약 제5조의3의 규정과 같은 취지이고, 국제교통의 원활화를 도모하기 위한 것이다. 단순히 국내통과라는 목적에 한정된 것은 특허권자에게 주는 손해가 없고, 또 이 경우에도 특허권의 효력이 미치게 할 때는 교통을 방해하는 결과가 되어 국제교통상 장해가 되므로 이 조항을 만들었다고 본다.[76]

3) 특허출원한 때부터 국내에 있는 물건(특§96①iii)

이 규정은 특허출원 시에 이미 국내에 존재하고 있던 물건[77]까지 실시(사용)하지 못하게 하면 선사용권자가 생산한 제품과 설비 등을 사용하지 못하게 되고, 또 먼저 발명하여 법을 제대로 알지 못하여 특허출원하지 못한 자는 억울할 것이다. 이를 보완하기 위한 규정이라고 할 수 있다.

4) 조제행위(특§96②)

이 규정은 의사의 처방전에 의해 2이상의 의약을 혼합해서 의약을 제조하는 의약의 발명 또는 그 방법의 발명에 관한 특허권의 효력은 의사 또는 치과의사의 처방전에 의해 약사가 의약 중에서 선택하여 조제하는 행위에 불과하다고 하여 규정한 것이다.

5) 재심에 의하여 회복한 특허권의 효력의 제한(특§181)

이 규정은 확정심결로 무효가 된 특허권이 재심에서 회복한 경우, 무효심결 확정에서 회복까지의 기간에 있어서 소급하여 특허권은 존재하여 온 것이 되지

---

75) 의약품 제조승인 신청을 위한 시험, 동경지방법원 1997.8.29, 민사29부 판결 1996년(ワ) 10134호 특허침해금지청구사건(관례시보 1616호, p.34; ジュリスト, p.268).
76) 국제민간항공조약 §27(특허권에 의해 청구되는 압류의 면제).
77) '물건'이란 국내에 있는 유체물에 한정된 것으로 본다. 그러므로 방법의 발명은 인정되지 않는다.

만, 그 사이의 당해 발명의 실시는 자유로 되어 있었기 때문에, 그러한 선의의 자를 보호하기 위한 규정이다. 선의의 실시자의 실시까지 소급하여 특허권의 침해로 인정하는 것은 불합리하고, 공평의 원칙에도 반하기 때문이다.

이러한 특허권이 재심에 의하여 회복된 경우에는 당해 심결이 확정된 후 재심청구의 등록 전에 선의로 국내에서 그 발명의 실시사업을 하고 있는 자 또는 그 사업의 준비를 하고 있는 자는 그 실시 또는 준비를 하고 있는 발명 및 사업의 목적의 범위 안에서 그 특허권에 관하여 통상실시권을 가진다(특§182).

6) 특허료 추가납부 또는 보전에 의하여 회복한 특허권의 효력의 제한

특허료의 불납에 의해 실효된 특허권의 회복에 대한 규정이다. 2001년 개정법 이전에는 특허료의 납부는 그 납부기간을 경과한 후라도 6월간에 한하여 추가납부할 것을 조건으로 하는 것이 인정되었으나(특§81①②), 이 6월의 추가납부기간도 경과해 버린 경우에는 특허권이 소멸되었다.

이에 대해 국민(법률소비자)들의 진정과 파리조약 제5조의2 제2항을 근거로, 특허법 제81조의3을 신설하여 특허권의 설정등록을 받고자 하는 자 또는 특허권자가 책임질 수 없는 사유로 말미암아 추가납부기간 이내에 특허료를 납부하지 아니하였거나 보전기간 이내에 보전하지 아니한 경우에는 그 사유가 종료한 날부터 2개월 이내에 그 특허료를 납부하거나 보전할 수 있다(특§81의3 ①).[78] 이 경우 특허료를 납부하거나 보전한 자는 제81조 제3항의 규정에 불구하고 그 특허출원을 포기하지 아니한 것으로 보며, 그 특허권은 계속하여 존속하고 있던 것으로 본다(특§81의3 ②).

추가납부기간 내에 특허료를 납부하지 아니하였거나 특허료의 보전의 규정에 따른 보전기간 이내에 보전하지 아니하여 실시 중인 특허발명의 특허권이 소멸한 경우 그 특허권자는 추가납부기간 또는 보전기간 만료일부터 3개월 이내에 특허료의 2배를 납부하고 그 소멸한 권리의 회복을 신청할 수 있다. 이 경우 그 특허권은 계속하여 존속하고 있던 것으로 본다(특§81의3 ③).

특허출원 또는 특허권의 효력은 특허료 추가납부기간이 경과한 날부터 납부하거나 보전한 날까지의 기간(이하 이 조에서 "효력제한기간"이라 한다) 중에 다른 사람이 특허발명을 실시한 행위에 대하여는 그 효력이 미치지 아니한다(특§81의3

---

78) 다만, 추가납부기간의 만료일 또는 보전기간의 만료일 중 늦은 날부터 1년이 지난 때에는 그러하지 아니하다(특§81의3 ① 단).

④). 이러한 효력제한기간 중 국내에서 선의로 특허법 제81조의3 제2항 또는 제3항의 규정에 의한 특허출원된 발명 또는 특허권에 대하여 그 발명의 실시사업을 하거나 그 사업의 준비를 하고 있는 자는 그 실시 또는 준비를 하고 있는 발명 또는 사업의 목적의 범위 안에서 그 특허출원된 발명에 대한 특허권에 대하여 통상실시권을 가지며, 통상실시권을 가진 자는 특허권자 또는 전용실시권자에게 상당한 대가를 지급하여야 한다(특§81의3 ⑤⑥).

그 림 | 특허료 납부기간과 효력제한기간

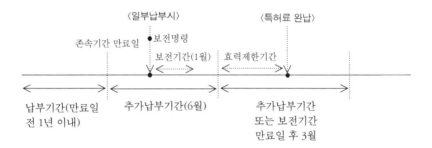

(2) 이용 · 저촉에 있어서의 제한(특§98)

특허권의 효력은 공공의 이용을 위한 제한 이외에도 특정의 사유가 존재할 때 또는 특정의 사유가 발생할 때에 개개의 특허권이 상대적으로 그 효력이 제한되는 경우도 있다. 이용 · 저촉관계에 있는 선출원 특허권자 등과의 관계에 있어서의 제한이 그 예이다.

후출원발명의 특허권자가 선출원인 특허권 또는 실용신안권과 이용 · 저촉관계에 있는 경우 그 효력이 제한된다. 즉 특허권자는 자신의 특허발명이 그 특허출원일 전에 출원된 타인의 특허권, 실용신안권, 디자인권을 이용하거나 이에 저촉되는 경우에는 그 권리자의 동의를 얻지 아니하거나 통상실시권허여심판에 의하지 않고서는 자신의 특허발명을 실시할 수 없다(특§98, §138).

통상실시권허여심판은 사전에 선등록권자로부터 통상실시권의 허여에 관해서 협의를 구하고 협의불성립, 불능의 경우 비로소 특허심판을 청구할 수 있는 것이다.

(3) 타인의 실시권과의 관계에 의한 제한

실시권에는 특허권자의 자유의사에 의한 것과 특허권자의 의사에 반한 것이

있다.[79]

    ㈎ **계약 실시권**   계약에 의한 실시권에는 전용실시권(특§100)과 통상실시권(특§102)이 있으며, 특허권은 이러한 실시권에 의하여 제한을 받는다.

    ㈏ **법정 실시권**   법정 실시권에는 직무발명(발진§10), 특허료 추가납부에 의한 효력제한기간 중 선의의 실시자에 대한 통상실시권(특§81의3 ⑤), 선사용(先使用)에 의한 통상실시권(특§103), 무효심판청구등록 전의 실시에 의한 통상실시권[일명 중용권(中用權), 특§104], 디자인권의 존속기간 만료 후의 통상실시권(특§105), 재심에 의히여 회복한 특허권에 대한 선사용권자의 통상실시권(특§182), 질권행사 후의 원특허권자의 실시권(특§122), 재심에 의하여 통상실시권을 상실한 원권리자의 통상실시권(특§183) 등이 있으며, 특허권은 이러한 법정실시권에 의해 제한을 받는다.

    ㈐ **재정 실시권**   재정 실시권에는 불실시 등(특§107), 국방상필요(특§106) 등이 있고, 특허권은 이러한 공익상의 제한을 받는다(상세한 것은 실시권에서 보기로 한다).

심화학습

  ⓐ 노하우로서 비밀로 유지되고 있던 발명을 제3자가 독사적으로 완성하여 특허 등록된 경우 선발명자의 실시는 특허발명의 보호범위에 속하는지 검토하시오.

  ⓑ 공유인 특허발명A에 대하여 공유자 중 1인이 독자적으로 특허발명을 이용하여 개량한 발명A'을 완성하여 특허등록 받은 경우 A'의 특허권의 효력이 제한되는지를 검토하시오.

IV. 특허권자의 의무

    특허권자는 업으로서 특허발명을 실시할 권리를 독점하지만, 이에 반해 일정한 의무도 주어지고 있다. 의무는 다음과 같다.

---

79) 병행수입(BBS특허병행수입사건 최고재판소 판결): 最高裁 平成 9年 7月 1日 判決, 平成 7年 (オ) 第1988号 특허권침해금지 등 청구사건(民集 51卷 6号, p.2299; 判例時報 1612号, p.3; 判例 タイムズ 951号, p.105).

(1) 특허료의 납부의무(특§79)

특허권의 설정등록을 받으려는 자는 설정등록을 받으려는 날(이하 '설정등록일'이라 한다)부터 3년분의 특허료를 납부하여야 하고, 특허권자는 그 다음 연도분부터의 특허료를 해당 권리의 설정등록일에 해당하는 날을 기준으로 매년 1년분씩 납부하여야 한다(특§79①). 물론, 특허권자는 특허료를 그 납부연차 순서에 따른 수년분 또는 모든 연차분을 함께 납부할 수도 있다(특§79②).

그런데 여러 가지 사정에 의해서 특허료를 납부하지 못하는 경우가 있을 것이다. 하지만, 이러한 경우 즉시 특허출원을 포기한 것으로 보거나, 특허권을 소멸하게 하는 것은 무리가 있다고 본다. 이에 이를 보완하기 위해서 마련한 규정이 특허료의 추가납부이다. 즉, 특허권의 설정등록을 받고자 하는 자 또는 특허권자가 특허료 납부기간이 경과한 후에도 6개월 이내에 특허료를 추가납부할 수 있다(특§81①). 하지만, 이 경우에는 납부하여야 할 특허료의 2배 이내의 범위에서 일정한 금액을 납부하여야 한다(특§81②). 만약 추가납부기간 이내에 특허료를 납부하지 아니한 때(추가납부기간이 만료되더라도 제81조의2 제2항의 규정에 의한 보전기간이 만료되지 아니한 경우에는 그 보전기간 이내에 보전하지 아니한 때를 말한다)에는 특허권의 설정등록을 받고자 하는 자의 특허출원은 이를 포기한 것으로 보며, 특허권자의 특허권은 납부된 특허료에 해당되는 기간이 만료되는 날의 다음날로 소급하여 소멸된 것으로 본다(특§81③).

(2) 특허발명의 실시의무(특§107)

특허권자는 자신의 특허발명을 직접 실시하거나 제3자에게 실시하게 할 수 있다. 그러나 독점배타적인 권리를 가진 자(특허권자)가 권리를 취득한 후에 실시하지 않는다면 다른 사람의 기술에까지 영향을 미치게 된다. 이러한 권리자를 내버려둔다면 권리 위에서 잠자는 것을 특허법이 묵인하는 결과가 된다. 그리하여 특허법 제107조에서 이러한 경우에는 제3자를 위하여 규정하고 있다.

즉, 정당한 이유 없이 계속하여 3년 이상 국내에서 실시되고 있지 않거나(특§107① i), 상당한 영업적 규모로 실시되지 아니하거나 적당한 정도와 조건으로 국내 수요를 충족시키지 못한 경우(특§107①ii) 특허출원일로부터 4년을 경과하였을 때(특§107②), 실시권 설정에 협의가 성립되지 않은 경우에는 특허청장에게 통상실시권 설정에 관한 재정을 청구할 수 있다.

(3) 정당한 권리행사의 의무

특허권은 독점배타적인 권리이기 때문에 특허권자는 이를 자유로이 행사할 수 있으나, 우월적인 지위를 이용하여 부당한 거래 등을 행한 경우에는 민법 제2조의 권리남용에 해당되는 것은 물론이고, 독점규제 및 공정거래에 관한 법률(이하 '독점금지법' 또는 '공정거래법'이라고 한다)상의 불공정거래행위에도 해당된다(독§23① vii, §59). 따라서 특허발명의 독점적 실시가 보장된 특허권자라고 하더라도 그 권리를 정당하게 행사하여야 할 의무가 있다.[80]

(4) 특허표시의무

특허권자, 전용실시권자, 통상실시권자는 물건의 특허발명에 있어서는 그 물건에, 물건을 생산하는 방법의 특허발명에 있어서는 그 방법에 의하여 생산된 물건에 특허표시를 할 수 있으며, 물건에 특허표시를 할 수 없을 때에는 그 물건의 용기나 포장에 특허표시를 할 수 있다(특§223). 이 규정은 '의무'라기보다는 '권리'에 가깝다. 즉, 이 규정은 강제적 규정이 아닌 훈시적(訓示的) 규정이다. 특허표시는 특허권자는 물론이고 전용실시권자, 통상실시권자도 할 수 있다.

그러나 특허권자가 아닌 자가 특허표시를 하는 것은 금지되며(특§224), 이에 위반한 자는 허위표시의 죄에 해당하게 되어 형사책임(특§228)을 지게 된다.

(5) 실시보고의 의무

특허청장은 특허권자 · 전용실시권자 또는 통상실시권자에게 특허발명의 실시여부 및 그 규모 등에 관하여 보고하게 할 수 있다(특§125).

(6) 비밀유지의무

정부는 국방상 필요한 경우 발명자 · 출원인 및 대리인에게 그 발명을 비밀로

---

80) 특허권자가 자신의 우월한 지위를 이용하여 할 수 있는 불공정거래행위는 다음과 같다.
    1) 특허품의 제조에 필요한 원재료나 부품을 특허권자 또는 그가 지정하는 자로부터 구입할 것을 강제하는 경우.
    2) 판매지역을 국내에만 한정하고 다른 나라에의 수출을 금지하는 경우.
    3) 특허권의 존속기간 만료 후에까지 실시료지급의무 등 제한을 가하는 경우.
    4) 실시권자가 한 개량발명의 특허권을 특허권자에게 귀속시키는 경우.
    5) 실시권자의 재판매가격을 지정하는 경우.
    6) 경쟁관계에 있는 사업자의 제품 또는 기술의 사용을 금지시키는 경우 등.

취급하도록 명할 수 있다(특§41①). 이 경우에 정부는 비밀취급에 따른 손실에 대하여 정당한 보상금을 지급해야 한다(특§41③).

심화학습

> 특허발명에 대하여 전용실시권을 설정한 경우에도 특허권자에 특허발명의 실시의무가 있는지 검토하시오. 이 경우 전용실시권자의 불실시로 인해 특허발명이 취소될 수 있는지 검토하시오.

V. 특허권의 변동

특허권의 변동에는 그 소유주체가 변동되어 특허권이 제3자에게 이전되는 경우와 특허권 자체가 일정한 사유로 소멸해 버리는 경우가 있다.

1. 특허권의 이전

특허권의 이전이란 특허권의 주체가 변경되는 것을 말한다. 특허권은 재산권이므로 이전할 수 있다(특§99①). 즉 특허권자 자신이 직접 특허발명을 실시하는 것보다도 타인에게 그 특허발명을 실시케 하거나, 타인과 공동으로 실시하는 것이 득이라고 생각된 경우에 행할 수 있다.

특허권의 이전[81])에는 당사자의 의사에 기한 이전행위인 양도와 법률의 규정에 의한 일반승계가 있다. 양도는 다시 전주(前主)가 갖는 모든 권한을 승계하는 전부양도와 특허권자 등으로부터 실시권·담보권 등을 설정하는 것과 같이 전주의 권리내용의 일부를 승계하는 일부양도가 있다. 그리고 일반승계에는 상속이나 회사합병·포괄유증 등이 있다. 이 외에도 질권(質權)에 의한 경락, 강제집행에 의한 이전, 판결, 공용수용에 의한 이전이 있다. 특허권이 공유인 경우에는 타특

---

81)
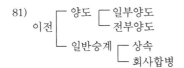

허권자(공유자)의 동의를 얻지 않으면 그 지분을 양도할 수 없다(특§99②).

특허권 내지 전용실시권의 이전은 상속 기타 일반승계의 경우를 제외하고는 등록을 하지 않으면 효력을 발생하지 아니하며(특§101① i), 통상실시권은 등록하지 않으면 제3자에게 대항할 수 없다(특§118③). 포기에 의한 권리의 소멸, 처분의 제한 등의 경우에도 등록하지 않으면 효력이 발생하지 않아 마찬가지이다(특§101① i).

2. 특허권의 소멸

특허권의 소멸이란 일단 유효하게 발생한 효력이 일정한 소멸원인에 의하여 그 효력이 상실되는 것을 말한다. 특허권의 소멸원인에는 ⅰ) 존속기간의 만료, ⅱ) 특허료의 불납, ⅲ) 상속인의 부존재, ⅳ) 특허권의 포기, ⅴ) 특허권의 무효, ⅵ) 특허권의 취소 등이 있다.

소유권은 동산, 부동산과 같이 소유권자의 자유의사에 따라 무한하게 존속할 수도 있지만 특허권은 유한한 권리이다. 특허는 산업발전에 기여하도록 일정의 기간에 있어 독점성을 보장하고, 그 후는 누구나 실시하도록 하여 보다 나은 기술을 기대하기 위한 제도이다. 여기서 '일정의 기간'이란 특허출원일 후 20년이 되는 날까지를 말한다(특§88①). 다만 의약품이나 농약품과 같이 다른 법령의 규정에 의하여 허가를 받거나 등록 등을 하여야 하고, 그 허가 또는 등록 등을 위하여 필요한 활성·안전성 등의 시험으로 인하여 장기간이 소요되는 발명에 대하여는 5년의 기간 내에서 존속기간이 연장될 수 있다(특§89).[82]

특허권자는 소정의 기간 내에 일정의 특허료를 납부할 의무가 있다(특§79①). 이를 태만한 때는 그 특허권이 소멸한다(특§81③).

---

82) 이러한 제도를 '특허권 존속기간 연장제도'라고 한다. 특허권 존속기간 연장제도란 특허권의 존속기간 중 일정한 사유로 인하여 일정한 기간 그 특허발명을 실시하지 못한 경우에 5년의 기간 내에서 그 실시하지 못한 기간만큼 존속기간을 연장시켜 주는 제도를 말한다. 존속기간 연장대상이 되는 특허는 특허법 제89조에 의하여 특허법 시행령 제7조(약사법 제26조 제1항의 규정 또는 제34조 제1항에 의하여 품목허가를 받아야 하는 의약품의 발명과 농약관리법 제8조 제1항·제16조 제1항·제17조 제1항의 규정에 의하여 등록하여야 하는 농약 또는 농약원제의 발명)에 명시하고 있다. 연장등록 출원인은 특허권자만이 가능하다(특§91① iv). 특허권이 공유인 경우에는 공유자 전원이 공동출원하여야 하고(특§90③), 공동출원하지 않으면 거절이유에 해당된다(특§91 v). 출원시기는 타법의 규정에 의한 등록을 받은 날로부터 3월 이내에 출원하여야 한다. 특허권 존속기간의 만료 전 6월 이후에는 연장등록 출원을 할 수 없다(특§90②).

일반 소유권의 경우에 상속인이 없으면, 그 재산은 국가에 귀속되지만(민 §1058), 특허권은 상속인이 없을 때에는 소멸된다(특§124). 즉 특허발명을 일반공중에 개방하여 자유로이 실시하게 하는 것이 산업정책상 보다 유리하다고 생각되어 특허법에서 상속인이 없는 경우는 소멸시킨 것이라고 볼 수 있다. 그러나 공유인 경우에는 소멸되지 않고 타공유자에게 귀속된다.

특허권은 원칙적으로 자유로이 포기할 수 있지만 전용실시권, 질권, 직무발명의 통상실시권, 특허권자의 허락에 의한 통상실시권이 있는 때에는, 이러한 권리를 가진 자의 승낙을 받은 경우에 한하여 그 특허권을 포기할 수 있다(특§119). 특허청구의 범위에 2 이상의 청구항이 기재된 특허에 대해서는 청구항마다 특허권이 있는 것으로 보기 때문에 청구항마다 포기하는 것이 가능하다(특§215). 이러한 특허권의 포기가 있는 때에는 특허권은 그때부터 소멸한다(특§120).

특허권의 무효란 발명이 특허로서 등록되어 유효하게 성립한 권리가 일정한 무효사유에 해당되어(특§133①) 특허청의 심판이나 판결에 의해, 그 특허권의 효력이 처음부터 존재하지 아니하게 되는 것을 말한다(특§133③). 특허권에 무효사유가 존재한다고 해서 당연히 무효로 되는 것은 아니고 이해관계인 또는 심사관의 무효심판청구에 의해 특허심판원의 심결이나 특허법원의 판결에 의해서만 무효가 될 수 있다. 그리고 심결이나 판결에 의하여 무효로 확정된 때에는 그 특허권은 처음부터 없었던 것으로 본다. 그러나 그 특허권자가 외국인으로서의 권리능력을 상실하였거나 또는 그 특허가 조약에 위반하게 되었을 때는 그러한 사유가 발생된 때부터 특허권은 소멸한다(특§133① iv, ③).

심화학습

특허발명을 청구항별로 특허권의 이전이 가능한지 검토하시오.

VI. 실 시 권

특허발명을 업으로서 실시할 수 있는 권리를 독점하는 자는 특허권자(특§94)이지만, 특허법은 특허권자 이외의 자에게도 특허발명을 적법하게 업으로서 실시할 수 있도록 하고 있다(특§100①, §102①). 후자의 권리를 실시권이라고 하며 이것은 전용실시권과 통상실시권으로 대별된다. 이 외에도 실시할 수 있는 권리를 한 사람에게만 주느냐 아니냐에 따라, 독점적 실시권과 비독점적 실시권으로 나눌 수 있다.

여기에서는 우리 특허법상의 분류방법에 따라 전용실시권과 통상실시권으로 나누어서 보기로 한다.

1. 전용실시권

전용실시권이란 특허권자 이외의 자가 특허권자와의 계약에 의해 내용·지역·기간을 정하여 그 범위 내에서 특허발명을 독점적으로 실시할 권리를 말한다(특§100②). 따라서 전용실시권은 그 범위 내에서는 특허권자일지라도 업으로서 실시할 수 없다는 것이므로 물권적인 성질을 가진다.

전용실시권은 등록을 함으로써 효력이 발생한다. 즉 전용실시권은 특허권자와의 계약에 의하여 발생되는 허락실시권으로(특§100①) 설정등록83)을 하지 않으면 그 효력이 발생하지 않는다(특§101① ii). 이러한 전용실시권의 설정은 특허권자와의 계약에 의한 경우가 대부분이지만, 유언에 의해서도 설정될 수도 있다. 한편, 특허권이 공유인 경우에는 타(他)공유자의 동의가 필요하다(특§99④, §100⑤).

전용실시권자는 그 설정행위로 정한 범위 내에서 업으로서 그 특허발명을 실시할 권리를 독점한다(특§100②). 전용실시권의 범위란 특허권자가 전용실시권자에게 업으로 실시할 권리를 독점적으로 허여하는 것이지만, 이 경우 시간적 범위(특허권의 존속기간 내에서 특정의 기간), 지역적 범위(국내의 특정지역), 내용적 범위(우리나라에 있어서 특정의 분야, TV와 VTR에 이용할 수 있는 발명을 VTR에 한하여 실시하도록 하는 경우 등과 수입·생산·판매에 한하는 경우)를 정하여 하는 것이 일반적이다. 그러나 특허권자가 업으로 실시할 수 있는 전범위를 전용실시권자에게 허여한 경우 특허권자에게는 ⅰ) 특허권자로서의 명예로운 지위의 유지(保持), ⅱ) 특허권침해에 대한 소권(訴權), ⅲ) 전용실시권의 이전(특§100③)이나, ⅳ) 통

---

83) 등록대상은 i) 특허권의 이전(상속 기타 일반승계에 의한 경우는 제외)·포기에 의한 소멸 또는 처분의 제한, ii) 전용실시권의 설정·이전(상속 기타 일반승계에 의한 경우는 제외)·변경·소멸(혼동에 의한 경우는 제외) 또는 처분의 제한, iii) 특허권 또는 전용실시권을 목적으로 하는 질권의 설정·이전(상속 기타 일반승계에 의한 경우는 제외)·변경·소멸(혼동에 의한 경우는 제외) 또는 처분의 제한의 경우이다.

상실시권 및 질권의 설정에 대한 동의권만을 갖는다. 이는 전용실시권자가 독단으로 권리 행사를 할 수 없게끔 하는 권리만 남는다.

전용실시권의 침해에 대해서는 특허권과 마찬가지로 권리의 침해에 대하여 침해금지를 비롯하여 신용회복청구에 이르기까지 소권(訴權)을 행사할 수 있다(특§126~§132).

전용실시권의 자유양도는 금지되나, ⅰ) 실시(實施)하는 사업과 함께 하는 경우, ⅱ) 특허권자의 동의를 얻은 경우, ⅲ) 상속 기타 일반승계의 경우에 한해서 이전할 수 있다(특§100③). 다만 ⅰ)과 ⅱ)에 의한 이전은 등록하지 않으면 그 효력이 발생하지 않으며(특§101① ⅱ), ⅲ)의 경우는 지체 없이 그 취지를 특허청장에게 신고하여야 한다(특§101②).

재실시권(sub license)이란 실시권자가 특허권자로부터 실시허락을 받은 발명특허를 제3자에게 다시 실시허락하는 것이다. 이러한 경우에는 특허권자의 동의가 원칙적으로 필요하며, 재실시권의 범위는 원실시권계약의 범위 내로 한정된다. 또한, 이러한 재실시권은 원실시권 계약이 종료됨과 동시에 소멸되는 것으로 보나 특단의 사유가 있는 경우에는 그러하지 않다고 본다. 전용실시권자는 특허권자의 동의를 얻어 질권(質權)을 설정하거나 통상실시권을 허락할 수 있다(특§100④). 후자의 통상실시권을 재실시권이라고 한다.

전용실시권은 ⅰ) 특허권의 소멸, ⅱ) 계약에 의한 설정기간의 만료, ⅲ) 계약의 해제·취소, ⅳ) 포기(질권자, 통상실시권자의 승낙 필요: 특§119②) 등에 의하여 소멸된다.

2. 통상실시권

통상실시권이란 특허발명을 실시하고자 하는 자가 특허권자와의 실시계약이나 법률의 규정에 의하거나 또는 행정청의 강제처분에 의하여 일정한 범위 내에서 특허발명을 실시할 수 있는 권리를 말한다. 다만, 특허권이 공유인 경우 통상실시권을 허락하기 위해서는 다른 공유자의 동의가 필요하다(특§99④). 이러한 통상실시권은 전용실시권과 달리 그 통상실시권을 설정한 후에도 특허권자 자신도 실시할 뿐만 아니라 제3자에게 똑같은 통상실시권을 2 이상 허락할 수도 있다. 이러한 통상실시권은 전용실시권과 달리 독점실시할 수 없는 권리이므로 채권적인 성질을 가진다고 할 것이다.

[도표 1] 특허법 규정에 근거한 실시권의 분류[84]

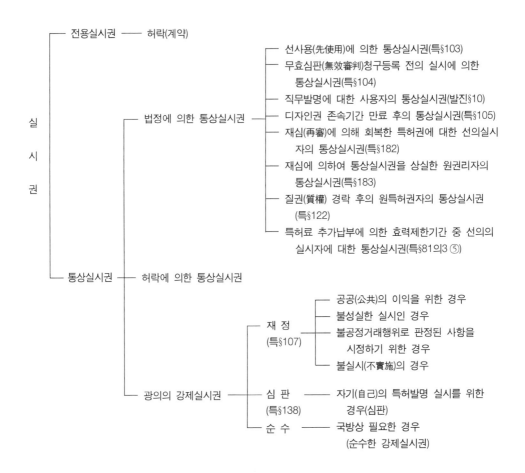

통상실시권은 그 발생원인에 따라 ⅰ) 계약에 의한 허락실시권, ⅱ) 법령의 규정에 의하여 당연히 발생하는 법정실시권 및 ⅲ) 행정청의 처분에 의하여 발생하는 강제실시권이 있다. 그리고 통상실시권의 범위는 법률이나 계약으로 설정된 범위 안에서 업으로서 그 특허발명을 실시할 수 있는 권리를 가진다(특§102②).

---

84) 윤선희, 「지적재산권법(14정판)」, 세창출판사(2014), p.117.

(1) 허락실시권

허락실시권은 특허권자의 허락에 의하여 발생하는 실시권으로 전용실시권과 같이 한 사람에게만 실시허락할 수도 있고(독점적 통상실시권),85) 특정다수인에게 같은 내용을 허락할 수도 있다(비독점적 통상실시권).

(2) 법정실시권

법정실시권은 특허권자의 의사와 관계없이 법령의 규정에 의해 당연히 발생하는 실시권이다. 이 실시권의 종류는 다음과 같은 것이 있다.

㉮ 직무발명에 대한 사용자 등의 통상실시권86)(발진§10①)(상세한 것은 앞의 '직무발명'참조)

㉯ 선사용자의 통상실시권87)[선사용권(先使用權): 특§103]

특허출원 당시 선의88)로 국내에서 그 발명의 실시사업(實施事業)을 하거나 그 사업의 준비를 하고 있는 자는 그 실시 또는 준비를 하고 있는 발명 및 사업의 목적의 범위 내에서 통상실시권을 가진다. 이 권리의 부여에 대해서는 여러 학설이 있으나, 최근 문제가 되는 것은 공평설과 경제설이 대립하고 있다.

특허권자의 발명과 같은 내용을 해당 발명의 특허출원 전에 선의로 실시하고 있는 자에게 통상실시권을 허여하는 것이다. 이는 특허출원시 이미 실시사업을 하고 있거나 실시준비를 하고 있던 선의의 실시자가 후의 출원에 의해 등록된 특허권에 의해 그 사업을 계속할 수 없다면 공평의 원칙에 어긋난다. 이를 위해 법으로 특허출원 전에 실시하고 있던 자에게는 그 실시를 계속할 수 있게 한 것이다.

이러한 선사용권은 법정요건을 충족시키면 등록 없이도 특허권·전용실시권의 취득자에게 대항할 수 있다. 선사용권의 양도에 대해서는 일반승계를 제외하고 특허권자의 승낙이 있을 경우와 실시사업과 함께 할 경우에는 양도할 수 있다.

---

85) 특허권자가 한 사람에게만 통상실시권 허락을 하는 경우를 독점적 통상실시권이라 하는데, 독점적 통상실시권을 허락하면서 그 허락 이후에는 특허권자도 그 실시권을 행사하지 않는다는 취지의 특약을 체결하는 것도 가능하다고 본다. 이를 완전 독점적 통상실시권이라 부른다.
86) 無償.
87) 無償.
88) 여기서 '선의'란 특허출원시에 그 특허출원된 발명의 내용을 알지 못하고 그 발명을 하거나 그 발명을 한 자로부터 知得한 것을 말한다.

　　㈐ 무효심판 청구등록 전의 실시에 의한 통상실시권[89][중용권(中用權)[90]:
　　　특§104]

　　이 실시권은 등록된 특허권에 무효사유가 있는 것을 알지 못하고 특허권자가
그 특허발명의 실시사업을 하거나 사업을 준비 중에 해당 특허권이 무효가 되는
경우에 주어지는 실시권이다. 즉 특허발명 또는 등록실용신안이 무효원인이 있음
에도 불구하고 잘못 권리가 부여되었을 경우(이중특허)나, 정당하게 권리가 부여
되었으나(외국인 특허권자가 권리능력을 상실케 된 때) 그 특허권 또는 실용신안권에
무효사유가 있는 것을 알지 못하고, 무효심판청구의 등록 전에 그 발명 또는 고안
에 관한 실시사업을 하거나 그 사업의 준비를 하고 있는 자는 그 범위 내에서 이
들 권리가 무효로 된 때에 선원(先願) 등에 관계된 권리에 의하여 방해받는 일 없
이 현존하는 동일의 발명 또는 고안에 관한 특허권 또는 실용신안권에 관하여 통
상실시권을 가진다.[91] 이러한 통상실시권을 가진 자는 특허권자 또는 전용실시권
자에게 상당한 대가를 지급하여야 한다. 또 이 실시권은 등록 없이도 효력이 발생
한다(특§118②, 특§104① v, §104②).

　　㈑ 디자인권의 존속기간 만료 후의 통상실시권[92](특§105①②)

　　특허권과 디자인권이 저촉하는 경우에 있어 디자인등록출원이 특허출원보다
먼저이거나 또는 동일(同日)인 경우 디자인권자는 디자인존속기간 중에는 특허권
자로부터 제약을 받지 않고 자유로이 자기의 등록디자인을 실시할 수 있다.[93] 그
러나 그 디자인권의 존속기간이 만료하고, 특허권이 존속하고 있는 때에는 디자
인권자이었던 자는 자기 자신이 실시하던 디자인을 실시할 수 없다. 여기서 이러

---

89) 有償.
90) 이 실시권은 특허출원 후에 생긴 일정한 사실에 의하여 발생하는 실시권이라는 점에서 중용
　　권이라고 한다.
91) 특허법 제104조 제1항 각호
　　1. 동일발명에 대한 2 이상의 특허 중 그 하나를 무효로 한 경우의 원특허권자
　　2. 특허발명과 등록실용신안이 동일하여 그 실용신안등록을 무효로 한 경우의 원실용신안
　　　권자
　　3. 특허를 무효로 하고 동일한 발명에 관하여 정당한 권리자에게 특허를 한 경우의 원특허권
　　　자
　　4. 실용신안등록을 무효로 하고 그 고안과 동일한 발명에 관하여 정당한 권리자에게 특허를
　　　한 경우의 원실용신안권자
92) 디자인권자는 無償이나 특허권자나 전용실시권자는 有償.
93) 예를 들어 자동차 타이어의 경우 디자인권자는 특허권자로부터 제약을 받지 않고 자유로이
　　디자인등록이 가능하다.

한 불합리를 시정하기 위하여 본조항을 만들어 원(原)디자인권자의 실시를 확보하기 위한 것이다. 이러한 통상실시권을 가진 자는 원디자인권자에게는 디자인권이 소멸하였으므로 실시료를 지불할 필요는 없으나, 특허권자 또는 전용실시권자에게 상당한 대가를 지급하여야 한다(특§105③).

　㈐ 질권행사로 인한 특허권의 이전에 따른 통상실시권[94](특§122)

　　이 실시권은 특허권자가 자신의 특허권을 가지고 사업을 하다가 질권을 설정한 그 특허권이 경매에 의하여 제3자(경락인)에게 이전되는 경우에 원특허권자에게 실시허락하는 제도이다. 즉 질권설정된 특허권이 경매 등에 의해 이전되더라도 질권설정 이전에 특허권자가 특허발명을 실시하고 있는 경우에는 그 특허권자는 통상실시권을 가진다. 이 경우 전 특허권자는 현 특허권자(경매 등에 의하여 특허권을 이전받은 자)에게 상당한 대가를 지급하여야 한다(특§122).

　㈑ 재심에 의하여 회복한 특허권에 대한 선사용자의 통상실시권[후용권(後用權): 특§182]

　　이 실시권은 심결확정 후 재심청구 전에 선의로 실시하던 자를 보호하기 위한 실시권이다. 즉 심결확정 후 재심청구 등록 전에 선의로 국내에서 그 발명을 실시하고 있거나 또는 사업준비를 하고 있는 자가 그 실시 또는 준비를 하고 있는 발명 및 사업목적의 범위 내에서 그 발명을 계속 실시할 수 있는 권리이다. 이러한 실시권은 유상의 통상실시권이어야 할 것이다.[95]

　㈒ 재심에 의하여 통상실시권을 상실한 원권리자의 통상실시권(특§183)

　　통상실시권 허여심판의 규정에 의하여 통상실시권 허여심결이 확정(강제실시권의 발생)된 후 재심에 의하여 통상실시권이 소멸된 경우, 재심청구등록 전에 선의로 특허발명의 실시 등을 하고 있는 자를 위하여 인정되는 법정실시권을 말하는데, 이는 확정된 심결을 신뢰하여 발명의 실시사업 등을 하고 있는 자를 보호하고 사업설비의 유지라고 하는 사회 경제적인 견지를 고려하여 선의의 실시자에게 통상실시권을 인정하여 주는 것이다.

---

94) 有償.

95) 일부의 변리사는 이를 無償으로 사용하여야 한다고 하나, 특허권이 무효가 되어 재심에 의하여 회복하기 전까지는 무상이 당연하나 특허권이 회복되었을 때에는 선의사용자도 계속 사용할 수 있으므로 유상으로 사용하여야 한다.
　이러한 실시권자는 특허권자 또는 전용실시권자에게 상당한 대가를 지급하지 않으면 안 된다(특§104②)는 규정이 있으므로 특허법 제104조를 준용하지 않더라도 당연히 실시권자는 회복된 특허권자에게 대가를 지불하고 사용하여야 할 것이다.

특허법 제183조에 의하여 발생하는 통상실시권은 법정의 통상실시권으로 등록하지 않아도 제3자에게 대항할 수 있으나(특§118②), 특허권자 또는 전용실시권자에게 상당한 대가(실시료)를 지급하여야 한다(특§183②). 실시권의 범위는 원통상실시권의 사업의 목적 및 발명의 범위 내이다.

㈔ **등록료 추가납부에 의한 효력제한기간 중 선의의 실시자에 대한 통상실시권**(특§81의3 ④)

특허권자가 특허료 납부기간 내에 납부하지 못한 경우에는 그 특허권은 소멸된다. 그러나 특허권자가 납부기간을 망각하고 납부하지 못한 경우에는 많은 비용과 시간 등을 투자하여 취득한 권리가 소멸되는 것을 방지하기 위한 제도이다. 이 규정은 특허료의 불납에 의해 실효한 특허권의 회복에 대한 규정이다. 즉 특허료 불납으로 소멸된 특허권이 추가납부에 의하여 회복한 경우, 특허료 납부기간이 경과한 때로 소급하여 특허권이 존속하게 되지만, 그 사이의 당해 발명의 실시는 자유로 되어 있었기 때문에 그러한 선의의 자를 보호하기 위한 규정이다.

이 규정은 불가피하게 특허료 납부기간을 도과한 출원인과 특허권자를 보호해야 한다는 법률소비자들의 요청이 대두되어 2001년 2월 3일 이 규정을 신설하여 운영하고 있다.

여기서 '불가피하게'란 ⅰ) 추납기간 또는 보전기간 내에 특허료 등을 납부할 수 없었던 사유가 특허권자의 책임에 속하지 아니할 것, ⅱ) 추가납부기간의 만료일 또는 보전기간의 만료일 중 늦은 날부터 1년 이내이고, 또한 그 사유가 없어진 날로부터 2개월 이내에 납부하여야 할 특허료 및 추납특허료를 납부할 것을 말한다(특§81의3 ①).

특허권자의 효력제한규정으로서, 추납기간 등의 경과 후부터 특허권의 회복이 있었던 사실이 공시되는 회복등록까지의 기간 동안은 제3자의 일정한 행위에 대하여 특허권의 효력이 미치지 않도록 한 규정이다.

또, 특허권 추가납부의 효력 규정에 의하여 회복한 특허권의 효력은 특허료 추가납부 등(특§81)의 규정에 의하여 특허료를 추가납부 또는 보전할 수 있는 기간이 경과한 후, 특허권의 회복등록 전에 국내에서 선의로 당해 발명의 실시사업을 하거나 그 사업의 준비를 하는 행위에는 미치지 않도록 규정하고, 그 실시 또는 준비를 하고 있는 발명 또는 사업의 목적범위 안에서 그 특허출원된 발명에 대한 특허권에 대하여 통상실시권을 갖도록 하였다(특§81의3 ⑤). 통상실시권을 갖게 되는 자는 특허권자 또는 전용실시권자에게 상당한 대가를 지급하여야 한다(특§81의3 ⑥).

(3) 강제실시권[재정실시권(裁定實施權): 특§107]

특허권은 사유재산권이기 때문에 특허발명의 사용, 수익, 처분은 본래 특허권자 자신에게 있다. 그리하여 특허권자 자신이 실시하거나 제3자에게 통상실시권의 허락여부에 대해서도 특허권자의 의사에 의한다. 그러나 특허발명의 실시가 산업상 또는 공익상 필요한 경우 또는 실시할 수 없는 경우나 실시하고 있지만 불성실한 실시인 경우, 산업 정책적이거나 공익적 견지에서는 특허권자의 의사와 관계없이 제3자에게 특허발명의 실시를 허락하는 경우가 있다. 이러한 경우는 특허권자의 의사와 관계없이 실시를 허락한다고 하여 강제실시권이라 한다. 즉 강제실시권은 일정의 사유가 있을 때 행정기관의 처분이나 심판에 의해 강제적으로 설정되는 실시권을 말한다. 이러한 강제실시권은 특허청의 재정(裁定)에 의해 이루어지는 재정실시권과 정부가 전시나 사변 등의 비상시에 직접실시하거나 수용 또는 제3자에게 실시하게 하는 경우, 그리고 통상실시권허여심판에 의한 경우로 나누어 볼 수 있다. 이러한 것을 합하여 광의의 강제실시권이라 한다.

㈎ 불실시에 의한 재정실시권   불실시에 의한 재정실시권이란 특허발명이 정당한 이유 없이 계속하여 ⅰ) 3년 이상 불실시인 경우(특§107① ⅰ)나, ⅱ) 3년 이상 불성실한 실시의 경우(특§107① ⅱ)에 특허권자나 전용실시권자에게 통상실시권의 허락에 관해 협의를 할 수 없거나 협의결과 합의가 이루어지지 아니하는 경우에 한하여 특허청장에게 청구할 수 있는 실시권이다. 하지만, 이 경우에도 특허발명이 특허출원일로부터 4년을 경과하지 아니한 경우에는 이를 적용하지 아니하며(특§107②), 통상시시권을 국내수요충족을 위한 공급을 주목적으로 실시하여야 한다는 조건을 부과하여야 한다(특§107④ ⅰ).

㈏ 공공의 이익을 위한 재정실시권   공공의 이익을 위한 재정실시권이란 특허발명의 실시가 공공의 이익을 위하여 필요한 경우에 특허청장에게 재정을 청구할 수 있다. 즉 ⅰ) 공익을 위하여 특허발명을 특히 실시할 필요가 있는 경우(특§107① ⅲ), ⅱ) 사법적 절차 또는 행정적 절차에 의하여 불공정거래행위로 판정된 사항을 시정(是正)하기 위하여 특허발명을 실시할 필요가 있는 경우(특§107① ⅳ), ⅲ) 반도체 기술에 대하여는 위의 ⅰ) 공공의 이익을 위한 비상업적 실시하거나 또는 위의 ⅱ)의 경우에 한하여 재정을 청구할 수 있다(특§107⑥). 이 경우 상기 ⅰ)에 있어 비상업적인 실시와 ⅱ)의 경우는 협의를 하지 아니하여도 재정을 청구할 수 있으며(특§107① 단), 상당한 대가를 지급하는 경우 불공정거래행위를 시정하기 위한 취지를 참작할 수 있다(특§107⑤ ⅰ).

⒟ 수입국 국민 다수의 보건을 위한 재정실시권   수입국 국민 다수의 보건을 위협하는 질병을 치료하기 위하여 의약품을 수출할 수 있도록 특허발명을 실시할 필요가 있는 경우, 그 특허발명의 특허권자 또는 전용실시권자와 합리적인 조건하에 통상실시권 허락에 관한 협의에 대한 합의가 이루어지지 않거나 협의가 불가능한 경우에 특허청장에게 재정을 청구할 수 있다(특§107①ⅴ). 이때 생산된 의약품은 전량을 수입국에 수출하여야 한다(특§107④ⅱ). 또한, 이 경우에는 대가 결정을 하는데 있어 당해 특허발명을 실시함으로써 발생하는 수입국에서의 경제적 가치를 참작할 수 있다(특§107⑤ⅱ).

⒠ 순수한 강제실시권   순수한 강제실시권은 전시(戰時)·사변(事變) 또는 이에 준하는 비상시에 있어서 국방상 필요한 경우(특§106①)와 공공의 이익을 위하여 비상업적으로 실시할 필요가 있는 경우(특§106의2①)에 있어 정부가 특허권을 수용하거나 특허발명을 실시하거나 정부 외의 자로 하여금 실시하게 할 수 있게 하는 실시권을 말한다. 즉 국방상 필요한 중요한 발명이 특정인에게 독점이 되어 국방상 악영향을 미칠 우려가 있는 것을 대비하기 위한 취지에서 마련된 규정이다. 다만, WTO/TRIPs 협정 제73조를 반영하여 전시·사변 또는 이에 준하는 비상시로 한정하였다.

만약, 특허권이 수용되는 때에는 그 특허발명에 관한 특허권외의 권리는 소멸되고(특§106②), 정부 또는 성부외의 자는 특허권을 수용하거나 특허발명을 실시하는 경우에는 특허권자·전용실시권자 또는 통상실시권자에 대하여 정당한 보상금을 지급하여야 한다(특§106③, 특§106의2③).

⒡ 자기의 특허발명을 실시하기 위한 재정실시권   자기의 특허발명을 실시하기 위한 재정실시권이란 특허법 제98조는 특허권자·전용실시권자 또는 통상실시권자는 특허발명이 그 특허발명의 특허출원일 전에 출원된 타인의 특허발명·등록실용신안 또는 등록디자인이나 이와 유사한 디자인을 이용하거나 특허권이 그 특허발명의 특허출원일 전에 출원된 타인의 디자인권 또는 상표권과 저촉되는 경우에는 그 특허권자·실용신안권자·디자인권자 또는 상표권자의 허락을 얻지 아니하고는 자기의 특허발명을 업(業)으로서 실시할 수 없는 경우 통상실시권심판에 의해 실시하는 경우이다. 이러한 심판에 의해 강제실시권을 받게 된다. 이는 자신의 특허발명이 타인의 이용발명(利用發明)의 경우로 심판에 의하여 실시권을 부여하는 것(이 부분의 구체적인 내용은 통상실시권 허여의 심판에서 구체적으로 보기로 한다)(특§98, §138③)이다.

이러한 통상실시권의 재정은 국내수요를 위한 공급으로 그 범위를 제한하고 있으나, 불공정거래행위를 시정하기 위해 재정을 하는 경우에는 국내수요를 위한 공급에만 한정되지 않는 것으로 하여 예외적인 규정을 하고 있는데 이는 특허권이 설정등록되지 않은 국가에 수출을 할 수 있도록 하여 반경쟁적 관행을 시정하고자 한 것이다. 이는 1995년 12월 개정시 도입된 것이다.

통상실시권은 전용실시권과 달리 등록이 없더라도 효력이 발생하나 등록하지 않으면 제3자에게 대항할 수 없다(특§118②③). 그러나 재정실시권은 특허청장에 의하여 직권등록되며(특등록령§14 iii), 법정실시권도 통상실시권이지만 각각 특수한 필요에 따라서 특허권자와의 합의에 의하지 아니하고 발생 또는 설정되므로 등록이 없더라도 그 이후의 특허권·전용실시권을 취득한 제3자에게 대항할 수 있다(특§118②).[96]

통상실시권을 이전하는 경우는 통상실시권과 같이 실시사업을 이전하거나 상속 기타 일반 승계의 경우를 제외하고는 특허권자 또는 전용실시권자의 동의를 얻지 아니하면 이전할 수 없다(특§102⑤).[97] 그러나 통상실시권허여심판에 의한 재정실시권(특§107, §138)에 대하여는 예외를 인정하고 있고(특§102④ 전), 재정에 의한 통상실시권은 실시사업과 같이 이전하는 경우에 한하여 이전할 수 있다(특§102③). 불실시에 의한 재정실시권(특§107① i)은 i) 실시하는 사업과 함께 하는 경우와 ii) 영업의 일부와 같이 이전하거나, iii) 상속 기타 일반승계에 의한 경우에 한하여 이전이 가능하나, 특허권자의 승낙에 의해서는 이전할 수 없다고 본다. 단 전시·사변 또는 이에 준하는 비상시에 있어서 국방상 필요한 경우에는 실시사업 또는 영업의 일부와 같이 이전하거나 상속 기타 일반승계의 경우 또는 특허권자의 승낙을 얻을 경우에는 이전이 가능하다. 또 질권(質權)의 설정도 협의의

---

96) 발명진흥법 제10조 제1항(직무발명에 의한 사용자의 통상실시권), 특허법 제81조의3 제5항(효력제한기간 중 선사용자의 통상실시권), 제103조(선사용에 의한 통상실시권), 제104조(무효심판청구등록 전의 실시에 의한 통상실시권), 제105조(디자인권의 존속기간 만료 후의 통상실시권), 제122조(질권행사로 인한 특허권의 이전에 따른 통상실시권), 제182조(재심에 의하여 회복한 특허권에 대한 선사용자의 통상실시권), 제183조(재심에 의하여 통상실시권을 상실한 원권리자의 통상실시권)에 의한 통상실시권은 등록이 없더라도 효력이 발생한다(특§118②). 즉 전용실시권의 등록은 효력발생요건이나 통상실시권의 등록은 제3자에 대한 대항요건이다.

97) 허락에 의한 통상실시권은 전용실시권과 달리 재실시허락(서브라이선스)은 특허권자의 승낙이 없으면 인정되지 않는 것이 통상이다. 그러나 현실에서는 재실시 허락이 행해지고 있으며, 이것을 인정하는 說도 있다(中山信弘,「工業所有權法」, 弘文堂, 1998, p.447).

재정실시권과 통상실시권허여심판 이외는 특허권자의 동의를 얻어서 질권을 설정할 수 있다(특§102⑥).

통상실시권의 소멸은 ⅰ) 특허권 또는 전용실시권의 소멸, ⅱ) 설정기간의 만료, ⅲ) 실시계약의 해제, ⅳ) 실시권의 포기(특§120). 이외에도 상속인이 없는 경우(특§124)에는 소멸이 되며, 통상실시의 종류(허락실시권, 법정실시권, 광의의 강제실시권)에 따라 약간 다르다. (a) 허락에 의한 통상실시권의 소멸은 ⅰ) 특허권 또는 전용실시권의 소멸, ⅱ) 설정기간의 만료, ⅲ) 실시계약의 해제, ⅳ) 실시권의 포기, ⅴ) 주체의 혼동, ⅵ) 특허권의 취소·무효의 경우에 소멸된다. (b) 법령에 의한 통상실시권의 소멸은 허락실시권의 소멸과 같은 특허권의 소멸·취소·무효와 같은 것 이외에 법정실시권에 특유한 것으로 실시사업의 폐지에 따라 소멸된다. (c) 행정청의 처분에 의한 재정실시권의 소멸은 특허권의 소멸 외에도 (재정실시권에 특유한 것은) ⅰ) 재정의 실효(특§113), ⅱ) 재정실시권의 취소(특§114)에 따른 소멸이 있다. 또 ⅲ) 이용관계 등인 경우의 재정실시권에는 해당 특허권 등의 소멸에 의한 소멸이 있다(특§102④).

[도표 2] 실시권의 권리능력 비교[98]

	특허권자	전용실시권자	통상실시권자
자 기 실 시 권	○	○	○
실 시 허 락 권	○	○	×
금 지 청 구 권	○	○	×
손해배상청구권	○	○	○

심화학습

> (a) 특허발명을 무권리자가 실시한 경우 전용실시권자와 통상실시권자가 침해행위에 대해 민·형사상 조치가 가능한지 검토하시오.
>
> (b) 특허발명과 동일한 발명A에 대하여 선사용권을 갖는 실시권자가 실시권이 부여된 발명을 이용·개량한 발명A를 실시하는 경우 개량된 발명의 실시에 선사용권의 효력이 미치는지 검토하시오.

---

98) 윤선희,「지적재산권법(14정판)」, 세창출판사(2014), p.127.

제3절 특허권의 침해

1. 서

　특허권의 침해란 정당한 권원이 없는 제3자가 특허발명에 대하여 독점배타적인 권리를 직접적 또는 간접적으로 침해하는 것을 말한다. 특허권은 재산권의 일종이기 때문에 공공복지 등의 경우를 제외하고는 특허권자가 그 특허발명을 업으로서 실시할 권리를 독점하지만(적극적 효력), 이와 함께 타인이 무단으로 특허권자의 특허발명을 실시할 경우에는 그 특허발명을 실시할 수 없도록 할 권리(소극적 효력)를 가진다.

　즉 특허권의 침해를 배제하는 것이 가능하다. 특허권의 객체가 무체물이기 때문에 점유가 불가능하므로 침해가 용이하며, 침해가 있다 하더라도 그 사실의 발견이 어렵고, 또 침해의 판단이 곤란하며, 침해라고 인정되었다 하더라도 그 손해액산정이 곤란하다. 따라서 특허법은 이러한 침해에 대한 구제를 위해 여러 가지 제도를 두고 있다.

2. 권리침해의 유형

　권리의 침해를 직접침해와 간접침해, 그리고 직접침해를 다시 문언침해, 균등침해, 이용침해, 선택침해, 생략침해, 불완전이용침해 등으로 분류할 수 있다. 여기서는 직접침해와 간접침해에 대해서만 살펴보기로 한다.

　특허권의 직접침해란 특허권자 이외의 자가 정당한 권한 없이 특허발명을 업으로서 실시하는 행위를 말한다. 특허법 제94조에서는 "특허권자는 업으로서 그 특허발명을 실시할 권리를 독점한다(특§94)"라고 규정하고 있다. 그 요건으로는 ⅰ) 특허권이 유효하게 존속하고 있을 것, ⅱ) 그 기술적 범위에 속하고 있는 기술이 실시되고 있을 것, ⅲ) 그 실시를 업으로서 하고 있을 것, ⅳ) 실시자가 그 실시를 정당한 이유 없이 할 것(違法行爲) 등이다. 또 전용실시권의 침해에 대해서도 같이 취급되며, 구제도 특허권자의 경우와 동일하다. 특허권침해로 되는 '실시'행위란 특허법 제2조 제3호 각목(各目)의 것을 말한다. 여기서 말하는 행위는 일련의 행위로서 실시되는 것만이 아니고, 행위가 각각 독립해서 실시되어도 침해행위가 된다(실시행위 독립의 원칙). 단 적법하게 판매된(특허권자로부터 구입 등) 특허품을 자신이 사용·재판매하는 것은 특허권침해에 해당되지 않는다고 생각된다(用盡說, 消盡說).[99] 침해의 실시행위로서 문제가 되는 것은 특허품의 수리이다. 특허품의 요부를 수리 또는 개조하여 회복하는 경우에는 새로운 특허품이 만들어지는 것과 같으므로 생산행위에 해당된다고 볼 수 있다.[100] 즉 특허부분을 분해하거나 재조립하는 경우에는 새로운 '생산'이라고 볼 수 없으나, 특허부분을 전부 교체한 경우라면 새로운 '생산'이라고 볼 수 있을 것이다. 또 개조인 경우도 특허부분을 개조하거나 전부 교체한 경우라면 새로운 '생산'으로 볼 수 있으나 일부의 부품을 제거하는 경우라면 새로운 '생산'이라고 볼 수 없을 것이다. 그러므로 이러한 것은 구체적 사실관계에 따라 개별적으로 판단하여야 할 것이다.[101]

특허권의 간접침해란 특허발명의 구성요소의 모든 것을 충족한 실시행위자에게 가담하거나 방조하는 등의 간접적으로 특허발명을 실시하는 행위를 말한다. 이러한 간접침해는 직접적인 침해로부터 독립한 특허권의 침해형태이다. 특허권은 유체물과 달리 권리의 객체를 사실상 점유하는 것이 불가능하여 침해의 발견 등이 용이하지 않으므로 특허법은 특허권의 침해를 직접침해 이외에도 실시로 보는 행위(간접침해)를 규정하는 동시에, 일정한 사실이 있으면 특허발명이 실시된 것으로 추정하는 규정(생산방법의 추정)을 두어 특허권지를 보호하고 있다. 간접침해라 함은 현실적인 침해라고는 보기 어렵지만 침해행위의 전 단계에 있어 특허침해로 보여지는 예비적인 행위를 말한다.[102] 이를 의제침해라고도 한다. 즉 그

---

99) 특허는 국가마다 독립하여 존립하므로, 권리를 부여받은 국가의 법률에 의하여 소진된다. 그런데 甲국에서 그 특허제품을 적법하게 확포(擴布)한 경우, 甲국에서 甲국 특허권은 소진하는 것이지만, 甲국 특허권의 소진은 甲국 특허권과 동일 발명인 乙국에 있는 특허권에는 아무런 영향을 주지 않고, 甲국에서 적법하게 확포한 특허제품이 乙국에 수입되었다고 하더라도 乙국 특허권 침해에 근거하여 수입을 중지하는 것은 가능하다. 이를 국제적 소진설이라고 하며, 이를 인정할 수가 없다고 본다(윤선희, "특허법의 병행수입에 관한 고찰," 「창작과 권리」 1995년 겨울호 참조).

WTO/TRIPs §6, 日本 最高裁 平成 9年 7月 1日 判決, 平成 7年(オ) 제1988호 특허권침해금지 등 청구사건(民集 51卷 6号, p.2299; 判例時報 1612号, p.3; 判例 タイムズ 951号, p.105).

100) 橋本良郎, 「特許法(第3版)」, 有斐閣, 1991, p.273.

101) 침해로 인정된 사례(Sandvik Aktieborg Ltd. v. E. J. Company, CAFC No.97-1168, 1997. 8.6), 침해로 인정하지 않은 사례(Hewllet-packard Ltd. v. Repeat-O-Type Stonce'l Meg. corp.CAFC No.96-1379, 1997.8.12).

102) 대법원 2001.1.30.선고, 98후2580 판결.

행위가 직접적으로는 침해가 되지 않지만, 그 행위가 앞으로는 특허권자의 이익을 해할 우려가 있거나 특허권의 침해를 할 우려가 높은 경우에는 침해로 보는 것이다. 이러한 침해로 보는 행위는 ⅰ) 특허가 물건의 발명에 대한 것일 때에는 그 물건의 생산에만 사용하는 물건을 업으로 생산, 양도, 대여 또는 수입하거나 그 물건의 양도 또는 대여의 청약을 하는 행위(특§127 i), ⅱ) 특허가 방법의 발명에 관한 것일 때에는 그 방법의 실시에만 사용되는 물건을 업으로서 생산, 양도, 대여 또는 수입하거나 그 물건의 양도 또는 대여의 청약을 하는 행위(특§127 ii)이다. 전자의 예는 TV수상기(완성품)가 특허인 경우에 그 TV수상기의 조립에 필요한 부품 전부를 하나의 세트로 하여 판매하는 행위이며, 후자의 예는 DDT를 살충제로 사용하는 방법이 특허로 되어 있는 경우에 그 DDT 자체를 제조·판매하는 행위가 여기에 해당한다고 할 수 있다. 이상에서 본 바와 같이 특허법에서는 객체적인 요건과 행위태양밖에 정하고 있지 않다. 한편 이러한 간접침해의 성립에는 실시자의 주관적 요건은 필요하지 않다.

특허법은 간접침해 규정과 같이 물건을 생산하는 방법의 발명에 관하여 특허권침해의 발견이 용이하지 않으므로 특허법은 일정한 사실이 있으면 특허발명이 실시된 것으로 추정하는 규정(생산방법의 추정)을 두어 특허권자를 보호하고 있다. 즉 특허법은 물건을 생산하는 방법의 발명에 관하여 특허가 된 경우에 그 물건이 특허출원 전에 국내에서 공지되었거나 공연히 실시된 물건이거나 특허출원 전에 국내 또는 국외에서 반포된 간행물에 게재되거나 대통령령이 정하는 전기통신회선을 통하여 공중이 이용가능하게 된 물건인 경우를 제외하고는, 그 물건과 동일한 물건은 그 특허된 방법에 의하여 생산된 것으로 추정한다고 규정하고 있다.

3. 특허권침해에 대한 구제 및 규제(특허권자의 보호)

전술한 바와 같이 특허권자 또는 전용실시권자는 업으로서 그 특허발명을 독점적으로 실시할 권리가 있으므로 권한이 없는 제3자(타인)가 그 특허발명을 업으로서 실시할 경우에는 그 실시를 배제할 수 있다. 이러한 침해에 대한 구제방법으로는 민사적인 구제와 형사적인 규제가 있다.

(1) 민사적인 구제
특허권자 또는 전용실시권자는 해당 특허권이 침해되었거나 침해될 우려가 있을 때에는 먼저 특허권 침해자 또는 침해의 우려가 있는 자에게 서면으로 경고 (특허등록번호, 권리내용, 침해사실 등을 구체적으로 기재)할 수 있으며, 또 이에 응하지 않을 때에는 소(訴)를 제기하여 침해를 금지시키거나 손해배상, 부당이득반환 등을 청구할 수 있다.

1) 침해금지청구권(특§126)

침해금지청구권이라 함은 특허권자 또는 전용실시권자가 자기의 권리를 침해한 자 또는 침해할 우려가 있는 자에 대하여 그 침해의 금지 또는 예방을 청구하는 권리를 말한다(특§126①). 특허권의 침해금지를 청구할 수 있는 자는 특허권자와 전용실시권자이다.

침해금지청구를 하기 위하여 ⅰ) 권리의 침해가 현재 발생하고 있거나 발생할 우려(객관적으로 인식이 가능한 것이 필요하다)가 있을 것, ⅱ) 실시행위가 위법일 것, ⅲ) 금지의 필요성이 있을 것 등을 그 요건으로 한다.

침해금지청구 외에도 특허권 침해행위에 제공된 조성물 또는 그 원인이 된 것을 폐기 또는 제거하지 않으면 다시 특허권을 침해할 우려가 있으므로 이를 폐기·제거할 것을 청구하는 것이 폐기·제거청구권이고, 또 침해할 우려가 있는 행위를 사전에 예방하기 위한 것이 예방청구권이다(특§126②). 이는 침해금지청구권과 함께 행사할 수 있는 권리이므로 부대(附帶)청구권이라고 한다.

이 외에도 신속한 구제를 얻기 위해 민사집행법 제300조에 의하여 침해금지가처분신청도 할 수 있다. 즉 특허권침해인 경우는 발명이라는 기술적·추상적 사상을 대상으로 하므로, 침해유무의 판단이 어렵고 또 기술적 내용이 복잡하고 고도하여 이를 소송대리인 및 법원이 이해하기 곤란하여 소(訴)를 제기하여 승소 판결을 받기까지는 상당한 시간이 소요되므로 신속한 구제를 받기 위해 가처분신 청을 하는 경우가 많이 있다.

2) 손해배상청구권

특허권자 또는 전용실시권자 등이 타인의 고의 또는 과실에 의하여 자기의 특허권이 침해되었을 경우에 그 침해한 자에 대하여 침해로 인해 받은 손해를 배상청구하는 권리를 말한다(특§128). 이 규정은 민법 제750조(불법행위)[103]에 근거

---

103) 민법 제750조(불법행위): 고의 또는 과실로 인한 위법행위로 타인에게 손해를 가한 자는 그 손해를 배상할 책임이 있다.

한 것이다. 이는 금전에 의한 보상이다.

특허침해로 인한 손해배상청구권에 관한 문제는 민법의 일반원칙에 따른 것으로서 ⅰ) 침해자의 고의 또는 과실이 있을 것, ⅱ) 침해행위가 있을 것, ⅲ) 침해행위로 손해가 발생하였을 것, ⅳ) 침해행위와 손해발생 사이에 인과관계가 있을 것이 요구되며, 입증책임은 피해자에게 있다. 이 외에도 특허법의 특수성을 고려하여 a) 과실의 추정(특§130), b) 생산방법의 추정(특§129), c) 손해액의 추정(특§128), d) 서류제출명령(특§132), e) 비밀유지명령(특§224의3)의 특칙을 규정하고 있다.

3) 신용회복조치권(특§131)

고의 또는 과실에 의하여 특허권 또는 전용실시권을 침해함으로써 특허권자 또는 전용실시권자의 업무상의 신용을 실추케 한 자에 대하여서 신용회복을 위하여 필요한 조치를 법원에 청구할 수 있는 권리를 신용회복청구권이라고 한다. 신용회복조치의 방법은 금전보상과 더불어 할 수도 있고 업무상의 신용을 실추시킨 것에 대해서만 신문지상을 통하여 사죄광고를 하게 하는 방법[104] 등이 있다.

4) 부당이득반환청구권(민§741)

특허권이 침해된 경우에 침해자에게 고의 또는 과실이 없었던 것이 증명되면 손해배상을 청구할 수 없다. 그러나 이 경우에도 특허권자는 부당이득반환청구권을 갖는다. 즉, 특허권자는 정당한 법률상의 원인 없이 특허권자의 재산 또는 노무로 인하여 이익을 얻고, 이로 인하여 타인에게 손실을 가한 침해자에게 그 이익을 그대로 손실자인 특허권자에게 반환하도록 청구할 수 있다(민§741). 특허법상 명문의 규정을 두지 않았으나 특허권자가 선의·무과실의 침해자에게 손해배상청구를 할 수 없는 경우 민법의 규정에 따라 부당이득반환청구는 할 수 있다고 본다. 이를 청구하기 위하여는 ⅰ) 법률상 원인 없이 이득을 얻을 것, ⅱ) 특허권자에게 손해가 생겼을 것, ⅲ) 이득과 손해 사이에 인과관계가 있을 것이 필요하다.

(2) 형사적인 규제

특허법은 형법의 특별법으로서 특허권의 침해에 대한 침해죄, 위증죄, 허위표시의 죄, 사위행위의 죄, 비밀누설죄 등과 행정법상의 질서벌(秩序罰)로서 과태

---

104) 1996년에 신문지상을 통하여 사죄광고를 하게 하는 것은 위헌이라는 판결이 나왔다(헌법재판소 1991.4.1.선고, 89헌마160).

료에 관한 규정을 두고 있다. 이러한 것을 편의상 여기에서 설명하기로 한다. 특허권 침해에 대하여 형사적으로 구제받기 위해서는 침해행위가 과실이 아니고 고의인 경우에 특허권자 또는 전용실시권자의 고소에 의해 침해자의 책임을 물어 형사벌을 과할 수 있다.

1) 특허권침해죄(특§225)

특허권 또는 전용실시권을 침해한 자는 7년 이하의 징역 또는 1억원 이하의 벌금에 처한다(특§225①). 이러한 침해죄는 일반 범죄행위와 같이 고의에 의해 성립한다.[105] 또 간접침해에도 적용이 된다고 본다.[106] 이 죄는 고소가 있어야 논하기 때문에 친고죄이다(특§225②). 이러한 침해는 위반행위를 한 자만 벌하는 것이 아니고 그 사업주 등에게도 함께 벌을 과할 수 있는 양벌규정(兩罰規定)의 적용을 받는다(특§230).[107]

또 특허법은 특허권침해죄에 해당하는 행위를 조성한 물건 또는 그 침해행위로부터 생긴 물건은 이를 몰수하거나 피해자의 청구에 의하여 그 물건을 피해자에게 교부할 것을 선고하여야 한다(특§231①)고 규정하며, 이는 형법총칙의 몰수에 관한 규정(형§48)에 대한 특별규정이다.

2) 비밀누설죄(특§226)

특허청 직원, 특허심판원 직원 또는 前 직원이 그 직무상 지득한 특허출원 중의 발명에 관하여 비밀을 누설하거나 도용한 때에는 5년 이하의 징역 또는 5천만원 이하의 벌금에 처한다(특§226). 특허법 이외에 국가공무원법이나 형법 제127조에 의해 처벌할 수도 있다. 그러나 특허법이 더 무겁게 처벌한다.

또, 전문조사기관, 특허문서 전자화기관의 임원·직원 또는 그 직에 있었던 자는 특허법 제226조의 규정을 적용함에 있어서 특허청 직원 또는 그 직에 있었

---

105) 침해가 성립하기 위해서는 범죄구성요건에 해당하는 것(대상물이 특허발명의 기술적 범위에 속할 것 등), 행위가 위법일 것, 행위자에게 책임이 있을 것이 필요하다. 이 중 한 가지라도 결여된 때에는 범죄가 성립하지 않는다.

106) 정윤진, 「공업소유권법론」, 등용문출판사, 1976, p.343; 橋本良郎, 「特許法(第3版)」, 有斐閣, 1991, p.289.

107) 과거 법인에 대하여 행위자와 같은 벌금을 과하도록 되어 있었으나, 2001년 개정에서 법인에 대하여는 그 제재를 강화하였다. 양벌규정이 적용되는 허위표시나 사위행위의 경우에도 마찬가지이다.

던 자로 본다(특§226의2).

3) 위증죄(특§227)

특허심판원에 대하여, 특허법의 규정에 의해 선서한 증인, 감정인 또는 통역인이 허위의 진술, 감정 또는 통역을 한 경우는 5년 이하의 징역 또는 1천만원 이하의 벌금에 처한다(특§227①). 이러한 위증죄를 범한 자가 그 사건의 심결이 확정되기 전에 자수한 때에는 그 형을 감경(減輕) 또는 면제할 수 있다(특§227②).

4) 허위표시죄(특§228)[108]

권한이 없는 자가 특허에 관계되는 것이 아닌데도 그 물건이나 그 포장에 특허표시 또는 그와 혼동되기 쉬운 표시를 하는 행위는 허위표시로 금지하고 있으며(특§224 i) 이에 위반한 자는 3년 이하의 징역 또는 2천만원 이하의 벌금에 처한다(특§228). 또 그런 표시를 한 물건을 양도·대여 또는 전시하는 행위(특§224 ii) 및 비특허품 또는 비특허방법을 제조나 사용하게 하기 위하여 광고에 이것들이 특허품 또는 특허방법에 관계가 있는 것같이 표시하는 행위 등(특§224 iii, iv)도 마찬가지다. 이 죄도 양벌규정이 적용된다(특§230).

5) 거짓행위죄(특§229)

거짓[109]이나 그 밖의 부정한 행위로써 특허, 특허권의 존속기간의 연장등록 또는 심결을 받은 자는 3년 이하의 징역 또는 2천만원 이하의 벌금에 처한다(특§228). 이 죄는 비친고죄이므로 고소를 요하지 않으며 침해죄와 같이 양벌규정이 적용된다(특§230). 이 죄는 개인적 법익에 대한 것이 아니라 국가적 법익에 대한 것이라 할 수 있다.

---

108) 허위표시의 유형으로는 ⅰ) 번호를 생략한 특허표시, ⅱ) 특허권 소멸 후의 특허표시, ⅲ) 특허출원 중의 특허표시(ⓐ 특허출원 중인 물품을 출원번호 표기도 없이 단순히 "특허품"이라고 표기, ⓑ 특허출원중인 것을 "특허 제○○○호"라고 출원번호를 특허번호로 표기, ⓒ 특허출원하여 거절결정된 후의 특허표시), ⅳ) 과대광고, ⅴ) 침해품의 특허표시, ⅵ) 등록한 실용신안에 대한 특허표시, ⅶ) 외국특허표시 등으로 생각해 볼 수 있다.
109) 거짓행위란 심판 또는 심판의 과정에서 허위의 자료나 위조된 자료를 제출하여 심사관 또는 심판관을 착오에 빠뜨려 특허요건을 결한 발명에 대하여 특허권을 받거나 자신에게 유리한 심결(審決)을 받는 행위를 말한다.

6) 비밀유지명령 위반죄(특§229의2)

국내외에서 정당한 사유 없이 제224조의3 제1항에 따른 비밀유지명령을 위반한 자는 5년 이하의 징역 또는 5천만원 이하의 벌금에 처한다(특§229의2). 그리고 이죄는 비밀유지명령을 신청한 자의 고소가 없으면 공소를 제기할 수 없다.

7) 과태료(특§232)

특허법에는 과태료에 대한 규정도 두고 있다. 이 과태료는 질서벌로서 법률질서를 유지히기 위하여 법령위반자에게 제재를 과하는 것이다. 증거조사 및 증거보전(특§157)에 있어 선서(민소§299②, §367)한 자가 특허심판원에 대해 허위진술한 경우(특§232① i), 특허심판원으로부터 소환을 받은 자가 정당한 이유 없이 소환에 응하지 아니하거나 선서·진술·증언·감정 또는 통역을 거부한 경우(특§232① iii), 증거조사 또는 증거보전에 관하여 특허법의 규정에 의해 특허심판원으로부터 서류 기타 물건의 제출 또는 제시명령에 정당한 이유 없이 응하지 않은 경우(특§232① ii)이다.

심화학습

(a) 노하우로서 비밀로 유지되고 있던 발명을 제3자가 독사적으로 완성하여 특허 등록된 경우 선발명자의 실시는 특허발명의 보호범위에 속하는지 검토하시오.

(b) 공유인 특허발명A에 대하여 공유자 중 1인이 독자적으로 특허발명을 이용하여 개량한 발명A'를 완성하여 특허등록 받은 경우 A'의 특허권의 효력이 제한되는지를 검토하시오.

(c) 특허권자의 침해주장에 대한 실시자의 항변에 대하여 검토하시오.

제1절 특허출원절차(절차적 요건)

Ⅰ. 의 의

산업상 이용할 수 있는 발명을 한 자는 원칙적으로 당해 발명에 대하여 특허를 받을 수 있으나(특§29①) 발명을 한 것만으로는 특허가 되지 않는다. 즉 특허를 받기 위해서는 특허를 받을 수 있는 권리를 가진 자, 즉 발명자 또는 그 승계인이 발명의 공개를 조건으로 특허권 또는 선출원인의 지위를 얻고자 하는 의사를 객관적으로 표시하는 행위로서 특허출원을 하여야 한다. 이에 특허법은 제42조 이하에서부터 제78조까지의 특허출원과 관련한 규정을 두고 있다.

Ⅱ. 특허출원상의 제 원칙

1. 양식주의

모든 출원인이 동등한 지위에서 특허 허부(許否)를 심사받도록 하기 위하여 특허출원은 일정한 양식에 따라 제출하도록 하고 있다. 즉 출원서, 명세서 등의 특허출원서류는 소정의 양식으로 작성하지 않으면 안 되며, 구두에 의한 설명이나 발명품 등의 제출에 의하여 대신하는 것은 인정되지 않는다. 단, 온라인 출원은 가능하다. 이와 관련하여 특허법 시행규칙 제2조는 서면주의를 규정하고 있고, 특허법 제42조는 특허출원서 및 명세서의 기재사항과 기재방법을 법정하고 있으며, 동시행령 제5조에서는 특허청구범위의 기재방법을 명시하고 있다. 다만, 전자문서에 의한 특허에 관한 절차를 수행하는 경우나 미생물 관련 발명의 경우는 일정한 예외를 인정하고 있다.

2. 전자출원제도

전자출원제도란 특허출원인 등이 특허청을 직접 방문하여 출원서류를 접수하거나 중간서류 또는 등록서류 등을 제출하지 않고, 출원인 등이 플로피디스크 또는 광디스크 등 전자적 기록매체에 수록하여 제출하거나 정보통신망을 이용하여 특허 및 실용신안에 관한 서류를 제출할 수 있도록 한 것을 말한다(특§28의3, §28의5).

3. 국어주의

특허청에 제출하는 서류는 특별히 정한 경우를 제외하고 국어로 기재하여야 하며(특규칙§4①), 위임장·국적증명서 등 외국어로 기재한 서류(우선권 주장에 관한 서류 제외)에는 그 서류의 제출시에 국어로 번역한 번역문을 첨부하여야 한다(특규칙§4②).

다만, 국제출원을 하고자 하는 자는 산업통상자원부령이 정하는 언어[1])로 작성한 출원서와 명세서·청구의 범위·필요한 도면 및 요약서를 특허청장에게 제출하여야 한다(특§193①). 국제출원에 관하여 특허청장에게 제출하는 서류는 국제출원의 명세서 및 청구의 범위를 적은 언어로 작성하여야 한다. 다만, 국적증명서, 법인증명서, 그 밖에 특허청장이 지정하는 서류는 그러하지 아니하다(특규칙§75).

4. 도달주의

특허법 또는 이 법에 의한 명령에 의하여 특허청에 제출하는 출원서, 청구서 기타의 서류는 특허청에 도달된 날로부터 그 효력이 발생한다(특§28①). 즉 특허청에 제출하는 서류[2])에 대한 효력발생시기는 도달주의를 원칙으로 한다. 다만, 특허청과 당사자간의 지리적 거리의 원근에 따른 불공평한 결과를 방지하고자 출원서, 청구서 기타의 서류를 우편으로 특허청에 제출하는 경우에 우편물의 통신일부인(通信日附印)에서 표시된 날이 분명한 경우에는 그 표시된 날, 그 표시된 날이 불분명한 경우에는 우체국에 제출한 날을 우편물의 수령증에 의하여 증명한 날에 특허청에 도달한 것으로 본다(특§28②). 반면, 특허권 및 특허에 관한 권리의 등록신청 서류와 PCT 제2조 (vii)항의 규정에 의한 국제출원에 관한 서류를 우편

---

1) 산업통상자원부령이 정하는 언어라 함은 출원서를 작성하는 경우에는 국어, 영어 또는 일어를 말한다(특규칙§91).
2) 물건을 포함한다.

으로 제출하는 경우에는 그러하지 아니하다(특§28②). 또한 정보통신망을 이용한 통지에 있어서는 정보통신망을 통한 통지 등은 당해 통지 등을 받은 자가 사용하는 전산전보처리조직[3]의 파일에 기록된 때에 특허청 또는 특허심판원에서 사용하는 발송용 전산정보처리조직의 파일에 기록된 내용으로 도달한 것으로 본다(특§28의5 ③).

5. 1특허출원의 원칙(발명의 단일성)

우리 특허법 제45조 제1항은 "특허출원은 1발명을 1특허출원으로 한다. 다만, 하나의 총괄적 발명의 개념을 형성하는 1군(群)의 발명에 대하여 1특허출원으로 할 수 있다"라고 규정하고 있다. 여기서 1특허출원의 원칙이라 함은 단일한 발명[4]으로서 1특허출원을 할 수 있다는 원칙을 말한다.

이에 1군의 발명에 대한 1특허출원의 요건으로는 ① 청구된 발명간에 기술적 상호관련성이 있을 것, ② 청구된 발명들이 동일하거나 상응하는 기술적 특징을 가지고 있을 것, 이 경우 기술적 특징은 발명 전체로 보아 선행기술에 비하여 개선된 것이어야 한다(특령§6).

이러한 1특허출원 원칙의 제도적 취지는 심사절차상의 경제성과 효율적인 특허문헌 및 정보제공에서 찾을 수 있다. 즉 출원내용이 과다한 분야에 직접적인 관련이 없는 내용까지를 포함한 경우에는 특허출원에 대한 심사 등에 있어 자료조사 등에 많은 시간이 낭비되고 비경제적인 결과를 초래하게 된다. 따라서 발명의 단일성 요구는 그 범위 내에서 보다 완벽한 자료심사를 할 수 있다는 장점을 갖는다. 또한, 발명의 단일성에 대한 판단기준에 따라 출원인이 제공한 전반적인 정보를 구체화함으로써 굳이 제3자가 다시 자신이 목적하는 기술정보를 분류할 필요가 없게 한다. 이와 함께 1특허출원 원칙의 제도적 취지로서 특허청의 재정자립효과 또는 출원인의 경비절감의 효과 등을 들기도 한다.

---

3) 특허청이 사용하는 컴퓨터와 특허에 관한 출원·청구 기타의 절차를 밟는 자 또는 그 대리인이 사용하는 컴퓨터를 정보통신망으로 접속한 조직을 말한다(특규칙§1의2 ⅰ).
4) 단일한 발명이란 물리적 개념의 1발명은 물론 그 발명의 목적·구성 및 효과 등이 상호유기적인 관계에 있어 비록 복수의 발명이라도 단일한 발명개념을 형성하는 1군의 발명[일군(1群)의 발명이란 여러 개의 발명이라 할지라도 단일의 발명개념을 형성할 수 있을 정도로 발명의 목적, 구성 또는 효과 등의 측면에서 상호 유기적 관계가 존재한다면 하나의 특허출원을 위하여 1발명으로 간주하겠다는 것이다]까지를 포함하는 개념이다.

한편 특허법은 발명의 단일성이 인정되는 범주 내에서 복수개의 청구항 기재를 허용하는 다항제(多項制)를 취하고 있다. 이는 1특허출원의 권리 및 범위 등을 보다 명확하게 기술하여 주는 수단으로 ⅰ) 자신의 발명을 여러 각도로 표현함으로써 보호대상에 만전을 기할 수 있고, ⅱ) 심사과정에서 청구범위를 항마다 심사함으로써 전체 거절을 막고 권리등록가능성을 높일 수 있으며, ⅲ) 심판에 있어서도 항마다 무효시킴으로써 전체 무효를 막을 수 있을 뿐만 아니라, ⅳ) 침해소송에 있어서도 다각적인 대처를 할 수 있는 명확한 근거를 제시할 수 있다는 장점을 갖는다.

발명의 단일성 범위에 위반된 출원은 특허법상 계속되는 절차에 적정하게 대응하기 어려우므로 거절이유가 된다(특§62 ⅳ). 그러나 발명의 단일성 개념은 행정편의적인 목적에서 발생한 개념으로 출원인이 자진하여 분할출원을 하면 구제될 수 있으며, 무효사유에는 해당하지 않는다.

6. 선원주의(=선출원주의)

특허제도는 동일 내용의 발명에 대하여는 하나의 특허만을 허여하여야 하는 1발명 1특허의 원칙 또는 이중특허배제의 원칙이 적용된다. 이와 관련하여 동일 발명에 대한 출원이 다수 존재할 때 누구에게 특허권을 허여할 것인가의 문제가 발생하는데, 이의 기준으로서는 최초에 발명을 완성한 자에게 특허를 부여한다는 선발명주의와 제일 먼저 특허출원을 한 자에게 특허를 부여하는 선출원주의가 있다.

우리 특허법은 동일한 내용의 발명을 한 자가 여러 사람인 경우 발명완성시기의 선후를 불문하고 제일 먼저 특허출원을 한 자에게 특허를 부여하는 선출원주의를 취하고 있다(특§36①). 이러한 선출원주의 아래에서는 선발명주의에서와 같은 발명완성시기의 확인이 불필요하기 때문에 절차가 간단한 점 외에 권리의 안정화가 도모된다는 장점을 갖는다. 그러나 스스로 실시하고 있었던 자도 타인이 동일한 내용의 발명을 하여 특허를 받은 경우에는 그 실시를 계속할 수 없게 되는 불합리가 있다. 또한, 신속한 출원을 위해 권리화의 필요성이 적은 것 또는 기술적 가치가 적은 것도 출원을 하게 되며, 불완전한 서류가 그대로 제출되어 출원 후 보정하는 경향을 생기게 하며, 그로 인하여 조속히 권리화를 필요로 하는 출원의 심사를 지연시키는 요인이 되기도 한다.

선후원관계의 판단은 '동일한 발명'을 전제로 한다. 즉 둘 이상의 출원이 경합된 경우 어느 것에 특허를 부여할 것이냐의 구체적인 판단은 발명의 동일성 여부에 관한 판단(발명의 동일성판단)을 한 후에 이루어진다. 따라서 선출원주의 적용의 전제요건으로 발명의 동일성을 판단한다. 발명의 동일성은 원칙적으로 특허청구범위에 기재된 발명에 한정된다. 발명의 상세한 설명이나 도면에 기재된 부분을 그 대상으로 하지 않는다.[5]

선출원판단의 시간적 기준은 시(時)를 기준으로 하는 시각주의(時刻主義) (독일, 프랑스 등)와 일(日)을 기준으로 하는 역일주의(曆日主義)가 있다. 우리나라는 후자의 역일주의를 취하고 있어 동일한 발명에 대하여 2인 이상의 특허출원이 있을 때에는 최선출원인의 출원만이 특허를 받을 수 있다. 반면 동일한 발명에 2인 이상의 특허출원이 동일한 날에 이루어진 경우에는 비록 그 출원시각이 다르다 할지라도 특허출원인의 협의에 의하여 정하여진 하나의 특허출원만이 그 발명에 대하여 특허를 받을 수 있도록 하고 있으며, 협의가 성립하지 아니하거나 협의를 할 수 없는 때에는 어느 특허출원인도 그 발명에 대하여 특허를 받을 수 없다고 규정하고 있다(특§36②).

7. 수수료납부주의

특허에 관한 절차를 밟는 자는 수수료를 납부하여야 한다(특§82①). 출원시 수수료를 납부하지 않은 경우는 보정명령의 대상이 되며(특§46ⅲ) 이에 불응한 경우 절차무효의 대상이 된다(특§16①).[6]

Ⅲ. 특허를 받을 수 있는 자(출원적격자)

특허출원을 할 수 있는 자는 출원적격을 갖춘 자이어야 한다. 이에 특허법상

---

[5] 다만, 선출원된 기술내용의 보호를 위해 특허법은 공개 또는 공고된 기술에 대해서는 선출원범위를 특허청구범위에서 발명의 상세한 설명 또는 도면에까지 확대시켜 다른 후출원을 거절시키거나 무효시킬 수 있도록 규정하고 있다(특§29③).

[6] 제16조(절차의 무효) ① 특허청장 또는 특허심판원장은 제46조에 따른 보정명령을 받은 자가 지정된 기간에 그 보정을 하지 아니하면 특허에 관한 절차를 무효로 할 수 있다. 다만, 제82조 제2항에 따른 심사청구료를 내지 아니하여 보정명령을 받은 자가 지정된 기간에 그 심사청구료를 내지 아니하면 특허출원서에 첨부한 명세서에 관한 보정을 무효로 할 수 있다.

의 출원적격자는 ⅰ) 권리능력이 있는 자로, ⅱ) 특허를 받을 수 있는 권리자이며, ⅲ) 출원절차를 밟을 수 있는 행위능력이 있거나 대리권이 있어야 한다.

이러한 출원적격을 갖추지 못한 자의 출원은 출원시 불수리처리, 보정명령 (특§46) 및 거절결정의 대상(특§62)이 되며, 착오로 등록공고가 된 경우에는 특허무효의 대상(특§133)이 된다. 특허를 받을 수 있는 권리자는 발명자 또는 그 승계인으로 이미 설명한 바 있으므로 여기에서는 권리능력과 행위능력에 대하여 설명한다.

(1) 권리능력

권리능력은 특허를 받을 수 있는 권리 또는 특허권을 가질 수 있는 자격을 말하며, 민법의 일반원리에 따라 원칙적으로 자연인(민§3) 및 법인(민§34)에게 인정된다. 다만, 외국인은 특허법에서 규정하는 일정한 경우를 제외하고는 특허권 또는 특허에 관한 권리를 향유할 수 없다(특§25). 즉 외국인은 일정한 경우(상호주의나 조약)에 한하여 권리능력이 인정된다.

(2) 행위능력

행위능력이란 독립하여 유효한 법률행위를 할 수 있는 법률상의 자격을 말한다. 특허법상 행위능력이란 자연인·법인이 독자적으로 특허를 비롯한 산업재산권에 관한 출원심사절차를 직접 행할 수 있는 것을 말한다.

이러한 행위능력을 가진 자는 자연인과 법인이다. 그러나 자연인이라고 모두 행위능력을 가지는 것이 아니라 미성년자·피한정후견인·피성년후견인(특§3① 본)는 특정의 경우를 제외(특§3① 단)하고는 행위능력이 없다. 한편, 법인은 법인격이 있는 사단 및 재단법인은 행위능력을 가지나 법인이 아닌 사단 및 재단법인은 대표자나 관리인이 정해져 있지 않은 경우에는 권리능력이 없으므로 권리의 주체가 될 수 없고 행위능력도 없다. 그러나 대표자나 관리인이 정해져 있는 경우에는 그 사단 또는 재단의 이름으로 특허출원심사절차를 직접 행할 수 있다(특§4). 또한, 국내에 주소 또는 영업소를 가지지 아니하는 자(이하 "재외자"라 한다)는 재외자(법인의 경우에는 그 대표자)가 국내에 체재하는 경우를 제외하고는 그 재외자의 특허에 관한 대리인으로서 국내에 주소 또는 영업소를 가지는 자(이하 "특허관리인"이라 한다)에 의하지 아니하면 특허에 관한 절차를 밟거나 이 법 또는 이 법에 의한 명령에 의하여 행정청이 한 처분에 대하여 소를 제기할 수 없다(특§5①).

(3) 외국인의 대리권 범위 및 증명

외국인의 대리권의 범위는 국내에 주소 또는 영업소를 가진 자로부터 특허에 관한 절차를 밟을 것을 위임받은 대리인은 특별한 수권을 얻지 아니하면 특허출원의 변경·포기·취하, 특허권의 존속기간의 연장등록출원의 취하, 특허권의 포기, 신청의 취하, 청구의 취하, 특허법 제55조 제1항의 규정에 의한 우선권주장이나 그 취하, 특허법 제132조의3의 규정에 의한 심판청구 또는 복대리인의 선임을 할 수 없다(특§6). 그리고 대리권의 증명은 특허에 관한 절차를 밟는 자의 대리인(특허관리인을 포함한다. 이하 같다)의 대리권은 이를 서면으로써 증명하여야 한다(특§7).

IV. 출원서류

1. 출 원 서

출원서는 특허출원의 본체(本體)라고 할 수 있는 것으로 특허출원의 주체 및 그 절차를 밟는 자를 명확히 하며 특허를 받고자 하는 취지의 의사표시를 기재하는 서면이다. 아울러 다른 기재사항에 대한 신고서와 출원수수료의 특허인지를 붙이도록 되어 있기 때문에 출원수수료 납부서의 역할을 겸한다.

출원서에는 ⅰ) 특허출원인의 성명 및 주소(법인인 경우에는 그 명칭 및 영업소의 소재지), ⅱ) 특허출원인의 대리인이 있는 경우에는 그 대리인의 성명 및 주소나 영업소의 소재지(대리인이 특허법인인 경우에는 그 명칭, 사무소의 소재지 및 지정된 변리사의 성명), ⅲ) 발명의 명칭, ⅳ) 발명자의 성명 및 주소를 기재한다(특§42①).

이 밖에 조약에 의한 우선권, 국내출원에 의한 우선권주장을 수반한 출원일 경우에는 그 우선권주장 사실을 기재하여 특허청장에게 제출하여야 한다(특§54, §55).

2. 명 세 서

명세서는 연구의 성과로서의 발명내용을 정확하고 명료하게 제3자에게 공개하는 기술문헌으로서의 역할과 발명자가 특허를 권리로서 주장할 기술적 범위를 명백히 하기 위한 권리서로서의 목적을 갖고 있다.

이러한 명세서에는 ⅰ) 발명의 명칭, ⅱ) 도면의 간단한 설명, ⅲ) 발명의 설명 (기술분야, 발명의 배경이 되는 기술. 해결하려는 과제. 과제의 해결 수단. 발명의 효과), ⅳ) 청구범위를 법령의 요건을 갖추어 기재하여야 한다(특§42⑨, 특규칙§21③④). 이상의 제 요건을 모두 갖추고 있지 않으면 특허 부여가 거절(특§62 ⅳ)되고,[7] 만약 특허로 등록되었다 하더라도 특허무효사유(특§133① ⅰ)가 된다.

(1) 발명의 명칭

발명의 명칭은 해당 출원의 분류 · 정리 · 조사 등을 용이하게 하기 위하여 해당 발명의 내용을 간단히 요령 있게 기재하여야 한다. 이 발명의 명칭은 출원서에 기재한 명칭과 동일하여야 한다(특§42① ⅲ; 특규칙§21 ③ ⅰ).

(2) 도면의 간단한 설명(특규칙§21③ ⅴ)

도면은 발명의 내용을 이해하는 데 필요하므로 도면이 필요하지 않은 발명은 기재할 필요가 없다(특규칙§21④). 첨부한 도면이 있는 경우 도면의 간단한 설명란에는 도면의 각각에 대하여 각 도면이 무엇을 표시하는가를 간단히 기재하여야 한다. 명세서의 보조자료로 제출하는 경우는 제1도는 평면도, 제2도는 입면도, 제3도는 단면도로 기재하고 도면의 주요한 부분을 나타내는 부호의 설명을 기재하여야 한다.

(3) 발명의 설명(특§42③ ⅰ)

발명의 상세한 설명은 그 기술분야에서 통상의 지식을 가진 자가 쉽게 실시할 수 있도록[8] 산업통상자원부령이 정하는 기재방법[9](특규§21③④)에 따라 명확하고 상세하게 기재하여야 한다(특§42③ ⅰ)

(4) 청구범위(특§42②④⑥⑧)

특허출원의 명세서 작성에 있어 가장 중요한 것은 청구범위의 작성이다. 이

---

7) 이 외에도 명세서가 기재불비나 하자가 있는 경우에는 불수리처리(특규칙§11), 절차무효(특§16)가 된다.

8) 대법원 1999.7.23.선고, 97후2477 판결; 대법원 1996.6.28.선고, 95후95 판결.

9) 기술분야, 발명의 배경이 되는 기술, 그리고 해결하고자 하는 과제, 과제의 해결수단, 그 밖에 그 발명이 속하는 기술분야에서 통상의 지식을 가진 자가 그 발명의 내용을 쉽게 이해하기 위하여 필요한 사항이 있는 경우에 포함되어야 한다.

것은 곧 특허발명의 보호범위가 청구범위에 기재한 사항에 의하여 정하여지므로
(특§97) 발명자에게 이해관계가 걸린 중요한 부분이기도 할 뿐만 아니라, 심사관
에게는 어떤 범위까지 독점적 실시권을 허여할 것인지에 대한 판단기준이 되는
부분이기 때문이다. 이러한 청구범위는 무엇보다 출원인이 보호받고자 하는 내용
이 어떠한 것인지 누구나 쉽게 알 수 있도록 특정화하여 발명자의 의사와 심사관
의 특허 허여 의사 및 후일의 분쟁시 그 보호의 범위를 판단하는 제3자의 해석이
일치할 수 있도록 명확히 기재하는 것이 요구된다.

　이러한 청구범위(claim)는 발명자가 그 발명을 권리로서 획득하려고 하는 기
술적 사항을 1 또는 2 이상의 항으로 기재하되 발명의 설명에 의하여 뒷받침되고,
발명이 명확하고 간결하게 기재되어야 한다(특§42④). 이렇게 청구범위에 기재된
사항만 특허로서 보호받을 수 있다(특§97).

　또한, 청구범위의 청구항의 기재에 있어서는 독립청구항을 기재하고 그 독립
항을 기술적으로 한정하거나 부가하여 구체화하는 사항을 종속청구항으로 기재
할 수 있다. 이 경우 필요한 때에는 그 종속항을 한정하거나 부가하여 구체화하는
다른 종속항을 기재할 수 있다(특령§5①).

>> **청구범위의 기재방법**

　우리나라 특허법은 과거에는 일본의 구(舊)제도에 따라 1특허출원에 하나의 청구항만
을 기재하도록 하는 소위 단항제를 채택하고 있었으나 1980년 법률 제3325호부터 1특허
출원, 즉 발명의 단일성이 인정되는 범위 내에서 복수개의 청구항 기재를 허용하는 다항
제로 바꾸었다.
　청구범위의 청구항을 기재하는 형식은 일반적으로 독립형식의 청구항(이하 "독립항"
이라 한다)과 종속형식의 청구항(이하 "종속항"이라 한다.)으로 구분된다. 일반적으로 독
립항(independent claim)은 발명의 문제(problem)의 해결에 필요한 모든 구성요소
(solution)를 기재한 것으로 타(他) 청구항을 인용하지 않은 청구항을 말하며, 종속항
(dependent claim)은 독립항 또는 종속항에서 인용하는 모든 구성요소를 포함하고 이러
한 구성요소들 중 일부를 다시 더 구체적으로 한정(limitation or definition)하거나 부가
하여 구체화하는 것이다.
　청구항의 구체적인 기재방법에 대하여는 특허법 시행령 제5조에 기재되어 있다.

청구범위의 본질적인 기능은 보호범위적 기능과 구성요건적 기능으로 구분된다.

특허법 제42조 제4항에서는 청구범위는 '보호받고자 하는 사항'을 기재하도록 하고 있으며, 이러한 특허발명의 보호범위의 판단기준이 되는 청구범위의 성격을 보호범위적 기능이라고 한다. 청구범위의 이러한 기능 때문에 출원인은 청구범위 작성에 신중하여야 하며 제3자는 이를 침해하여서는 안 된다. 청구범위를 기재할 때에는 보호받고자 하는 사항을 명확히 할 수 있도록 발명을 특정하는 데 필요하다고 인정되는 구조·방법·기능·물질 또는 이들의 결합관계 등을 기재하여야 한다(특§42⑥).

2007년 개정 전 특허법 제42조 제4항 제3호에서는 청구범위는 '발명의 구성에 없어서는 아니 되는 사항만으로 기재될 것'을 요건으로 하고 있었다. 이는 특허청구범위가 구성요건적 기능을 가진다는 것을 의미한다. 또한, 동항 제2호의 '발명이 명확하고 간결하게 기재될 것'[10])이라는 요건도 구성요건적 기능을 의미하고 있는 것으로 해석되었다. 그리하여 2007년 개정 전 특허법은 이와 같은 발명의 명확성과 간결성을 청구범위의 구성요건적 기능으로 인정하고 있었다. 그러나 유의할 점은 발명의 구성에 없어서는 아니 되는 사항만을 기재하여야 함과 동시에 발명의 구성에 없어서는 아니 되는 사항 전부를 기재하여야 한다는 점이었다. 다시 말해 발명의 구성이 아닌 발명의 목적, 효과, 실시예, 실험데이터 등을 기재하여서는 안 되며 발명의 구성만을 기재하여야 하였다(구성요건만을 기재). 또한, 발명의 구성에 없어서는 아니 되는 사항 전부, 즉 어떤 발명이 A, B 및 C 세 가지의 구성요소로 결합된 A+B+C로 된 발명인 때 청구범위에는 이 A, B 및 C의 모든 구성요소를 기재하지 않으면 안 되었다. 이에 2007년 개정법(법률 제8197호)에서는 발명의 필수적 구성요소만으로 특정하여야 하는 불필요한 의무를 지우고 다양한 표현수단으로 발명의 보호받고자 하는 범위를 자유롭게 특정할 수 있도록 하였다. 그리하여 2007년 개정법에서는 특허법 제42조 제4항 제3호를 삭제하고, 동법 동조 제6항을 신설하였다.

---

10) 대법원 1998.10.2.선고, 97후1337 판결.

청구범위의 기재방법에 대하여 검토하고, 그중에서 Jepson Type 청구항, Product By Precess 청구항, Markush 청구항 및 기능식 청구항에 대하여 각각의 장·단점과 함께 검토하시오.

3. 도 면

도면은 명세서에 기재된 발명의 내용을 이해하기 쉽게 하기 위해서 명세서를 보조하는 것으로서 사용된다. 결정구조, 금속조직, 섬유의 형상, 입자의 구조, 생물의 형태, 오실로스코프 등과 제도법에 따라 작도하기가 극히 곤란한 경우에는 이들을 표현한 사진으로 도면을 대용할 수 있다. 이 경우, 사진은 명료한 것으로 공보에 게재할 수 있는 것에 한하여 인정하며, 컬러사진은 필수적인 경우에 한하여 인정한다.

4. 요 약 서

요약서는 최근에 기술의 고도화·복잡화 등으로 필요한 공보에 정확하게 접근하는 것이 곤란하기 때문에 출원인으로 하여금 발명의 내용을 요약하여 제출하게 함으로써 출원된 발명이 기술정보로서 쉽게 활용될 수 있게 한다. 그러나 그 기재가 매우 간략히 표현되고 있기 때문에 특허발명의 보호범위를 정하는 데 사용되어서는 안 된다(특§43). 이러한 요약서의 기재방법은 산업통상자원부령(특§42 ⑨)에 의하고, 공개공보에 게재하고 있다.

5. 기타의 첨부서류

위의 서류 외에도 법령에 규정된 서류들을 첨부하여야 한다. 여기에서는 반드시 제출해야 하는 서류와 필요한 경우에 한하여 제출하는 서류로 나누어 볼 수 있다.

반드시 제출해야 하는 서류에는 ⅰ) 공동출원의 경우 공동출원인이 대표자를 선정한 때에는 대표자를 증명하는 서류, ⅱ) 대리인이 있는 경우에는 대리권을 증명하는 서류(즉 위임장), iii) 우선권을 주장하는 경우에는 우선권을 증명하는 서류, iv) 신규성 상실에 대한 예외를 적용받고자 하는 경우에는 그 취지를 기재한 서류, ⅴ) 특허관리인이 출원, 청구 등의 절차를 밟을 때는 그 특허관리인임을 증명하는 서류, vi) 미생물에 관계되는 발명에 대하여 특허출원을 하는 경우에는 미생물기탁사실 증명서류가 있으며 이를 반드시 첨부하여야 한다.

그 외에 필요에 의하여 제출해야 하는 서류에는 특허를 받을 수 있는 권리를 승계한 자가 출원청구 등의 절차를 밟을 때는 i) 승계인의 자격증명, ii) 외국인인 경우에는 국적증명, iii) 법인인 경우에는 법인증명, iv) 상호평등보호를 인정하고 있는 국가의 국민이 출원하는 경우에는 그 취지를 증명하는 호혜주의 인정서를 제출하여야 한다. 또한 특허출원 후에 양도하는 경우에는 그 승계인임을 증명하는 서류를 제출하게 할 수 있고, 분할출원의 경우는 하나의 특허출원 중에 2 이상의 발명이 포함되어 있음이 출원 후 명확한 때에는 기본의 특허출원을 2 이상의 특허출원으로 분할하기 위하여 분할출원서를 제출하여야 하는데, 이 경우도 필요한 모든 서류를 별도로 제출하여야 한다. 그러나 원(原)출원서에 첨부된 서류를 원용할 수도 있다.

V. 출원의 효과

출원이 수리되면 출원은 출원번호가 부여되며 출원번호통지서가 출원인에게 통지된다. 특허청에 계속되는 동안 그 출원일을 기준으로 하여 출원인은 선출원의 지위가 생기고 이에 후출원배제의 효과가 생긴다. 또한, 특허출원시는 신규성 등의 특허요건 판단의 기준시점이 되고 출원심사청구기간(5년: 특§59②)이나 특허권의 존속기간(20년: 특§88①), 조약에 의한 우선권주장 기간(1년: 특§54②) 등의 기산점이 된다.

특허출원에 대하여 거절결정 또는 심결이 확정되거나 특허권이 설정등록되면 출원계속의 효과는 소멸한다. 또한, 출원의 취하나 포기가 있는 출원의 출원계속의 효과도 소멸한다.

출원에 대한 포기의 경우에는 출원계속의 효과는 장래에 대하여 소멸하므로 선출원의 지위는 인정되고 따라서 동일한 후출원은 거절된다. 반면 출원의 취하는 출원계속의 효과를 소급적으로 소멸시키므로 선원의 지위는 남지 않고 따라서 당해 발명이 공개되지 않았을 경우에는 재출원이 가능하다.

VI. 특허출원에 있어서의 여러 제도

우리나라와 같이 선출원주의를 취하고 있는 국가에서는 발명자들이 타인들
보다 먼저 출원하려고 서두르는 까닭에 출원서의 기재 표현, 명세서의 청구범위
의 내용 등을 출원시에 완전하게 갖추지 못하는 경우가 있다.

이에 특허법은 선출원주의를 보완하기 위해 출원 후에 출원보정, 출원분할,
출원변경, 출원의 취하, 출원포기, 우선권 등의 여러 제도를 두고 있다.

1. 보정제도

보정이란 특허출원의 내용이나 형식에 하자가 있는 경우에 일정한 범위 내에
서 그에 대한 정정·보완을 인정하고 적법하게 한 경우 그 효력을 출원시까지 소
급하여 인정하는 제도이다. 이러한 보정에는 절차적 보정[11]과 실체적 보정(특§47)
그리고 직권에 의한 보정[12]과 자발적 보정[13]으로 나누어진다.[14]

직권보정은 심사관이 특허결정을 할 때에 특허출원서에 첨부된 명세서, 도면
또는 요약서에 명백히 잘못 기재된 내용이 있으면 직권으로 보정(이하 "직권보정"
이라 한다)할 수 있다(특§66의2 ①). 이에 심사관이 직권보정을 하려면 특허결정의
등본 송달과 함께 그 직권보정 사항을 특허출원인에게 알려야 한다(특§66의2 ②).

---

11) 특허법 제46조(절차보정) 및 제203조(국제특허출원의 절차보정).

12) 특허법 제66조의2(직권에 의한 보정 등).

13) 특허법 제47조 제1항: 특허출원인은 제66조에 따른 특허결정의 등본을 송달하기 전까지 특
　　허출원서에 첨부한 명세서 또는 도면을 보정할 수 있다.

14)　　┌ 절차보정　┌ ⅰ) 특허법제3조 제1항(행위능력) 및 제6조(대리권의 범위)의
　　　　│ (특§46)　│　　규정에 위반된 경우
　　　　│　　　　　├ ⅱ) 절차가 특허법 또는 법령에 정한 방식에 위반되는 경우
　보정 │　　　　　└ ⅲ) 수수료를 납부하지 않는 경우(특§82)
　　　　├ 실체보정 ── 최초 특허결정의 등본의 송달 전까지(특§47)
　　　　├ 특허청의 직권에 의한 보정 ─ 절차나 형식에 대한 보정(특§46)
　　　　└ 자발적 보정 ┌ 출원인이 자진해서 출원절차나 형식을 보정하는 방식적 보정
　　　　　　　　　　　└ 출원내용을 보정하는 실체적 보정

그런데 만약 특허출원인이 직권보정 사항의 전부 또는 일부를 받아들일 수 없으면 특허료를 납부할 때까지 그 직권보정 사항에 대한 의견서를 특허청장에게 제출하여야 한다(특§66의2③). 이처럼 의견서를 제출한 경우 해당 직권보정 사항의 전부 또는 일부는 처음부터 없었던 것으로 본다(특§66의2④). 또한, 명백히 잘못 기재된 것이 아닌 사항에 대하여 직권보정이 이루어진 경우 그 직권보정은 처음부터 없었던 것으로 본다(특§66의2⑤).

이러한 보정제도는 원칙적으로 선출원주의의 단점을 보완하기 위한 제도이나 아무런 제한 없이 출원인이 자유롭게 보정할 수 있다면 여기에도 갖가지 폐해가 생길 수 있어,15) 실체적 보정의 경우 특허등록 후의 보정은 원칙적으로는 정정심판에 의하여 할 수 있다(특§136①).

보정의 시기는 특허출원인은 출원공개일 또는 제3자가 출원심사 청구의 취지를 통지받은 날부터 3개월이 되는 날까지(제64조 제1항 각호의 어느 하나에 해당하는 날부터 1년 3개월이 되는 날 후에 통지받은 경우에는 동항 각호의 어느 하나에 해당하는 날부터 1년 6개월이 되는 날까지)에 따른 기한까지 또는 특허결정의 등본을 송달하기 전까지 특허출원서에 첨부된 명세서 또는 도면을 보정할 수 있다. 다만, 거절이유통지를 받은 후에는 ① 거절이유통지(거절이유통지에 대한 보정에 따라 발생한 거절이유에 대한 거절이유통지는 제외한다)를 최초로 받거나 특허법 제47조 제1항 세2호의 거절이유통지가 아닌 거절이유통지를 받은 경우 해당 거절이유통지에 따른 의견서제출기간 내, ② 거절이유통지에 대한 보정에 따라 발생한 거절이유에 대하여 거절이유통지를 받은 경우 해당 거절이유통지에 따른 의견서제출기간 내, ③ 특허법 제67조의2에 따른 재심사를 청구할 때에만 보정할 수 있다(특§47①).

보정이 가능한 범위는 특허출원서에 최초로 첨부된 명세서 또는 도면에 기재된 사항의 범위 안에 한정되며(특§47②), 제47조 제1항 제2호 및 제3호의 규정에 의한 보정 중 청구범위에 대한 보정은 ⅰ) 청구항을 한정 또는 삭제하거나 청구항에 부가하여 청구범위를 감축하는 경우, ⅱ) 잘못된 기재를 정정하는 경우이고, ⅲ) 분명하지 아니한 기재를 명확하게 하는 경우, 그리고 ⅳ) 최초 명세서 또는

---

15) 영국은 임시명세서 제도(provisional specification)를 두어 출원시에 임시명세서를 제출하게 하고 1년 이내에 완전한 명세서(complete specification)를 제출하도록 하고 있으며, 미국은 이와 유사한 임시출원제도(provisional application)를 도입하여 시행하고 있다[미국 특허법§111(b)].

그 림 │ **특허출원의 보정시기**

〈제47조 제1항〉

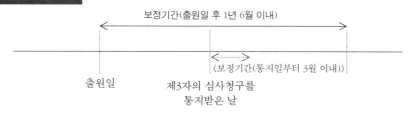

〈거절이유통지받은 경우〉

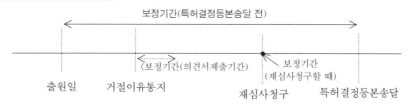

도면의 범위를 벗어난 보정에 대하여 그 보정 전 청구범위로 되돌아가거나 되돌아가면서 청구범위를 ⅰ)부터 ⅲ)까지의 규정에 따라 보정하는 경우에 한하여 보정할 수 있다(특§47③). 이러한 보정제도는 출원인이 의도하는 바를 존중하나, 보정의 시기 및 내용에 있어서 일정한 제한을 가하는 것을 보정제한주의라고도 한다.16)

　심사관은 최후거절이유통지에 대한 의견서 제출기간 내 및 재심사를 청구할 때에 따른 보정이 보정의 범위를 위반하거나 그 보정에 따라 새로운 거절이유가 발생한 것으로 인정하면 결정으로 그 보정을 각하하여야 한다. 다만, 재심사의 청구가 있는 경우 그 청구 전에 한 보정인 경우에는 그러하지 아니하다(특§51①). 이러한 각하결정은 서면으로 하여야 하며 그 이유를 붙여야 하며(특§51②), 각하결정에 대하여는 불복할 수 없다. 다만, 특허거절결정불복심판에서는 그 각하결정(제67조의2에 따른 재심사의 청구가 있는 경우 그 청구 전에 한 각하결정은 제외한다)에 대하여 다투는 경우에는 그러하지 아니하다(특§51③).

　보정이 적법하게 이루어진 경우에는 보정의 내용이 특허출원시로 소급하여 인정되며, 부적법한 보정인 경우에는 거절이유 및 보정각하된다.

---

16) 특허설정등록 후의 보정은 원칙적으로 정정심판에 의하여 할 수 있다(특§136①).

심화학습

> 정정제도와 보정제도의 차이점와 유사한점은 무엇인지 검토하시오.

2. 출원분할제도(특§52)

출원분할이란 2 이상의 발명을 1출원으로 한 경우[17])에, 그 특허출원의 출원서에 최초로 첨부된 명세서 또는 도면에 기재된 사항의 범위 안에서 ⅰ) 특허법 제47조 제1항의 규정에 따라 보정할 수 있는 기간 내 또는 ⅱ) 특허거절결정등본을 송달받은 후 심판을 청구할 수 있는 기간, ⅲ) 특허결정 또는 특허거절결정 취소심결(특허등록을 결정한 심결에 한정하되, 재심심결을 포함한다)의 등본을 송달받은 날부터 3개월 이내의 기간. 다만, 특허료(제79조)에 따른 설정등록을 받으려는 날이 3개월보다 짧은 경우에는 그날까지의 기간 내에서 일부를 1 이상의 출원으로 분할하여 출원하는 것을 말한다.

분할요건(특§52①)은 ⅰ) 분할하려고 할 때에, 원출원이 특허청에 적법하게 계속 중이고, ⅱ) 원(原)특허출원인과 분할출원인이 동일하여야 하며, ⅲ) 원특허출원에 2 이상의 발명이 포함되어 있어야 하고, ⅳ) 분할대상이 된 발명은 원특허출원의 출원서에 최초로 첨부된 명세서 또는 도면에 기재된 것일 때, ⅴ) 보정 가능한 기간 내 또는 특허거절결정등본을 송달받은 후 심판을 청구할 수 있는 기간 내에 분할하여 특허출원을 제출한 것에 한하여 가능하다.

그림 │ 특허출원의 분할출원시기

〈보정기간의 분할출원시기〉

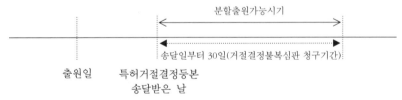

---

17) 대법원 1985.7.23.선고, 83후26 판결.

조약에 의한 우선권을 주장하는 자가 분할출원의 경우에는 분할출원서에 그 취지 및 분할의 기초가 된 특허출원의 표시한 서류를 분할출원을 한 날부터 3월 이내에 특허청장에게 제출[18]하여야 하며(특§52③④), 이렇게 분할된 출원의 효과는 처음(당초) 특허출원시에 출원한 것으로 본다(특§52②). 즉 소급효가 발생한다.[19] 다만, 특허법 제52조 제2항 각호[20]에 해당하는 경우에는 분할출원시에 출원한 것으로 본다.

심화학습

특허출원시에 청구범위에 발명의 상세한 설명에 기재한 발명의 일부만을 기재하였으나 출원 계속 중에 발명의 설명에만 기재된 발명을 청구범위에 기재하려 할 때 이용할 수 있는 제도를 출원절차의 경과에 따라 검토하시오.

3. 변경출원제도(특§53 및 특§87② 단)[21]

변경출원이란 실용신안등록출원을 한 자가 출원서에 최초로 첨부된 명세서

---

18) 분할출원이 외국어특허출원인 경우에는 특허출원인은 제42조의3 제2항에 따른 국어번역문 또는 같은 조 제3항 본문에 따른 새로운 국어번역문을 같은 조 제2항에 따른 기한이 지난 후에도 분할출원을 한 날부터 30일이 되는 날까지는 제출할 수 있다. 다만, 제42조의3 제3항 각 호의 어느 하나에 해당하는 경우에는 새로운 국어번역문을 제출할 수 없다(특§52⑤).

19) 이와 같이 소급효가 인정되는 것은 분할출원의 경우(특§52①) 외에도 변경출원의 경우(특§53), 출원보정의 경우(특§47), 모인출원의 경우(특§34, §35), 우선권의 경우(특§55)가 있다. 즉, 선원주의의 예외라고 할 수 있다.

20) 1. 분할출원이 제29조 제3항에서 규정하는 타 특허출원 또는 실용신안법 제4조 제3항에서 규정하는 특허출원에 해당하여 제29조 제3항 또는 실용신안법 제4조 제3항의 규정을 적용하는 경우
 2. 제30조 제2항의 규정을 적용하는 경우
 3. 제54조 제3항의 규정을 적용하는 경우
 4. 제55조 제2항의 규정을 적용하는 경우

21) 2006년 개정법 이전에는 이중출원제도였다. 이중출원이란 실용신안등록출원을 한 자가 실용신안출원일부터 그 실용신안권의 설정등록 후 1년이 되는 날까지 그 실용신안등록출원의 출원서에 최초로 첨부된 명세서의 실용신안등록청구범위에 기재된 사항의 범위 안에서 특허출원을 할 수 있는 것을 말한다(구특§53①). 이러한 이중출원제도는 출원인에게 권리의 조기획득과 활용을 가능케 하는 장점이 있었다. 하지만, 2006년 말 1차 심사처리기간이 10개월로 단축될 예정에 따라 특허와 실용신안 출원의 등록시기에 차이가 없어지므로 조기에 부여받은 실용신안권을 행사하다가 후에 실용신안권을 포기하고 권리행사기간이 긴 특허권으로 바꾸어 권리를 계속 행사하고자 하는 이중출원 제도의 의미가 퇴색되는 등의 이유로 이중출원의 제도가 폐지되었다.

또는 도면에 기재된 사항의 범위 안에서 그 실용신안등록출원을 특허출원으로 변경하는 것을 말한다. 다만, 그 실용신안등록출원에 관하여 최초의 거절결정등본을 송달받은 날부터 30일이 경과한 때에는 특허출원으로 변경할 수 없다(특§53①).

변경출원을 하는 자는 변경출원서에 그 취지 및 변경출원의 기초가 된 실용신안등록출원의 표시를 하여야 한다(특§53③). 또한, 변경출원의 경우에 조약에 의한 우선권을 주장하는 자는 최초로 출원한 국가의 정부가 인정하는 서류로서 특허출원의 연월일을 기재한 서면, 발명의 명세서 및 도면 등의 등본 또는 최초로 출원한 국가의 특허출원의 출원번호를 기재한 서면을 최선일부터 1년 4월 이내에 제출하여야 하나 그 기간이 지난 후에도 변경출원을 한 날부터 3개월 이내에 특허청장에게 제출할 수 있다(특§53⑥).

즉, 변경출원은 ⅰ) 후출원시에 선출원의 출원이 계속 중이며, ⅱ) 선후 출원인이 변경출원시에 동일해야 하고, ⅲ) 최초거절결정등본을 송달받은 날부터 30일 이내이어야 하는 요건을 갖는다. 이러한 변경출원의 요건을 만족해야 ⅰ) 출원일이 선출원일로 소급되며, ⅱ) 원출원이 취하되는 효과를 갖는다.

변경출원의 경우 출원일은 실용신안등록출원을 한 때에 특허출원한 것으로 본다. 즉 특허요건의 판단은 일정요건22)을 제외하고는 원실용신안등록 출원시를 기준으로 소급효가 적용된다. 아울러 이러한 변경출원이 있는 경우에는 그 실용신안등록출원은 취하된 것으로 본다(특§53②④).

4. 출원의 포기 및 취하

출원이 특허청에 계속되어 있는 동안에 특허출원인 등[법정대리인(특§3①), 재외자(在外者)의 특허관리인(특§5), 특별 수권을 허여받은 위임대리인(특§6), 공동출원의 경우(특§11)에는 그 대표자]은 언제라도 출원의 포기23)나 취하24)를 할 수 있다.

---

22) 1. 제29조 제3항에 따른 다른 특허출원 또는 「실용신안법」 제4조 제4항에 따른 특허출원에 해당하여 이 법 제29조 제3항 또는 「실용신안법」 제4조 제4항을 적용하는 경우
　　2. 제30조 제2항을 적용하는 경우
　　3. 제54조 제3항을 적용하는 경우
　　4. 제55조 제2항을 적용하는 경우
23) 출원의 포기란 특허출원절차를 장래를 향하여 종료시키는 법률효과를 발생시키는 출원인의 자발적인 의사표시를 말한다. 예를 들면 최초특허료를 일정한 기간 내에 납부하지 않는 경우에는 특허출원을 포기한 것으로 본다(특§81③).
24) 출원의 취하란 특허출원절차를 소급적으로 종료시키는 법률효과를 발생시키는 출원인의 자

이 외에도 특허권 설정등록료 납부기간(추가납부기간) 내에 특허료를 납부하지 않은 경우에는 그 특허출원은 포기한 것으로 본다(특§81③).

심화학습

> 출원의 포기 및 취하가 출원의 무효·불수리 등과의 차이점에 대하여 검토하시오.

5. 우 선 권

우선권에는 조약에 의한 우선권(특§54)과 국내우선권(특§55)이 있다.

(1) 조약에 의한 우선권(특§54)

하나의 발명을 복수국에서 특허받으려 할 때 이를 동시에 출원한다는 것은 거리·언어·비용 또는 상이한 절차 등의 여러 이유에서 사실상 불가능하다 할 것이다. 이에 발명의 국제적 보호를 위해 파리조약에서는 동맹국에 한 최초의 출원에 근거하여 그것과 동일 발명을 일정한 기간(우선기간) 내에 다른 동맹국에 출원을 한 경우에도 최초의 동맹국에서 출원한 날에 출원한 것과 같이 보고 있으며, 파리조약 제4조 B, PCT 제8조 그리고 우리 특허법도 이를 명시하고 있다(특§54①).

우선권의 이익을 향유하고자 할 때는 파리조약 제4조 D 제1항의 규정에 의거하여, 우리 특허법 제54조 제3항에 따라 특허출원시 특허출원서에 그 취지, 최초로 출원한 국명 및 출원의 연월일을 기재하여, 최선일부터 1년 4월 이내(특§54⑤) 우선권증명서(최초로 출원한 국가의 정부가 인정하는 서류로서 특허출원의 연월일을 기재한 서면, 발명의 명세서 및 도면의 등본, 그리고 최초로 출원한 국가의 특허출원의 출원번호를 기재한 서면)를 특허청장에게 제출하여야 한다(파리조약 §4D③, 특§54④). 이러한 것은 위의 기간 내에 제출하지 않으면 우선권주장의 효력을 상실하나(파리조약 §4D④, 특§54⑥), 최초 출원일로부터 1년 이내에 일정 요건을 갖추어 출원된 경우에는 최선일부터 1년 4월 이내에 우선권주장을 보정하거나 추가할 수 있다(§54⑦). 이러한 우선권이 유효하게 성립하기 위해서는 ⅰ) 동맹국에서 정규

발적인 의사표시를 말한다. 예를 들면 일정기간 내에 출원심사청구가 없는 때(특§59⑤), 외국어출원으로서 법정기간 내에 번역문의 제출이 없을 때(특§201②) 특허출원을 취하한 것으로 본다.

로 된 최초의 출원이어야 하고(파리조약 §4A③), ⅱ) 최초의 출원자 또는 그 승계인
이어야 하며(파리조약 §4A①), ⅲ) 출원내용이 최초의 출원과 동일하여야 하며(파리
조약§4F · H), 그리고 ⅳ) 우선권주장은 최초의 출원일로부터 1년 이내에 하는 경우
(파리조약§4C①, 특§54②)만이 가능하다.

우선권 주장이 적법한 경우에는 최초의 출원국(제1국)에 출원한 날과 다른 나
라(제2국)에 출원한 날 사이에 제3자가 동일발명을 출원하거나 그 기간 내에 신규
성을 상실하는 사유가 생기더라도 제2국 이후의 출원도 처음의 출원국(제1국)에
출원한 것으로 보므로 거절이유가 되지 아니한다(특§54①, 파리조약 §4B). 또한 최
초의 출원과 대상의 동일성을 유지하는 한 제2국의 출원시에 2 이상의 발명을 포
함하고 있을 때는 출원을 분할할 수 있다(특§52② ⅲ, ④, 파리조약 §4 G).

(2) 국내우선권(특§55)

최근 기술개발의 속도가 빨라지고 발명의 내용이 복잡해짐에 따라 개량발명
이나 추가발명을 하는 경우가 많아져 1990년 개정법에서 도입된 제도이다. 이 제
도는 특허출원 후 개량발명을 하여 보정을 하는 경우 요지변경이 되거나 별도의
출원을 하는 경우에는 먼저 한 출원에 의해서 거절되는 등의 문제를 시정하기 위
한 것이다.

국내우선권제도란 기본발명을 출원한 출원인이 그 후 기본발명에 대한 내용
을 개량 · 보충 · 추가한 경우 선출원의 발명에 포함시켜 하나의 특허를 취득할 수
있도록 함으로써 발명자 및 그 승계인의 권익을 보호하는 제도이다. 즉 이 제도는
구법(1990년 1월 13일 법률 제4207호 이전 법)에서 선출원의 명세서 · 도면을 보정하

그림 | 조약우선권 주장출원시기

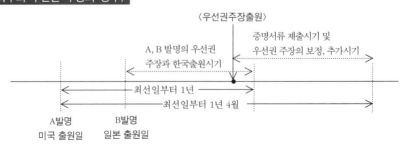

〈복수의 우선권 주장의 경우〉

는 경우 '요지변경'으로 거절되는 것을 보완하기 위하여 도입된 제도였다.[25] 현재
는 이러한 요지변경제도는 폐지되었다.

국내우선권의 이익을 향유하기 위해서는 ⅰ) 선출원이 그 특허출원시에 포
기·무효·취하되지 않고, 적법하게 특허청에 계속 중이어야 하고(특§55① ⅲ),
ⅱ) 출원인이 동일하여야 하고, ⅲ) 출원내용도 동일하여야 하며, ⅳ) 선출원이 분
할 또는 변경출원이 아니어야 하고(특§55① ⅱ), 선출원의 특허여부의 결정, 실용신
안등록여부의 결정 또는 심결확정 전이어야 한다(특§55① ⅳ). ⅴ) 우선권주장은
선출원의 출원일로부터 1년 이내에 출원(후출원시)하여야 하고(특§55① ⅰ), 또 ⅵ)
우선권주장의 취지 및 선출원의 표시를 특허출원서에 기재하여 특허청장에게 제
출하여야 한다(특§55②).

국내우선권을 기초로 하여 출원한 것(즉, 후출원)은 우선권주장의 기초가 된
선출원의 출원시에 출원한 것으로 소급 인정하여야 한다(특§55③). 또한, 요건을
갖추어 우선권 주장을 한 자는 선출원일(선출원이 2 이상인 경우 최선출원일)부터 1
년 4개월 이내에 그 우선권 주장을 보정하거나 추가할 수 있다(특§55⑦). 후출원이
우선권으로 소급하여 인정된 경우에는 출원일로부터 1년 3개월이 지나면 선출원
은 취하된 것으로 본다(특§56① 본). 그러나 포기·무효·취하 특허여부의 결정,

그림 │ 국내우선권 주장출원시기

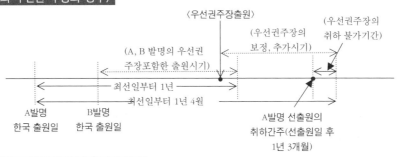

---

25) 미국은 우리나라의 국내우선권제도와 비슷한 일부계속출원 제도를 두고 있다. 일부계속출
원(continuation in part application: CIP)이란 동일출원인에 의한 후출원이 선출원의 요부
(要部)의 전부 또는 일부를 포함하고 있으며, 나아가 선출원에 없었던 새로운 사항을 후출원
에 추가한 출원을 말한다. 미국 특허법에서는 동일인에 의한 계속발명을 보호하기 위해 새
로운 사항을 부가한 명세를 일부계속출원으로 간주하여 선출원과의 공통된 사항에 대해
서는 선출원의 출원일과 동일한 출원일을 인정하고 있다.

실용신안등록여부의 결정 또는 심결이 확정된 경우, 당해 선출원을 기초로 한 우
선권주장이 취하된 경우에는 취하된 것으로 간주하지 않는다(특§56① 단).

심화학습

> (a) 우선권 주장하는 경우에 우선권의 기초가 되는 출원이 우선권 주장을 포함한 경
>   우에 우선권 주장이 가능한지 검토하시오.
> (b) 우선권 주장이 청구항 마다 가능한지, 청구항마다 별개의 출원에 대하여 우선권
>   주장이 가능한지를 검토하시오.

제2절 국내특허출원심사에서의 절차

Ⅰ. 의 의

특허출원의 심사에 있어서 출원된 발명에 대하여 특허를 받는 데 필요한 모
든 법정요건의 유무를 행정관청인 특허청이 심리한 후 특허성이 있는지 없는지를
심사하는 것을 심사주의라고 하고, 특허를 받는 데 필요한 형식적 요건만 완비되
면 실체적 요건에 대하여는 심리하지 아니하고 특허허여 후 그 요건의 유무에 대
하여 분쟁이 발생하였을 경우 심판이나 재판에서 특허성의 유무를 심리하는 것을
무심사주의(제도)라고 한다. 우리나라는 디자인보호법상 일부 디자인을 제외하고
원칙적으로 심사주의를 채택하고 있다(특§57①). 즉 심사의 주체는 심사관이고,
심사의 객체는 특허출원이다.[26]

즉 대통령령에서 정한 자격을 갖춘 심사관이 주체가 되어 특허출원을 심사한
다. 이와 함께 우리의 특허법은 특허심사주의가 갖는 심사지연의 문제점과 그에
따른 권리화의 지연 등과 같은 폐단을 시정하고자 출원공개제도와 조기공개제도

---

26)

	형식심사	실질심사
심사주의	○	○
일부심사주의	○	×

및 심사청구제도 등을 인정하고 출원공고제도[27]와 이의신청제도를 폐지하였다. 이외에도 출원의 심사 공정성을 확보하기 위하여 특허법 제63조의2를 2006년 개정법에서 신설하여, 특허출원에 대한 정보제공에 관한 규정을 신설하였다.

II. 심사절차의 내용

1. 출원공개제도 및 조기공개제도

출원공개제도[28]란 특허출원이 된 후, 일정한 기간이 경과한 때에는 출원인의 의사와 심사절차의 진행현황과 관계없이 일반 공중에게 그 특허출원의 내용을 알리는 제도이다. 이는 동일 기술에 대한 중복연구와 중복투자를 방지하기 위해 특허출원이 된 후 일정한 기간이 경과한 때에는 출원인의 의사와 심사절차의 진행현황과 관계없이 일반공중에게 그 특허출원의 내용을 알리는 취지이다. 조기공개제도[29]란 출원공개기간(1년 6개월) 내라도 출원인의 신청에 의하여 일반공중에게 그 특허출원을 알리는 제도이다. 이는 출원공개기간(1년 6개월) 이전이라 할지라도 출원인이 원하는 경우에는 신청에 의하여 일반공중에게 그 특허출원을 조기에 공개할 수 있도록 하여 보상금청구권을 통해 특허출원을 조기에 보호할 수 있도록 하고 있는 것이다.[30]

출원공개는 특허청장이 특허출원일로부터 1년 6개월이 경과하면(또는 출원인의 신청이 있는 때) 특허공보에 발명의 명칭(분류기호), 출원연월일, 출원번호, 공개연월일, 출원인의 주소 및 성명, 발명자의 주소 및 성명, 특허출원서에 첨부된 명세서, 도면 및 요약서 등을 게재하여야 한다(특§64①, §64④ → 특령§19③). 다만, 특허법 제64조 제2항 각호 외의 부분 전단의 규정에 따라 특허청구범위가 기재되지

---

27) 출원공고제도란 심사관이 특허출원 내용을 심사한 결과, 거절할 만한 이유가 없을 때에는 그 내용을 특허공보에 게재하여 일반공중에게 알려 중복연구·중복투자 등을 하지 않도록 함과 동시에 심사의 공정성과 안정성을 확보하기 위한 제도이다. 이 제도는 구법(1997년 개정 이전법)에서 존재하였으나, 심사기간이 지연된다는 이유로 등록공고제도로 바뀌었다.

28) 1980년 개정시 도입한 제도이다. 국제출원공개의 특례로서 ⅰ) 공개시기(특§207①), ⅱ) 공개효과(특§207②)와 효과발생시기(PCT§29)를 국내법에 위임하고 있다.

29) 1995년 개정시 새로 도입한 제도이다.

30) 이 제도는 특허법에는 존재하나 상표법에는 존재하지 않는다.

아니한 명세서를 첨부한 특허출원 및 제87조 제3항의 규정에 따라 등록공고를 한 특허의 경우에는 출원공개의 대상이 되지 아니한다(특§64②). 또한, 공개되기 전에 그 출원이 취하나 포기 또는 무효가 된 경우에도 공개가 되지 않는다.

출원공개에 의한 적극적 효과로서 출원인에게는 보상금청구권이 인정된다. 보상금청구권이란 특허출원인이 출원공개 후에 침해자에게 경고를 한 경우에 경고 후 특허권 설정등록시까지 그 발명을 업으로서 실시한 자 또는 경고를 하지 않은 경우에도 출원공개가 된 특허출원 중에 있는 것을 알고 특허권 설정등록 전에 업으로서 그 발명을 실시한 자에 대하여 통상 받을 수 있는 보상금의 지급을 청구하는 권리를 말한다. 단, 선사용권과 직무발명에 대한 사용자 등 법정실시권자에 대해서는 보상금청구권의 행사는 할 수 없는 것으로 본다. 이러한 보상금청구권은 출원인이 무단으로 발명을 업으로서 실시하고 있는 자에게 먼저 서면으로 경고하여야 하고, 또 경고를 받거나 출원공개된 발명임을 알고 그 특허출원된 발명을 업(業)으로 실시한 자에게 특허출원인은 그 경고를 받거나 출원공개된 발명임을 안 때부터 특허권의 설정등록시까지의 기간 동안 그 특허발명의 실시에 대하여 통상 받을 수 있는 금액에 상당하는 보상금의 지급을 청구할 수 있는 제도이다(특§65②). 이러한 보상금청구권은 특허권실시료에 상당한 금액으로 특허권 설정등록 후 3년 이내(민§766① 손해배상청구권의 소멸시효)[31]에 청구하여 받을 수 있는 제도이다(특§65③⑤). 이러한 침해가 있는 경우에는 출원인은 다른 출원에 우선하여 심사해 달라는 청구를 할 수 있다(특§61). 그러나 출원공개 후 특허출원이 포기·무효 또는 취하된 때, 특허출원의 특허거절결정이 확정된 때 및 특허를 무효로 한다는 심결[32]이 확정된 때에는 보상금청구권은 처음부터 발생하지 아니한 것으로 본다(특§65⑥).

그 외에도 출원공개에 대한 소극적 효과로서 제3자에게는 특허공보가 기술정보로서의 가치를 가지고 있는 것이기 때문에 출원공개된 발명의 기술내용을 알게 되면 같은 기술을 중복 연구할 필요가 없으며, 공개된 발명을 기초로 하여 연구하여 그 기술(발명)을 개량할 수도 있고, 별도의 방법이나 수단에 의해 새로운 발명을 할 수도 있다.

---

31) 민법 제766조 제1항: 불법행위로 인한 손해배상의 청구권은 피해자나 그 법정대리인이 그 손해 및 가해자를 안 날로부터 3년간 이를 행사하지 않으면 시효로 인하여 소멸한다.

32) 특허된 후 그 특허권자가 특허권을 향유할 수 없는 자로 되거나 그 특허가 조약에 위반되는 사유가 발생한 경우를 제외한다(특§133①ⅳ).

그림 | 출원공개와 보상금청구권

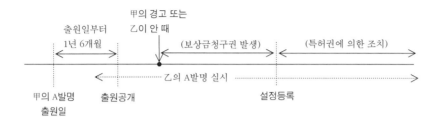

다만 ⅰ) 공서양속 또는 공중의 위생을 해할 염려가 있는 사항(특령§19 ③단), ⅱ) 비밀취급을 요하는 출원(특§64③, §87④), ⅲ) 청구범위가 기재되지 아니한 명세서를 첨부한 특허출원 및 등록공고된 출원(특§64② 단), ⅳ) 특허청에 계속 중이 아닌 출원에 대해서는 출원공개의 예외를 인정한다.

심화학습

(a) 모인출원이 출원공개된 후에 모인출원을 이유로 거절결정된 경우 정당권리자의 출원이 등록될 수 있는지 검토하시오.

(b) 출원공개가 필수인 특허법과 출원공개가 선택적인 디자인보호법과의 차이를 검토하시오.

2. 출원심사청구제도

특허청은 출원된 것을 모두 일률적으로 심사하지 않고, 출원과 별도로 일정한 기간 내에 심사청구절차를 밟은 것만을 심사하고, 그러하지 아니한 출원은 특허출원을 취하한 것으로 보는 출원심사청구제도[33]를 두고 있다(특§59①).

심사청구를 할 수 있는 기간[34]은 누구든지 특허 출원일로부터 5년 이내에 특허청장에게 그 특허출원에 관하여 출원심사의 청구를 할 수 있다(특§59②). 다만,

---

33) 1980년 개정시에 도입된 제도로서 도입취지는 ⅰ) 방어적 출원, ⅱ) 라이프 사이클이 짧아 상품이 상업적 가치가 없어진 발명, ⅲ) 심사 지연 등을 방지하기 위함이다.

34) 심사청구기간은 나라마다 상이하다. 유럽특허조약은 원칙적으로 출원일로부터 2년이며, 독일(특§26)과 일본(특§48의3 ①) 등은 7년이다.

특허출원인의 경우에는 청구범위가 기재된 명세서가 첨부된 때에 한하여 출원심사의 청구를 할 수 있다(특§64① 단). 심사청구기간이 경과한 후에 분할출원·변경출원이 있는 경우에는 그 분할·변경출원을 한 날로부터 30일 이내에 심사청구할 수 있도록 예외를 인정하고 있다(특§59③). 한편, 국제특허출원의 출원심사와 관련하여서는 출원인은 국제출원일에 제출한 명세서·청구의 범위·도면 및 요약서의 국어 번역문을 제출하고 수수료를 납부한 후가 아니면 출원심사를 청구할 수 없으며, 출원인이 아닌 자는 우선일로부터 2년 7개월이 경과한 후가 아니면 그 국제특허출원에 관하여 출원심사의 청구를 할 수 없다(특§210).

우리 특허법상 심사청구를 할 수 있는 사람은 출원인뿐만 아니라 그 외의 '누구든지' 가능하다(특§59②). 여기서 '누구든지'라는 것은 출원인과 이해관계인에 한하지 않고 제3자도 포함된다고 본다. 즉 심사청구기간이 상당히 길기 때문에, 그 사이에 출원공개로 발생한 보상금청구권이 미확정 상태로 놓여지게 되어, 동일 또는 유사기술을 이미 실시하고 있는 자나 앞으로 실시하려는 자는 불안한 지위에서 가급적이면 빨리 출원발명의 특허여부를 알 필요가 있기 때문에 제3자도 포함되는 것으로 해석된다.

심사청구를 하고자 하는 자는 ⅰ) 청구인의 성명 및 주소(법인인 경우에는 그 명칭·영업소의 소재지), ⅱ) 출원심사의 청구대상이 되는 특허출원의 표시를 기재한 출원심사청구서를 특허청장에게 제출하고(특§60①), 청구인이 국가와 생활보호대상자, 장애인, 대학생 등인 경우를 제외하고는 소정의 심사청구료를 납부하여야 한다(특§83).

특허청장은 출원공개 전에 출원의 심사청구가 있는 때에는 ⅰ) 출원공개시에, 출원공개 후에 심사청구가 있는 때에는 지체 없이 그 취지를 특허공보에 게재하여 한다(특§60②). 또한, 특허출원인이 아닌 자로부터 출원의 심사청구가 있는 때에는 그 취지를 특허출원인에게 통지하여야 한다(특§60③). ⅱ) 또한 심사관에 의하여 그 실체적 요건이 심사되며, 이 출원심사는 우선심사(특§61)의 경우를 제외하고는 청구된 순서에 따라 심사를 받게 된다(특규칙§38). ⅲ) 심사청구는 일단 청구한 후에는 취하할 수 없으며(특§59④), ⅳ) 심사청구기간 내에 출원의 심사청구가 없을 때에는 그 특허출원은 취하한 것으로 본다(특§59⑤).

[도표 3] 特許出願에서 權利消滅까지의 절차도[35]

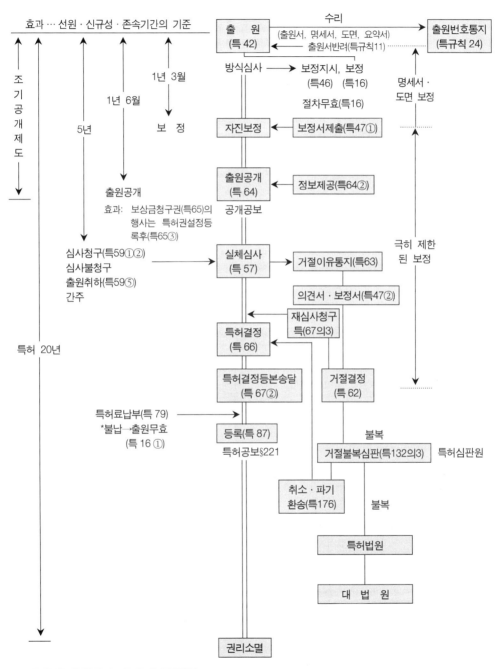

35) 윤선희, 「지적재산권법(14정판)」, 세창출판사(2014), p.94.

3. 우선심사제도

특허출원의 심사는 특허심사청구순에 따라 하는 것이 원칙이나, 특허청장은 출원공개 후 특허출원인이 아닌 자가 업으로서 특허출원된 발명을 실시하고 있다고 인정되는 경우(특§61 i) 또는 대통령령이 정하는 긴급처리가 필요하다고 인정되는 특허출원(특§61 ii)에 관해서는, 심사관으로 하여금 다른 특허출원에 우선하여 심사하게 할 수 있다. 이를 우선심사제도라 한다. 출원인은 출원공개 후에 보상금청구권을 취득하지만, 그 권리행사는 특허권 설정등록 후가 아니면 행사할 수 없기 때문에 그 사이에 제3자의 실시로 인해 특허권자가 예상 외의 손해를 입을 수 있고, 또 실시하고 있는 제3자가 출원인으로부터 경고를 받았으나 그 특허출원이 특허요건을 갖추지 못한 경우에는 빨리 그 특허출원을 거절결정하여 제3자를 보호할 필요가 있다는 점을 고려한 제도이다. 즉 이 제도는 특허출원인과 그 실시를 한 제3자와의 이익조정을 도모하기 위한 제도라고 볼 수 있다.

우선심사의 요건으로는 i) 출원공개 후 제3자가 업으로서 무단 실시하고 있는 출원일 것[36]과 ii) 대통령령이 정하는 특허출원일 것[37]을 요한다. ii)의 경우에는 출원공개를 전제할 필요가 없다. 각 경우 우선심사의 필요성이 있다고 특허청장으로부터 인정받아야 하며, 그 요건을 갖추었는가 아닌가는 특허출원인 또는 그 발명을 업으로서 실시를 하고 있는 제3지로 하여금 자기 자신이 받고 있는 영향을 설명하는 '우선심사신청서'를 제출하게 하고(특규칙§39 서식 22호), 그것에 근거하여 우선심사의 필요성을 판단한다.

심화학습

> 모든 출원에 대하여 심사청구 되는 상표법과 선택적으로 심사청구할 수 있는 특허법과의 차이점을 검토하시오.

---

36) 특허뿐만 아니라 실용신안과 디자인도 우선심사대상이다.
   출원공개되고 등록공고가 되지 않은 특허출원으로, 출원에 관한 발명에 대하여 제3자가 업으로서 실시하고 있을 것을 요건으로 하며, 단순히 실시준비를 하고 있는 것만으로는 충분하지 않다.
37) 특허법 제61조, 특허법시행령 제9조, 제10조, 우선심사신청에 관한 고시(특허청고시 제2005-3호 2005.2.3. 전문 개정).

4. 정보제공제도

특허법상 정보제공제도는 특허를 받을 수 없는 발명이 특허권을 취득하는 것을 방지하기 위하여 일반공중들로부터 그 발명에 대한 정보를 제공받아 심사관들이 심사에서 활용할 수 있도록 하기위한 제도이다. 즉 특허출원이 있는 때에는 누구든지 그 특허출원이 거절이유에 해당되어 특허될 수 없다는 취지의 정보를 증거와 함께 특허청장에게 제공할 수 있다. 다만, 특허법 특허청구범위의 기재방법에 관하여 필요한 사항이나 1특허출원의 범위에 규정된 요건을 갖추지 아니한 경우에는 그러하지 아니하다(특§63의2).

5. 거절결정제도

우리나라는 심사주의를 채택하고 있어, 모든 출원은 심사관에 의해 심사를 받게 된다. 만약 거절이유를 발견할 수 없을 때에는 특허결정을 하여야 한다(특§66). 거절결정의 이유는 특허법 제62조의 법정된 내용38)에 한한다.

심사관이 특허출원에 대하여 실체심사를 한 결과, 거절이유가 발견되었을 때는 특허출원인에게 거절이유를 통지하고 일정한 기간내에 의견서를 제출할 수 있는 기회를 주는 '거절이유의 통지'를 하게 된다(특§62, §63). 그러나 특허법 제51조 제1항에 따라 각하결정을 하고자 하는 경우에는 그러하지 아니하다(특§63① 단).

---

38) 1) 외국인의 권리능력(특§25)에 위반된 경우
  2) 특허요건(특§29) 등이 없을 때와 선출원범위의 확대에 저촉된 경우
  3) 특허를 받을 수 없는 발명(특§32)에 해당된 경우
  4) 특허를 받을 수 있는 권리를 가지지 아니하거나(특§33① 본), 제33조 제1항 단서의 규정에 의하여 특허를 받을 수 없는 경우
  5) 선출원주의(특§36)에 위반된 경우
  6) 공동출원(특§44)에 위반된 경우
  7) 조약의 규정에 위반된 경우
  8) 특허출원(특§42③, ④, ⑧)의 기재요건을 위반한 경우
  9) 1 발명 1 출원(특§45)의 요건을 위반한 경우
  10) 보정이 가능한 범위(특§47②)를 벗어난 보정인 경우
  11) 출원서에 최초로 첨부된 명세서 또는 도면에 기재된 사항의 범위(특§52 ①)를 벗어난 분할출원인 경우
  12) 실용신안등록출원의 출원서에 최초로 첨부된 명세서 또는 도면에 기재된 사항의 범위(특§53①)를 벗어난 변경출원인 경우

그리고 심사관은 청구범위에 2이상의 청구항이 있는 특허출원에 대하여 거절이유를 통지할 때에는 그 통지서에 거절되는 청구항을 명시하고 그 청구항에 관한 거절이유를 구체적으로 기재하여야 한다(특§63②).

심사관이 특허출원을 심사한 결과 출원에 대해 거절이유를 발견했을 때에는 그 이유를 출원인에게 거절이유통지서로 통지하여야 하고, 상당기간을 정하여 의견서를 제출할 기회를 주어야 하며, 통지를 받은 출원인은 보정서(의견서) 등을 작성·제출함으로써(특§47, §63) 심사관은 제출된 보정(의견)서에 관하여 또 다시 심사하여야 한다.

심사관은 거절이유가 해소되지 않았을 경우에는 거절결정을 하여야 하며, 거절결정을 받은 자가 거절결정 등본을 송달받은 날로부터 30일 이내에 거절결정불복심판(특§132의3)을 청구하거나 재심사(특§67의2)를 청구하지 않으면 거절결정이 확정된다. 또 거절결정불복의 심판을 청구하였더라도 그 후에 청구를 취하하거나 그 청구의 기각 심결이 확정될 경우에도 거절결정이 확정된다.

심화학습

> 거절결정에 대하여 불복하는 경우 특허법상의 불복절차에 대하여 검토하시오.

6. 특허결정제도

심사관은 특허출원에 대하여 거절이유를 발견할 수 없는 때에는 특허결정을 하여야 하는 제도이다(특§66).

특허결정 및 특허거절결정(이하 "특허여부결정"이라 한다)은 서면으로 하여야 하며, 그 이유를 붙여야 하고, 특허청장은 특허여부결정이 있는 경우에는 그 결정의 등본을 특허출원인에게 송달하여야 한다(특§67).

7. 특허권 설정등록공고제도

심사관이 특허출원의 내용을 심사한 결과, 거절할 만한 이유가 없을 때에는 특허결정을 하여야 한다(특§66). 심사관이 특허결정을 하였을 때는 특허청장은 출원인이 소정의 특허료를 납부한 때에 특허권설정등록을 하고(특§87②), 그 내용을 특허공보에 게재하여(특§87③) 일반공중에게 알려서 중복연구·중복투자 등을 하지 않도록 함과 동시에 특허분쟁을 미연에 방지하기 위하여 등록을 공고하는 제도이다. 그러나 비밀취급을 요하는 특허발명에 대하여서는 비밀취급의 해제시까지 등록공고를 보류하여야 하며, 그 비밀취급이 해제된 때에는 지체 없이 등록공고를 하여야 한다(특§87④).

　특허청장은 특허결정이 되면, 특허결정등본을 특허출원인에게 송달하고 특허공보에 게재하여야 한다(특§67②, §87③). 이 특허공보에는 ⅰ) 특허권자의 성명 및 주소(법인인 경우에는 그 명칭 및 영업소의 소재지), ⅱ) 출원번호·분류기호 및 출원연월일, ⅲ) 발명자의 성명 및 주소, ⅳ) 등록공고연월일, 특허번호 및 설정등록연월일, ⅴ) 우선권 주장 및 변경출원·분할출원에 관한 사항, ⅵ) 출원공개번호 및 공개연월일, ⅶ) 정정심판에서 정정된 내용, ⅷ) 특허출원서에 첨부된 명세서·도면 및 요약서, 기타의 사항을 게재하여야 한다(특령§19②).

8. 재심사청구제도

　특허출원인은 그 특허출원에 관하여 거절결정등본을 송달받은 날부터 30일[39] 이내에 그 특허출원의 특허출원서에 첨부된 명세서 또는 도면을 보정하여 해당 특허출원에 관하여 재심사를 청구할 수 있다. 다만, 재심사에 따른 특허거절결정이 있거나 제132조의3에 따른 심판청구가 있는 경우에는 그러하지 아니하다(특§67의2①). 이 경우 해당 특허출원에 대하여 종전에 이루어진 특허거절결정은 취소된 것으로 본다(특§67의2③). 또한, 이 경우 재심사의 청구는 취하할 수 없다(특§67의2④).

　기존의 심사전치주의 하에서는 특허거절결정을 받은 경우 심사관에게 다시 심사를 받기 위하여는 반드시 특허거절결정 불복심판을 청구하도록 하고 있어 특허출원인으로서는 불가피하게 특허거절결정 불복심판을 청구하여야 하는 불편이 있었다. 이에 특허거절결정 불복심판을 청구하지 아니하더라도 특허출원서에 첨부된 명세서 또는 도면의 보정과 동시에 재심사를 청구하면 심사관에게 다시 심사를 받을 수 있도록 재심사 청구제도를 도입한 것이다.

---

39) 특허법 제15조 제1항에 따라 제132조의3에 따른 기간이 연장된 경우 그 연장된 기간을 말한다.

9. 선행기술의 조사 및 전문기관의 운영

특허법 제58조에는 선행기술의 조사를 전문기관을 지정하여 선행기술의 조사, 국제특허분류의 부여 그 밖에 대통령령이 정하는 업무를 의뢰할 수 있도록 하였고, 특허청장은 특허출원의 심사에 관하여 필요하다고 인정할 때에는 정부기관 당해 전문기관 또는 특허에 관한 지식과 경험이 풍부한 자에게 협조를 요청하거나 의견을 들을 수 있도록 하고 있다.

특허청장은 특허출원의 심사(국제출원에 대한 국제조사 및 국제예비심사를 포함한다)에 있어서 필요하다고 인정할 때에는 전문기관을 지정하여 선행기술의 조사, 국제특허분류의 부여 그 밖에 대통령령이 정하는 업무를 의뢰할 수 있다(특§58①). 이 경우 특허청장은 특허출원의 심사에 관하여 필요하다고 인정할 때에는 정부기관·당해 기술분야의 전문기관 또는 특허에 관한 지식과 경험이 풍부한 자에게 협조를 요청하거나 의견을 들을 수 있다(특§58②).

그러나 위 전문기관이 거짓 그 밖의 부정한 방법으로 전문기관의 지정을 받은 경우에는 청문(특§58의2②)을 거쳐 전문기관의 지정을 취소하여야 하며, 대통령령 규정에 따른 지정기준에 적합하지 아니하게 된 경우에는 일정한 기준과 절차(특§58의2③)에 따라 그 지정을 취소하거나 6개월 이내의 기간을 정하여 업무의 정지를 명할 수 있다(특§58의2①).

제3절 특허협력조약(PCT)에 의한 국제출원절차

Ⅰ. 서

PCT국제출원제도란 특허 및 실용신안의 법과 출원절차를 통일화·간소화하기 위하여 체결된 특허협력조약이다. PCT국제출원 절차가 일반 해외출원절차에 비하여 유리한 점은 다음과 같다. ⅰ) 출원절차가 간편하다. ⅱ) 특허획득이 용이하다. ⅲ) 특허심사 등에 관한 부담경감은 물론 심사기간의 단축효과도 기대할 수 있다. ⅳ) 하나의 언어로 다수국에 출원할 수 있다. ⅴ) 하나의 출원으로 다수국에 출원한 효과를 얻을 수 있다. vi) 각종 수수료의 납부절차가 간편하다. vii) 무모한 해외출원을 방지할 수 있다. viii) 한국어로도 출원이 가능하다.

국제협약에서 PCT(Patent Corporation Treaty)에 관하여 간단하게 살펴보았듯이, 오늘날은 급격한 기술혁신으로 특허출원이 증가하고 있으며 그 대부분이 외국에도 출원되고 있다. 이에 PCT를 통하여 각국은 동일발명의 중복출원 및 중복심사로 인한 시간과 인력의 낭비를 없애기 위하여 이를 국제적인 차원에서 해결하기로 합의하였다. 외국출원을 하고자 하는 출원인은 각국마다 상이한 특허법이 존재하기 때문에 각국의 방식에 따른 출원서류를 각국의 언어로 작성하여 파리조약에서 인정된 우선기간(12개월) 내에 행하여야 한다. 이와 함께 각국의 특허청은 특히 실체심사를 행하는 특허문헌이나 기술문헌이 최근의 과학기술발전 등을 반영하여 급속으로 증대하고 있는데도 불구하고 각 특허청은 상호 독립된 상태에서 기술정보의 수집, 특허기술의 조사, 그에 입각한 특허성의 판단 등을 해야 할 뿐 아니라 출원된 기술의 복잡화 등에 의해서도 지체되는 문제점이 있게 된다. 그러나 각국 특허청에서 행하는 작업 중 기술정보의 수집 및 선행기술의 조사는 각국에서 똑같이 이루어지는 작업으로서 결국 국제출원제도가 없는 경우 동일한 대상을 중복심사하는 것이 되어 인적 자원이 낭비된다고 보고 이를 해소하기 위하여 국제출원제도가 만들어지게 된 것이다.

II. 국제출원절차

PCT 국제출원은 그 절차에 따라 편의상 국제단계와 국내단계로 구분한다. 국제단계는 국제출원에서부터 지정관청에 대한 국내절차진행 전까지의 전 과정으로 출원인의 국제출원, 수리관청의 국제출원의 처리, 국제조사기관의 국제조사, 국제사무국의 국제출원공개 및 지정관청에 대한 국제출원서류의 송달, 출원인의 국제예비심사청구 및 국제예비심사기관의 국제예비심사보고서 작성 등에 관한 절차이며, 국내단계는 지정국에 대한 국내절차 개시에서부터 심사완료까지의 전 과정으로 출원인의 각 지정관청에 대한 번역문 제출, 국내수수료 납부 및 대리인 선임과 지정관청의 실체심사 및 특허허여 여부 결정에 관한 절차이다.

국제출원(international application)은 출원인의 선택에 따라 우리나라 특허청 또는 WIPO 국제사무국에 영어 또는 한국어로 작성한 출원서, 명세서, 청구범위,

도면(필요한 경우) 및 요약서를 제출하여야 한다. 특허청에 제출시는 3부이고, WIPO 국제사무국에 제출시는 1부이다. 국제출원을 하면서 국내출원 또는 외국출원을 기초로 파리조약에 의한 우선권주장을 하고자 하는 경우에는 선출원일로부터 1년 이내에 국제출원을 하여야 하며 우선권 서류는 우선일로부터 16개월 이내에 해당 수리관청 또는 WIPO 국제사무국에 제출하여야 한다. 대한민국의 특허청을 수리관청으로 한 국제출원의 경우에 출원서류가 적법한 경우에 특허청장은 국제출원이 특허청에 도달한 날을 특허협력조약 제11조의 국제출원일로 인정하여야 한다. 다만 일정한 경우[40] 서면으로 절차를 보완할 것을 명하여야 한다(특 §194①②).

특허청(수리관청) 또는 WIPO 국제사무국은 국제출원에 대하여 방식상 요건을 심사하여 동 요건이 충족된 경우에는 국제출원일을 인정하고 국제출원번호 및 국제출원일을 통지하며 충족되지 아니한 경우에는 보정지시를 한다. 또 특허청은 국제출원일이 인정된 국제출원을 WIPO 국제사무국(기록사본) 및 국제조사기관(조사용 사본)에 각 1부씩 송부한다.

국제출원에 대한 국제조사는 모든 국제출원이 그 대상이 되며 선행기술을 발견하는 것을 목적으로 하고 있다. 이러한 국제조사는 명세서와 도면을 적당히 고려하여 청구의 범위에 기준을 두고 행한다. 국제조사기관(영어출원인 경우는 오스트리아 특허청이나 호주 특허청, 일어출원인 경우는 일본 특허청, 한국어 출원인 경우는 우리나라 특허청)은 수리관청으로부터 송부받은 모든 국제출원에 대하여 국제조사(international search)를 하고(특§198의2), 조사하는 조사시설 등이 허용하는 한 관련 선행기술을 발견하도록 최소한 프랑스, 독일, 러시아, 스위스, 일본, 영국, 미국, 유럽특허청 및 아프리카 지적재산권기구에 의하여 발행·반포된 특허문헌에 공표된 국제출원 등 자료를 조사하며(PCT§15) 그 결과는 국제조사보고서를 작성하여 출원인 및 국제사무국에 송부한다.[41] 출원인은 국제조사보고서의 결과에 따

---

40) ① 출원인이 제192조(국제출원을 할 수 있는 자)에 규정된 요건을 충족하지 못하는 경우
   ② 특허법 제193조 제1항(국제출원)의 규정에 의한 언어로 작성되지 않은 경우
   ③ 특허법 제193조 제1항(국제출원)에 따른 발명의 설명 또는 청구의 범위가 제출되지 않은 경우
   ④ 국제출원이라는 표시와 체약국의 지정 및 출원인의 성명이나 명칭을 기재하지 아니한 경우
41) 국제조사기관은 조사용 사본이 송부된 날로부터 3개월 또는 우선일로부터 9개월의 어느 쪽의 만료일까지 국제조사보고서를 작성하여 출원인 및 국제사무국에 송부하여야 한다.

라 필요한 경우 청구범위를 보정할 수 있으며, 보정서를 국제사무국에 제출한
다.[42]

　　국제사무국은 국제출원서류[출원서, 명세서, 청구범위, 보정된 청구범위(있는 경
우), 도면(있는 경우), 요약서] 및 국제조사보고서를 팜플렛 형태로 공개하고(PCT§48)
이를 출원인 및 각 지정관청에 송부한다. 국제공개는 국제출원의 우선일로부터
18개월을 경과한 후 신속히 행하는 것이 원칙이며 현실적으로 모든 국제출원에
관하여 이 시기에 국제공개가 되나 일정한 경우에 예외[43]를 인정한다. 국제공개

---

42) 특허법 제204조(국제조사보고서를 받은 후의 보정)　① 국제특허출원의 출원인은 특허협력
　　조약 제19조 (1)의 규정에 의하여 국제조사보고서를 받은 후에 국제특허출원의 청구의 범위
　　에 관하여 보정을 한 경우에는 기준일까지 당해 보정서의 국어에 의한 번역문을 특허청장에
　　게 제출하여야 한다.
　　② 제1항의 규정에 의하여 보정서의 번역문이 제출된 때에는 그 보정서의 번역문에 의하여
　　제47조 제1항의 규정에 의한 청구의 범위가 보정된 것으로 본다.
　　③ 국제특허출원의 출원인은 특허협력조약 제19조 (1)의 규정에 의한 설명서를 동 조약 제2
　　조(xix)의 국제사무국에 제출한 경우에는 그 설명서의 국어에 의한 번역문을 특허청장에게
　　제출하여야 한다.
　　④ 국제특허출원의 출원인이 기준일까지(기준일이 출원심사의 청구일인 경우에는 출원심
　　사의 청구를 한 때까지를 말한다) 제1항 또는 제3항에서 규정한 절차를 밟지 아니한 경우에
　　는 특허협력조약 제19조(1)의 규정에 의한 보정서 또는 설명서는 제출되지 아니한 것으로
　　본다.
　　특허법 제205조(국제예비심사보고서 작성 전의 보정)　① 국제특허출원의 출원인은 특허협
　　력조약 제34조(2)(b)의 규정에 의하여 국제특허출원의 명세서·청구의 범위 및 도면에 대하
　　여 보정을 한 경우에는 기준일까지(기준일이 출원심사의 청구일인 경우에는 출원심사의 청
　　구를 한 때까지를 말한다) 당해 보정서의 국어에 의한 번역문을 특허청장에게 제출하여야
　　한다.
　　② 제1항의 규정에 의하여 보정서의 번역문이 제출된 때에는 그 보정서의 번역문에 의하여
　　제47조 제1항의 규정에 의한 명세서 및 도면이 보정된 것으로 본다.
　　③ 국제특허출원의 출원인이 기준일까지(기준일이 출원심사의 청구일인 경우에는 출원심
　　사의 청구를 한 때까지를 말한다) 제1항에서 규정한 절차를 밟지 아니한 경우에는 특허협력
　　조약 제34조(2)(b)의 규정에 의한 보정서는 제출되지 아니한 것으로 본다.
43)　ⅰ) 그 국제출원에 있어서 모든 지정국이 제64조 제3항의 유보(自國에 관한 한 국제출원의
　　국제공개를 행할 필요가 없다는 선언)를 행하고 있는 경우이며 이 경우에는 18개월 공개하
　　지 않는다[PCT§64③(b)].
　　ⅱ) 국제공개기간 전에 출원인이 국제출원의 국제공개를 행할 것을 국제사무국에 청구한 경
　　우이며 이 경우에는 조기(早期)에 국제공개가 행하여진다(PCT§21②b). 이를 국제조기공개
　　라고 한다.
　　ⅲ) 국제공개의 기술적 준비가 완료되기 전에 국제출원이 취하되거나 또는 취하된 것으로
　　보이는 경우(PCT§21⑤)
　　ⅳ) 국제출원이 선량한 풍속이나 공공의 질서에 반하는 표현이나 도면을 포함하고 있거나
　　PCT 규칙에 규정된 비방하는 기재사항을 포함하고 있다고 인정하는 경우(PCT§31⑥)

는 원칙적으로 지정국의 국내공개에 관한 국내법상의 요청을 갖추고 있다는 면도 있으므로 각국의 국내공개와 같은 효과가 주어진다. 이러한 이유에서 특허협력조약은 국제공개에 대해 가보호(假保護)의 규정을 두고 있다. 따라서 국제공개의 지정국에서의 효과는 그 지정국의 국내법령이 정하는 효과와 동일하지만(PCT§29①), 그 효과가 발생하는 시점에 대해서는 각 지정국의 선택으로써 정해진다(PCT§21). 따라서 국제공개에 따른 가보호(假保護)의 내용은 우리나라 특허법상의 보상금청구권에 해당된다.

출원인의 선택에 의하여 국제예비심사(international preliminary examination)를 청구할 수 있으며, 동 절차를 적용받고자 하는 자는 국제조사보고서 및 국제조사기관의 준비서 또는 PCT 제17조(2)(a)의 규정에 따라 국제조사보고서를 작성하지 아니한다는 취지의 중지서를 출원인에게 송부한 날부터 3월, 우선일로부터 22월의 기간 중 늦게 만료되는 날 이내에 관할 국제예비심사기관(영어출원인 경우 오스트리아 특허청, 일어출원인 경우 일본 특허청, 한국어출원인 경우 우리나라 특허청)에 국제예비심사청구를 하여야 한다(특시규§106의23 ②).

특허협력조약에 의하여 국제출원일이 인정된 국제출원으로서 특허를 받기 위하여 대한민국을 우선국으로 지정한 국제출원은 그 국제출원일에 출원된 특허출원으로 본다(특§199①). 이러한 국제출원은 우리나라 국내특허출원과는 다른 새로운 출원을 인정한 것으로 이러한 국제출원이 우리나라 국내의 특허출원으로 이행되는 절차는 당해 국제출원이 국제사무국에서 국제공개 직후 늦어도 우선일로부터 19개월 이내에 국제출원에 관한 서류를 지정관청인 우리나라에 송부되는 것으로써(PCT§20) 시작되며 당해 국제출원의 국제단계는 마치게 된다. 그렇다고 바로 국내단계에 들어가는 것이 아니며 국내단계에 들어가기 위하여는 일정한 절차가 이행되어야 한다.[44] 이러한 절차를 거쳐 국내단계로 진입한 국제출원을 국제특허출원이라 하며 특허법은 이에 대하여 국제특허출원에 관한 특례규정(특

---

44) 특허법 제203조(서면의 제출): 국제특허출원의 출원인은 국내서면제출기간에 다음 각 호의 사항을 적은 서면을 특허청장에게 제출하여야 한다. 이 경우 국제특허출원을 외국어로 출원한 출원인은 제201조 제1항의 규정에 의한 번역문을 함께 제출하여야 한다.
  1. 출원인의 성명 및 주소(법인인 경우에는 그 명칭 및 영업소의 소재지)
  2. 출원인의 대리인이 있는 경우에는 그 대리인의 성명 및 주소나 영업소 소재지(대리인이 특허법인인 경우에는 그 명칭, 사무소의 소재지 및 지정된 변리사의 성명)
  3. 발명의 명칭
  4. 발명자의 성명 및 주소
  5. 국제출원일 및 국제출원번호

§199~214)을 두어 보호하고 있다.[45] 특례규정에서 정한 것 외에는 국내의 일반출원과 동일하게 심사하여 특허여부를 결정한다.

심화학습

(a) 동일한 발명에 대하여 국내·외 여러나라에서 특허권으로 보호받고자 하는 경우 국제출원의 방법에 대하여 PCT에 의한 방법과, 파리조약에 의한 방법에 대하여 검토하시오.

(b) PCT의 한계에 대하여 검토하시오.

(c) PCT 이외에 PLT(특허법조약: Patene Law Treaty)와 SPLT(특허실체법조약: Substantive Patent Law Treaty)에 대하여 검토하시오.

---

45) 윤선희, 「지적재산권법(14정판)」, 세창출판사(2014), pp.182~188 참조.

[도표 4] PCT국제출원제도와 일반 해외출원제도의 절차도

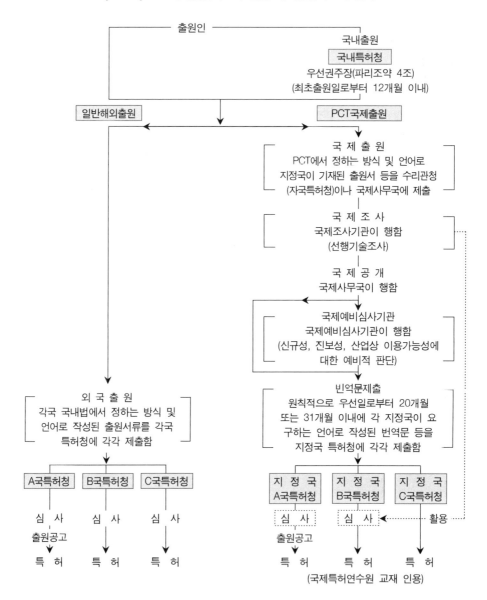
(국제특허연수원 교재 인용)

[도표 5] PCT출원 사무처리 흐름도

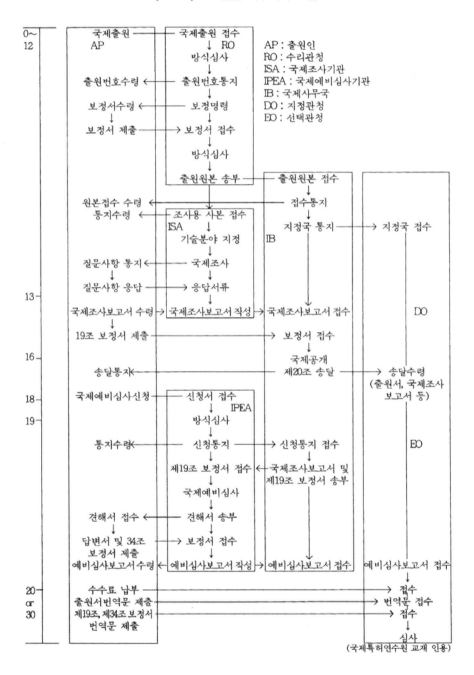

(국제특허연수원 교재 인용)

제4절 심판 및 소송에서의 절차

I. 심 판

1. 서

현행 특허법은 특허절차를 간소화하는 한편 특허권의 보호를 강화함으로써 산업의 기술발전을 촉진하여 경쟁력을 높이려 하고 있다. 예컨대 출원공고제도와 특허이의신청제도를 폐지하였다. 또한, 특허출원에 대한 심사과정 중에 거절이유가 있으면 출원인에게 의견서제출·보정의 기회를 주고 있으며, 특허권 또는 전용실시권을 침해한 자에 대한 벌금형의 액수를 상향 조정함으로써 특허출원인 내지 특허권자를 보호하고 있다. 그러나 이렇게 하여 행해진 처분에 하자가 있었던 경우에는 출원인이나 일반 공중의 권리와 이익을 해칠 뿐만 아니라 산업발전에의 기여라고 하는 특허법 제1조의 취지에도 어긋난다 하겠다. 이에 특허법은 하자 있는 결정에 불복하거나 하자 있는 특허권의 무효 및 정정을 요구할 수 있도록 민사소송이나 행정소송과는 다른 특별한 심판제도를 마련하고 있다.

즉 특허법이 심판절차에 특별한 규정을 두고 있지 않은 사항에 관한 분쟁은 일반원칙에 따라 서류의 불수리처분(특규칙§11), 출원 등의 절차의 무효처분(특§16) 등 특허청의 처분에 대한 불복은 행정상의 쟁송절차(행정심판법, 행정소송법)에 의하여야 하고, 특허권침해에 대한 손해배상·침해금지·부당이득반환·신용회복 등의 청구는 민사소송에 의하여야 한다. 다만, 특허법상 심판절차에 있어서도 많은 부분 민사소송법이 준용되고 있다(특§141, §154⑦⑧, §157②, §165②④, §178②, §185).

특허법상의 심판이란 행정기관인 특허심판원 심판관[46]의 합의체가 대법원의 최종심을 전제(헌§107)로 거절결정, 특허 등의 처분에 대한 쟁송을 심리판단하는 준사법적 절차를 말한다. 즉 특허심판은 특허출원에 대한 심사관의 최종처분에 흠이 있는 경우, 즉 부당한 거절결정·무효사유가 있는 특허권 및 특허에 관한 분

---

46) 준사법기관에서 공권적 판단을 행하는 자를 말한다. 예) 국제심판, 해난심판, 특허심판 등.

쟁을 해결할 목적으로 행하는 준사법적 행정쟁송절차이다.

법률상의 쟁송을 심판하는 권한은 원래 법원에 속한다(법원조직법§2①). 그러나 행정기관이 최종심으로 재판을 할 수 없지만(헌§107②) 전심(前審)으로서의 심판은 할 수 있다고 한다(법원조직법§2②). 특허에 관한 쟁송의 처리에는 보호객체의 특수성에 의해 전문적 기술지식이 필요하기 때문에 그 심리판단이 특허심판원 심판관에 의해 심판하도록 하는 것이다.

이렇게 하여 심판한 행위를 사법행위로 볼 것인가 행정행위로 볼 것인가에 대해 논란이 있는데, 심판절차는 사법절차를 따르기 때문에 사법행위로 볼 수 있으나 삼권분립의 원칙에 따라 사법권은 법원에 속한다는(헌§101①) 사법국가주의에 반하고, 또 국민은 법관에 의해 재판을 받을 권리(헌§27①)에 반하여 이러한 자격이 없는 행정관청인 특허심판원 공무원에 의해 심판되기 때문에 행정행위로도 볼 수 있다. 그러나 심판은 법률에 구속되므로 준사법적 행정행위로 보는 것이 타당하다고 본다.

우리나라는 종래 법률심인 최종심만 법원에서 행하고 사실심인 1심과 2심은 특허청에서 행하고 있었다. 그러나 1998년 3월 1일부터 1심은 심판소와 항고심판소가 통폐합하여 신설한 특허심판원에서 행하고, 1심에 불복하는 경우에는 신설된 특허법원에서 다시 사실심리를 하게 하고, 이에 불복하는 경우에는 대법원에 상고할 수 있도록 하고 있다.[47]

2. 심판의 종류

심판은 독립적 심판[48]과 부수적 심판[49]으로 나눌 수 있으며 독립적 심판은 다시 당사자계 심판과 결정계 심판으로 나누어진다. 여기서 당사자계 심판이라 하면 일단 특허권이 허여된 후 그 특허의 내용에 대하여 당사자간에 분쟁이 발생

---

[47]

	특허권 분쟁	일반소송
1심	특허청 특허심판원	일반 지방법원
2심	특허법원	고등법원
3심	대법원	대법원

[48] 독립적 심판이란 심판의 청구취지가 독립되어 있는 것을 말한다(구체적 예는 표를 참조).

[49] 부수적 심판이란 그 자체만으로는 독립해서 심판의 대상이 되지 못하고 독립된 심판의 청구사항에 부수되거나 독립심판을 전제로 하여 청구하는 심판을 말한다(구체적인 예는 표를 참조).

하면 그 특허내용 자체가 유효인가 무효인가를 판단하는 심판으로 당사자간의 대립이 존재하는 심판이다. 그러나 결정계심판이란 당사자의 대립에 의한 것이 아니라 거절결정이나 또는 특허취소결정이나 심판의 심결에 불복이 있는 경우에 특허청을 상대로 청구할 수 있는 심판이다(구체적인 예는 표를 참조).

이상의 심판의 예로서는 당사자계 심판은 특허무효심판(디자인등록무효, 상표등록취소), 권리범위 확인심판, 정정무효심판, 통상실시권 허여심판, 특허권 존속기간 연장등록의 무효심판 등이고, 결정계 심판에 속하는 심판은 거절결정에 대한 불복(실용신안거절결정, 디자인거절결정, 상표거절결정, 상표갱신등록거절결정), 통상실시권 설정의 재정에 의한 취소결정, 정정심판 등이다. 또 확정된 심결에 대한 불복을 심판하는 것으로서 재심이 있고(특§178), 이 제도는 비상구제절차이다.

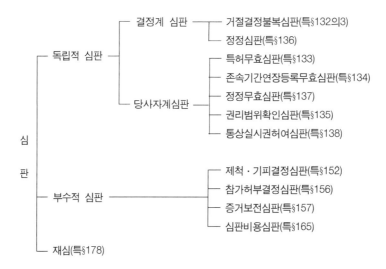

(1) 심 판

심판이란 특허청 심사관이 행한 결정에 불복한다든가 또는 이미 부여된 산업재산권에 대하여 이의가 있는 경우, 특허심판원에 심판을 청구하는 것을 말한다. 즉 특허법 제132조의2 제1항에서 "특허 · 실용신안 · 디자인 및 상표에 관한 심판과 재심 및 이에 관한 조사 · 연구 사무를 관장하게 하기 위하여 특허청장 소속으로 특허심판원을 둔다"고 규정하고 있다. 이 경우 산업재산권에 관한 모든 사건을 의미하는 것이 아니라 산업재산권의 유효성에 관한 것만 취급한다. 즉, 산업재산권 침해사건은 특허심판원이 아니라 일반재판 관할법원이다.

1) 특허무효심판

특허무효심판이란 일단 유효하게 된 특허권에 일정한 법정사유가 있는 경우, 이해관계인 또는 심사관의 심판청구에 의하여 그 특허를 무효로 하고 소급적으로 특허권의 효력을 소멸시키는 것을 목적으로 하는 심판이다. 즉 2006년 개정 전 특허법에서는 특허등록 후 일정기간 내에 특허이의신청제도를 두어 공중으로 하여금 특허결정을 받은 특허출원에 대하여 이의를 제기할 수 있도록 하고 있었다. 그러나 그 신청이 설정등록일부터 등록공고일 후 3월 내로 제한되어 있어, 그 기간의 도과를 깨닫지 못했거나 법정기간의 제한으로 충분한 증거를 제출하지 못함으로써 제대로 특허결정의 오류를 판단하지 못 할 수 있었다. 이에 2006년 3월 3일 개정 특허법에서는 특허설정등록공고 후 3월 이내에는 특허이의신청제도로 하게 하고, 3월 후에는 특허무효심판으로 하게 하던 것을 특허이의신청제도를 폐지하고, 특허무효심판제도로 통합하여 특허설정등록 후에는 모두 무효심판으로 통일하였다. 이 무효심판은 이해관계인 및 심사관을 청구인으로 하여 특허의 무효를 다툴 수 있도록 하는 특허무효심판 제도를 두었다.

일단 유효하게 발생한 행정처분을 취소하고 새로운 행정처분을 하는 것, 즉 특허권에 특허무효사유가 존재하고 있다고 해서 모두 무효가 되는 것이 아니라 행정기관인 특허청의 심판에 의하여서만이 무효[50]가 될 수 있으며, 그 특허권의 무효가 확정되면 그 특허권은 처음부터 효력이 없었던 것이 되기 때문에 이러한 행위는 확인적 행위가 아니라 형성적 행위라고 보아야 할 것이다.

특허무효심판을 청구할 수 있는 자는 이해관계인과 심사관이다(특§133① 본). 다만, 특허권의 설정등록이 있는 날부터 등록공고일 후 3월 이내에는 누구든지 특허무효심판을 청구할 수 있다(특§133① 단). 피청구인은 특허권자이다. 여기에서는 이해관계인에 대하여 논란이 있으나, 그 특허권이 유효하게 존속함으로 인하여 직접 또는 간접적으로 불이익을 받을 염려가 있는 자연인과 법인을 말한다.

특허무효심판은 특허권이 소멸된 후에도 청구할 수 있다(특§133②). 특허가 무효로 되면 특허권은 소급하여 소멸하고(특§133③) 특허권의 존속기간 만료 후에 존속기간 중의 침해행위에 대해서도 손해배상을 청구할 수 있기 때문에 특허권소멸 후에 있어서도 무효심판을 청구할 실익이 있다.

특허무효의 원인은 특허를 무효로 하는 사유 및 사실이다. 그 사유는 ⅰ) 특

---

50) 대법원 1998.12.22.선고, 97후1016, 1023, 1030 판결.

허가 제25조(외국인의 권리능력), 제29조(특허요건),[51] 제32조(특허를 받을 수 없는 발명), 제33조(특허를 받을 수 있는 자) 제1항, 제36조(선출원) 제1항 내지 제3항, 제42조 제3항(발명의 상세한 설명)[52] 및 제4항(특허청구범위), 제44조(공동출원)의 각 규정에 위반하여 특허된 경우, ⅱ) 특허를 받을 수 있는 권리를 가지지 아니하거나(특§33① 본), 제44조의 규정에 위반된 경우, ⅲ) 제33조 제1항 단서의 규정에 의하여 특허를 받을 수 없는 경우, ⅳ) 조약에 위반된 경우, ⅴ) 특허된 후 그 특허권자가 제25조(외국인의 권리능력)의 규정에 의하여 특허권을 향유할 수 없는 자로 된 경우 또는 그 특허가 조약에 위반되는 사유가 발생한 경우, ⅵ) 제47조 제2항(보정이 가능한 범위)의 규정에 의한 범위를 벗어난 보정인 경우, ⅶ) 제52조 제1항의 규정에 의한 범위를 벗어난 분할출원인 경우, ⅷ) 제53조 제1항의 규정에 의한 범위를 벗어난 변경출원인 경우 등의 것에 한정되고, 이 이외의 것을 사유로 하여서는 무효심판을 청구할 수 없다. 이 규정은 제한열거주의를 취하고 있다.

특허무효심판의 청구는 발명마다 할 수 있다. 즉 특허청구범위의 청구항이 2 이상인 때에는 청구항마다 청구할 수 있다(특§133① 후).

심리는 서면심리 또는 구술심리에 의하나 실무상 서면심리가 원칙이다. 다만, 당사자가 구술심리를 신청한 때에는 서면심리만으로 결정할 수 있다고 인정되는 경우 외에는 구술심리를 하여야 한다(특§154①). 또한, 문제의 공익성 및 절차의 신속성을 고려하여 직권탐지, 직권신행(득§158) 및 직권심리(특§159) 등의 주의를 채택하고 있다. 또 심리의 공정성을 확보하기 위해 제척(除斥)(특§149)·기피(忌避)(특§150)제도, 제3자의 이해를 고려하여 참가(參加)제도(특§155)를 두고 있다.

특허무효심판에 따른 심판의 피청구인은 제147조 제1항(답변서 제출 기회) 또는 제159조 제1항 후단(직권심리)에 따라 지정된 기간 이내에 ⅰ) 특허청구범위를 감축하는 경우, ⅱ) 잘못 기재된 것을 정정하는 경우, ⅲ) 분명하지 아니하게 기재된 것을 명확하게 하는 경우에 한하여 특허발명의 명세서 또는 도면에 대하여 정정을 청구할 수 있다. 이 경우 심판장이 제147조 제1항(답변서 제출 기회)에 따라 지정된 기간 후에도 청구인의 증거서류의 제출로 인하여 정정의 청구를 허용할 필요가 있다고 인정하는 경우에는 기간을 정하여 정정청구를 하게 할 수 있다(특§133의2①). 이 경우 해당무효심판절차에서 그 정정청구 전에 수행한 정정청구는 취하된 것으로 본다(특§133의2②). 심판장은 특허무효심판 절차에 있어서 특허의

---

51) 대법원 1998.12.11.선고, 97후846 판결.
52) 대법원 1996.1.26.선고, 94후1459 판결.

정정청구가 있는 때에는 그 청구서의 부본을 심판의 청구인에게 송달하여야 한다 (특§133의2③). 정정심판의 요건과 절차를 준용하고 한다.

특허를 무효로 한다는 심결이 확정된 때에는 그 특허권은 처음부터 없었던 것으로 본다. 단 후발적 사유(특§133① iv)의 규정에 의하여 특허를 무효로 한다는 심결이 확정된 때에는 그 특허가 후발적 사유에 해당하게 된 때부터 특허권의 효력이 없었던 것으로 본다(특§133③). 특허무효심결이 확정된 때에는 누구나 그 발명을 자유롭게 실시할 수 있고(대세적 효력), 동일사실 및 동일증거에 의하여 다시 심판을 청구할 수 없다. 다만, 확정등록된 심결이 각하심결인 경우에는 그러하지 아니하다(일사부재리의 효력: 특§163). 또 무효심판청구등록 전의 실시에 의한 통상실시권(특§104①)이 발생하며, 이미 납부된 특허료는 반환하지 않으나 잘못 납부된 등록료 및 수수료, 특허를 무효로 한다는 심결이 확정된 연도의 다음 연도부터의 특허료 해당분(특§84① i , ii)에 대해서는 특허청장은 이를 납부한 자에게 통지하여야 하고(특§84②), 납부한 자는 청구에 의하여 이를 반환한다. 이 경우 반환은 통지를 받은 날로부터 3년을 경과한 때에는 이를 청구할 수 없다(특§84③).

이 외에도 심판청구의 전제가 되는 특허권이 무효심결에 의하여 소멸되면, 그 후에는 정정(訂正)심판을 청구할 수 없게 되며(특§136⑥), 특허표시를 계속 사용하면 허위표시가 된다.

심화학습

> 무효심판의 청구인으로서 이해관계인에 실시권자가 포함될 수 있는지를 검토하시오.

2) 특허권의 존속기간연장등록의 무효심판(특§134)

특허권의 존속기간연장등록[53] 무효심판이란 연장등록된 특허권의 존속기간을 연장되지 아니한 상태로 환원시키기 위하여 청구하는 무효심판을 말한다. 즉

[53) 존속기간연장제도: 특허권의 존속기간 중 일정한 사유로 인하여 특정 발명을 실시하지 못한 경우에 5년의 기간 내에서 그 실시하지 못한 기간만큼 존속기간을 연장시켜 주는 제도(특§89)를 말한다. 즉 의약품, 농약품의 분야에서는 그 특허발명을 실시하기 위하여 타법령에 의한 허가·등록 등을 받아야 하므로 그 기간만큼을 연장하여 주는 것이 타당하다고 하여 1987년 물질특허제도의 도입시 도입된 제도이다.

특허권의 존속기간의 연장등록처분에 하자가 있는 것을 이유로 하여 그 특허권의 연장등록을 무효(특§134④)로 하는 준사법적 행정절차를 말한다. 연장등록을 무효로 한다는 심결이 확정된 때에는 그 연장등록에 의한 존속기간의 연장은 처음부터 없었던 것으로 본다. 다만 무효심결이 확정된 연장등록이 제134조 제1항 제3호(연장신청의 기간이 그 특허발명을 실시할 수 없었던 기간을 초과하는 경우)에 해당되는 경우에는 그 특허발명을 실시할 수 없었던 기간을 초과한 기간에 관하여 그 초과한 기간만큼 그 연장이 없었던 것으로 본다(특§134④).

무효사유(특§134① 각호)는 a) 그 특허발명을 실시하기 위하여 제89조(특허권의 존속기간의 연장)의 허가 등을 받을 필요가 없는 출원에 대하여 연장등록이 된 경우, b) 그 특허권자 또는 그 특허권의 전용실시권 또는 등록된 통상실시권을 가진 자가 제89조(특허권의 존속기간의 연장)의 허가 등을 받지 아니한 출원에 대하여 연장등록이 된 경우, c) 연장등록에 의하여 연장된 기간이 그 특허발명을 실시할 수 없었던 기간을 초과하는 경우, d) 당해 특허권자가 아닌 자의 출원에 대하여 연장등록이 된 경우, e) 제90조 제3항(공유특허권의 존속기간 연장등록출원)의 규정에 위반한 출원에 대하여 연장등록이 된 경우이며 법정된 사유에 한한다.

연장등록 무효심판을 청구할 수 있는 자는 이해관계인 또는 심사관이며, 대표자 또는 관리인이 정하여져 있는 법인이 아닌 사단 또는 재단(특§4) 등이다.

※ 이 외의 것들은 특허무효심판을 참조하기 바란.

3) 권리범위확인심판(특§135)

특허권자는 업으로서 특허발명을 실시할 권리를 독점하며(특§94), 그 권리행사의 효력은 동업자뿐만 아니라 널리 제3자에게도 영향을 미치는 것이다. 이러한 권리는 존속기간 만료로 권리가 소멸된 후에도 존속기간 중의 제3자의 권리침해행위에 대한 손해배상을 청구할 수 있는 등 그 효력은 장기간에 이르는 것이다. 그리하여 그 기간 중에 특허권자가 제3자의 특허권 또는 제3자가 실시하는 대상물 등에 관하여 그것이 자기의 특허발명의 권리범위에 속하는지의 여부를 알고 싶은 경우, 또 특허권자가 아닌 자가 투자 내지 사업실시를 계획 중 이거나 실시 중인 것에 관하여 그것이 특허권자의 특허발명의 권리범위에 속하는지 여부를 알고 싶은 경우가 생긴다. 이와 같은 경우에 문제가 되는 특허발명의 권리범위에 관하여 고도의 전문적·기술적 식견을 가진 자가 엄정하고 중립적인 입장에서 권위 있는 판단을 신속하게 행하고, 그 판단을 구하는 자가 용이하게 이용할 수 있도록 제도적으로 보장함으로써 목적에 적합한 발명의 보호와 이용을 도모하고 아울러 무익한 다툼이 발생되지 않도록 하는 것이 필요하다. 이와 같은 취지는 실용신안권(실§33), 디자인권(디§69), 상표권(상§75)에 있어서도 마찬가지이다.

   권리범위확인심판이란 특허권을 둘러싼 당사자 사이에 분쟁이 발생하면 분쟁대상물이 해당 특허발명의 권리범위에 속하는가 아닌가를 판단하는 심판제도를 말한다. 즉 특허권자도 권리범위에 속하는가 아닌가를 확인받아 둠으로써 특허권을 둘러싼 당사자간의 분쟁에 있어 권리의 이용·저촉 문제, 권리침해 문제를 원만히 해결할 필요가 있다. 이러한 심판은 특허권의 침해관계를 명확히 하기 위한 제도이다. 이 제도는 민사소송법상의 확인소송과 비슷하나, 민사소송법상의 확인의 소(訴)가 대세적 효력을 갖는 반면 이 심판은 대세적 효력이 없어 제3자를 구속하지 않는다는 점에서 다르다(다수설).

   권리범위확인심판에는 어떤 분쟁대상물이 자기 특허권의 권리범위 속에 포함된다고 확인을 구하는 심판(특허권자·전용실시권자)과 그 분쟁대상물이 특허권자의 특허권의 범위 속에 포함되지 않는다고 확인을 구하는 심판(이해관계인)[54]이 있을 수 있다. 이러한 권리범위의 확인심판을 심리할 수 있는 곳은 특허청 특허심판원에서만 가능하며, 이곳에서 행한 행위는 행정행위인바 이것이 민사소송에서의 확인의 소와 같은 것이냐 아니면 형성적 행정행위로서의 성질을 가지는 것이냐에 대하여는 이론이 있다.

   권리범위확인심판의 청구기간에 대하여 특별한 규정을 두고 있지 않으므로 이론상으로는 청구의 이익이 있는 한 언제든지 청구할 수 있다고 볼 수 있으나, 특허권의 존속기간 내라고 보는 것이 타당하다 하겠다.[55]

   권리범위확인심판을 청구할 수 있는 자는 특허권자·전용실시권자 또는 이해관계인이다(특§135①).[56] 이 점은 특허무효심판(특§133)과 다르다. 심판을 청구하고자 하는 자는 심판청구서(특규칙§57①, 별지 제31호 서식)와 특허발명과 대비될 수 있는 설명서 및 필요한 도면(특§140③)을 첨부하여 특허심판원장에게 제출하여야 한다(특§140①). 청구범위는 발명 전체 또는 청구항마다 청구할 수 있고(특§135②), 심리는 서면심리 또는 구술심리에 의하나 실무상 서면심리가 원칙이다.

   특허권의 권리범위확인심판의 심결이 확정되면 그 결과로서 권리범위가 확

   54) 대법원 1995. 12. 5. 선고, 92후1660 판결.
   55) 대법원 1970. 3. 10. 선고, 68후21 판결; 대법원 1996. 9. 10. 선고, 94후2223 특허권리범위 판결.
   56) 대법원 1985. 7. 23. 선고, 85후51 판결.

인되며 형성적 효력도 가지게 된다. 그러나 이 심판에 의해 권리가 확인되면 제3자도 이 확인심결에 구속을 받느냐는 논의가 있으나 구속력이 없다고 보는 것이 (즉 대세적 효력이 발생하지 아니한다) 다수설이다. 그러나 특허심판원의 심판편람에서는 "특허발명의 권리범위에 관한 심판관의 심결은 감정적 성질을 갖는 데 그치는 것이 아니고, 당사자 또는 제3자에 대하여 법적 구속력을 갖는다"라고 한다.[57] 심결이 확정된 때에는 누구든지 동일사실 및 동일증거에 의하여 다시 심판을 청구할 수 없다(특§163). 즉 일사부재리의 효력이 발생한다.

심화학습

> (a) 타인의 특허발명이 자신의 특허발명의 권리범위에 속한다는 것을 청구하는 권리범위확인심판의 청구가 가능한지 검토하시오.
> (b) 침해소송에서 권리범위확인심판의 확정심결 내용에 대하여 항변할 수 있는지 검토하시오.

4) 정정심판(특§136, 실§33)

특허(실용신안등록)에 대하여 무효사유가 있을 경우에는 그것을 이유로 하는 무효심판청구로 특허가 무효로 되는 것을 방지하고, 무효심판이 청구되는 것을 예방할 필요가 있으며, 그 특허에 관하여 불명료한 부분이 있을 경우에는 침해사건을 일으키기도 하고 실시계약을 방해하기도 하여 제3자의 이익에 관련되게 되므로 그 불명료한 부분을 명료하게 할 필요가 있게 된다. 이러한 정정심판제도는 특허권자가 자발적으로 원(原)출원서에 첨부한 명세서나 도면을 정정할 수 있는 것이다.

정정심판이라 함은 설정등록된 특허권의 명세서 또는 도면에 오기, 불명확한 기재 등이 있을 때에 특허권자가 그 명세서 또는 도면을 정정하여 줄 것을 청구하는 제도를 말한다. 즉 특허권의 설정등록 후에는 잘못된 명세서도 일종의 권리서이기 때문에 그 내용을 함부로 변경하여서는 아니 된다. 그러나 그 명세서를 그냥 두면 특허청구범위가 너무 넓어 무효가 될 염려가 있거나, 기재의 잘못 또는 명백하지 않은 기재로 인하여 분쟁이 발생할 수 있으므로 이를 방지할 기회를 주려는

---

57) 특허심판원, 「심판편람」, 2014.7.31, p.495.

취지이다. 다만, 특허의 무효심판이 특허심판원에 계속되고 있는 경우에는 그러하지 아니하다(특§136① 단). 정정(訂正)과 보정(補正)을 비교해 보면 명세서 등의 보충정정을 하는 점은 같으나 보정은 출원단계에서 특허권 설정등록 전에 행하는 것이고 정정은 특허권 설정등록 후에 행하여지는 것이 다르다.

　　정정심판의 청구의 대상은 출원서에 첨부한 명세서와 도면이다(특§136①). 여기서 출원서에 첨부한 "명세서와 도면"이라 함은 특허권 설정등록시의 것이고, 또 당해 정정심판의 심결 전에 다른 정정심판의 확정심결이 있을 때에는 그 정정된 명세서와 도면이다. 정정심판으로 정정할 수 있는 사항은 ⅰ) 청구범위를 감축58)하는 경우, ⅱ) 잘못 기재된 것을 정정59)하는 경우, ⅲ) 분명하지 아니하게 기재된 것을 명확하게 하는 경우60)이다(특§136① 각호). 하지만, 이 경우에도 명세서 또는 도면의 정정은 특허청구범위를 실질적으로 확장하거나 변경할 수 없고(특§136③), 명세서 또는 도면의 정정은 특허발명의 명세서 또는 도면에 기재된 사항의 범위 이내에서 이를 할 수 있다(특§136② 본). 그리고 위 ⅰ), ⅱ)에 해당하는 정정은 정정후의 청구범위에 기재된 사항이 특허출원을 한 때에 특허를 받을 수 있는 것이어야 하고(특§136④), ⅱ)는 출원서에 최초로 첨부된 명세서 또는 도면에 기재된 사항의 범위로 한다(특§136②단). 이러한 경우에도 특허발명의 명세서 또는 도면의 범위 내에서(오기의 정정인 경우에는 출원서에 최초로 첨부된 명세서 또는 도면에 기재된 사항의 범위) 정정할 수 있으며(특§136②), 청구범위를 실질적으로 확장하거나 변경할 수 없다(특§136③).61) 한편 청구범위의 감축이나 잘못된 기재를 정정하는 경우의 정정된 내용이 출원시에 특허를 받을 수 있는 것이어야 한다(특§136④).

　　정정심판은 특허권자(공유의 경우 공유자 전원)만이 청구할 수 있다(특§136

---

58) 청구범위의 감축이란 청구범위의 항수를 줄이는 것과 특허청구의 범위 자체를 축소하는 것도 포함된다고 본다.

59) 잘못 기재된 것을 정정이란 명세서나 도면의 기재가 오기임이 명세서의 기재 전체, 주지의 사항 또는 경험칙 등에서 분명한 경우에 그 오기를 본래의 바른 기재로 정정하는 것이다.

60) 분명하지 아니한 기재를 명확하게 하는 경우는 구법하에서는 '불명확한 기재의 석명(釋明)'이라고 하였으나, 2001년 개정시 국어순화운동의 하나로 개정하였다. 분명하지 아니한 기재를 명확하게 하는 경우란 기재내용 그 자체가 명확하지 않은 경우에, 그 뜻을 명확하게 하든가 또는 명세서, 도면의 기재에 모순이 있는 경우에 어느 하나로 통일하여 모순을 없애는 것이다.

61) 실질적으로 청구범위를 확장하거나 변경한다 함은 청구범위에 기재된 발명의 구성에 없어서는 아니 되는 사항에 대하여 그 내용, 청구범위, 성질 등을 확장하거나 변경하는 것이다.

①). 그러나 전용실시권자, 질권자, 직무발명에 의한 통상실시권자, 전용실시권을 목적으로 한 질권자 또는 통상실시권자, 특허권자가 허락한 통상실시권 등이 설정되어 있다면 위의 자들의 동의를 얻지 않고서는 정정심판을 청구할 수 없다(특§136⑦). 이 심판은 결정계심판이므로 특허청장을 피청구인으로 한다.

정정심판의 청구는 특허권 설정등록 후에만 청구할 수 있다. 다만, 특허의 무효심판이 계속되고 있는 경우에는 그러하지 않다. 정정심판의 청구기간은 명시되어 있지 않지만, 일반적으로 특허권의 존속기간 내(단, 특허의 무효심판이 계속되고 있는 경우에는 정정심판을 청구할 수 없다)이나 청구의 이익이 있는 한 특허권이 소멸된 후에도 청구할 수 있다.[62] 다만, 심결에 의하여 특허가 무효로 된 후에는 그러하지 아니하다(특§136⑥). 정정심판을 청구하고자 하는 자는 심판청구서에 정정한 명세서 또는 도면을 첨부하여야 한다(특§140⑤).[63]

정정심결이 확정된 경우에는 그 정정의 효과는 출원시까지 소급(遡及)한다. 즉 그 정정 후의 명세서 또는 도면에 의하여 특허출원 · 출원공개 · 특허결정 또는 심결 및 특허권의 설정등록이 된 것으로 본다(특§136⑧). 이러한 정정심판의 결정에 대해서는 불복할 수 없다. 특허청장은 정정심판의 심결이 확정된 때에는 그 심결에 따라 새로운 특허증을 교부하여야 한다(특§86③).

심화학습

> (a) 정정심판과 특허무효심판과의 관계를 검토하시오.
> (b) 정정심판 계속 중에 특허무효심결이 확정된 경우와 특허무효심판 계속 중에 정정심결이 확정된 경우에 계속 중인 심판에 미치는 효력을 검토하시오.

5) 정정무효심판(특§137, 실§33)

정정무효심판이란 정정심판에 의하여 정정한 사항(명세서 또는 도면)에 하자(瑕疵)가 있는 경우에 그 하자 있는 부분에 대하여 무효를 청구할 수 있도록 함으

---

62) 특허권 소멸 후 청구하는 경우에 있어서 당해 특허권에 대한 권리양도가 있는 때의 청구인은 소멸시의 특허권자이다.

63) 심판청구서의 보정은 사건이 특허심판원에 계속 중에 있는 한 청구서를 보정할 수 있지만, 그 보정은 요지를 변경하는 것이어서는 안 된다. 다만, 청구이유에 대하여는 그러하지 아니하다(특§140②).

로써 이를 시정하는 제도를 말한다. 특허권자가 출원서에 첨부한 명세서 및 도면을 정정함으로써 ⅰ) 명세서 또는 도면의 기재(특허 청구범위) 자체의 변동, ⅱ) 그 기재로부터 귀결되는 특허권의 효력범위의 변동, ⅲ) 정정 전후의 발명의 내용·사상의 동일성의 변동 등이 생길 수 있다. 그래서 이러한 변동이 특허법 제47조(보정) 제3항 각호의 규정에 위반되어 정정되거나 제136조(정정심판) 제2항 내지 제4항의 규정에 위반되어 정정이 될 경우에는 정정 전에는 특허권의 효력이 미치지 아니한 사항에까지 권리가 행사되는 것으로 되어서 당업자나 기타 불특정다수의 일반 제3자에게 여러 가지 불이익한 영향을 주게 된다. 이와 같은 경우에는 그 정정을 무효로 할 필요가 생긴다. 따라서 정정무효심판은 이러한 경우에 대비하기 위하여 만든 수단이다.

이 제도는 특허무효심판과 요건, 심리, 효과 등이 같다. 다만, 특허무효심판은 특허권 자체에 하자가 있는 경우 그 특허권 자체를 그 성립시까지 소급하여 효력을 상실시키는 것인 반면에 정정무효심판은 특허권 자체에 대하여 무효를 주장하는 것이 아니라 정정심판에 의하여 정정된 부분에 대해서만 무효를 주장할 수 있다는 데에 차이가 있을 뿐이다.

정정무효심판의 피청구인은 제147조 제1항 답변서 제출기간 또는 제159조 의견 진술기간 동안 당해 절차 안에서 제136조 제1항 각호의 어느 하나에 해당하는 경우에 한하여 특허발명의 명세서 또는 도면의 정정을 청구할 수 있다(특§137③④). 이는 정정의 무효심판절차에서 정정을 할 수 있는 기회를 부여하는 것이고, 정정무효심판을 청구할 수 있는 자는 이해관계인과 심사관이다(특§137①).

6) 통상실시권허여심판(특§138, 실§32, 디§123)

통상실시권허여심판이란 자신의 특허발명이 선출원된 타인의 권리(특허권, 실용신안권, 디자인권)와 이용·저촉관계에 있을 때, 타인의 특허발명(등록실용신안, 등록디자인)을 실시하지 아니하고는 자기의 특허발명을 실시할 수 없는 경우, 심판에 의해 그 타인의 권리를 실시할 수 있도록 하기 위한 제도이다. 즉 특허권을 실시하는 데 있어서 특허발명 상호간에 이용관계가 있거나 타 권리와 저촉관계에 있게 될 때 이용·저촉관계의 특허권자는 타인의 선출원권리자로부터 동의를 얻지 않으면 자신의 특허발명을 업으로서 실시할 수 없고(특§98), 반대로 선출원특허권자 측도 후출원특허권자의 동의를 얻지 않으면 후출원의 특허권을 실시할 수 없다. 이러한 것들을 그대로 두면 이용발명을 사장시키는 것이 되고, 나아가 산업발전에도 기여치 못하므로, 이를 보완키 위한 것이다(특§138①).

통상실시권허여심판의 청구인은 원칙적으로 저촉관계에 있는 후출원 특허권자 또는 이용발명의 특허권자이며, 피청구인은 선출원특허권자가 된다. 이 외에도 실용신안권자·디자인권자가 피청구인이 되는 경우도 있다. 한편, 특허법 제138조 제3항은 이용발명의 특허권자에게 통상실시권을 허여한 때에는 선출원특허권자에게도 그 보상책으로 후출원의 이용발명에 대해 통상실시권허여심판을 청구할 수 있게 하고 있으며(특§138③), 이 경우는 선출원의 특허권자가 청구인이 되며 이용발명의 특허권자(후출원특허권자)가 피청구인이 된다.

후출원의 특허권자 등이 자신의 특허발명을 실시함에 있어 선출원의 특허권 등을 이용하지 않으면 실시할 수 없을 때, 선출원의 특허권자에게 허락을 받으려고 하였으나 정당한 이유 없이 허락을 하지 아니하거나 실시허락을 받을 수 없는 경우이다(특§138①). 이 경우에 후출원의 특허발명은 선출원의 특허발명 또는 등록실용신안에 비해 상당한 경제적 가치가 있는 중요한 기술적 진보가 있어야 한다(특§138②). 심판의 청구기간에 대하여 1980년 이전법에는 명시하였으나 현행법은 명시하고 있지 않다. 다만, 특허권 설정등록일로부터 가능하다고 보겠다.

통상실시권허여심판에 의하여 실시허락을 받은 자(즉 통상실시권자)는 특허권자·실용신안권자·디자인권자 또는 그 전용실시권자에 대해 대가를 지불하고(특§138④), 심결에 의해 정해진 범위 내에서 업으로서 그 특허발명을 실시할 수 있다. 단 그 대가를 지불하지 않거나 공탁하지 않으면 실시할 수 없다(특§138⑤).

7) 거절결정불복심판(특§132의3)

심사관의 심사에 있어서 거절결정을 받은 자(출원인 또는 특허연장등록출원인)가 이에 불복하여, 그 결정의 취소와 출원발명은 특허를 받을 수 있는 것(특허권의 존속기간연장등록이 될 수 있는 것)이라고 특허청 특허심판원에 심판을 청구하는 제도이다. 이 제도의 취지는 심사관의 판단에도 과오가 있을 수 있기 때문에 이를 시정하기 위해 재심사의 길을 만들어 놓은 것이라고 할 수 있다.[64] 이 심판은 출원에 관한 심사관의 결정에 대한 출원인측의 불복신청방법이다(특§132의3). 즉 심사에서의 심리절차나 결과를 전혀 무시하고 새로 처음부터 심리를 다시 하는 것이 아니고, 심사에 있어서 한 절차를 토대로 하여 심리를 속행하며, 새로운 자료도 보충

---

64) 거절결정이 되기 전에 거절결정에 대한 심판을 청구한 경우에는 그 청구를 審決에 의하여 각하한다.

하여 원결정(原決定)인 특허출원에 대해 거절·특허의 여부를 심리하는 것이다.

특허출원에 대한 거절결정불복심판은 출원인만이 청구할 수 있고(특§132의3), 특허권에 대한 존속기간 연장등록출원에 대한 불복심판은 특허권자만이 청구할 수 있다. 공동출원 및 공유인 경우는 전원이 공동으로 청구하여야 한다(특§139③). 이 심판은 결정계이므로 피청구인은 특허청장이 된다.

심판의 청구기간은 거절결정등본의 송달을 받은 날로부터 30일 이내에 청구하는 것이 원칙(특§132의3)이나 예외를 인정하는 경우가 있다. 즉 기간의 해태(懈怠)가 천재·지변 기타 불가피한 사유로 인하여 법정기간을 준수할 수 없을 때는 그 사유가 소멸한 날로부터 14일 이내에 해태를 추후 보완할 수 있다. 다만, 그 기간 만료일로부터 1년이 경과한 때에는 그러하지 아니하다(특§17). 또 특허청장 또는 특허심판원장은 교통이 불편한 지역에 있는 자를 위하여 직권 또는 청구에 의하여 그 기간(30일)을 연장할 수 있다(특§15).

거절결정불복심판은 a) 거절결정에 대한 심판을 청구하려는 자는 필요한 사항을 기재한 심판청구서(특§140의2 ①)를 특허심판원장에게 제출하면 3인 또는 5인의 심판관으로 합의체를 구성하게 하여(특§146①), 그 중 1인은 심판장으로서 심판사무를 총괄하게 한다. 이때의 심리는 실무상 서면심리를 원칙으로 한다. b) 심판은 직권으로 심리하며, 청구인이 청구하지 않은 이유에 대해서도 심리할 수 있다(특§159). c) 특허출원인은 그 특허출원에 관하여 거절결정등본을 송달받은 날부터 30일(제15조 제1항에 따라 제132조의3에 따른 기간이 연장된 경우 그 연장된 기간을 말한다) 이내에 그 특허출원의 특허출원서에 첨부된 명세서 또는 도면을 보정하여 해당 특허출원에 관하여 재심사를 청구할 수 있다. 다만, 재심사에 따른 특허거절결정이 있거나 제132조의3에 따른 심판청구가 있는 경우에는 그러하지 아니하다(특§67조의2 ①).

거절결정불복심판의 심결이 확정되면 청구인뿐만 아니라 일반 제3자도 구속된다.

심화학습

종래 심사전치제도가 유지될 때와 현행 재심사청구 제도에서 거절결정 불복심판 절차의 차이점을 검토하시오.

(2) 부수적 심판

앞에서 본 심판은 독립적인 심판이나 제척·기피심판(특§152①), 참가심판(특§156③), 증거보전심판(특§157), 심판비용심판(특§165), 심리·심결의 병합 또는 분리심판(특§160) 등은 부수적 심판이다. 부수적 심판은 위의 심판 자체만으로 독립해서 심판의 대상이 되지 못하고, 독립심판에 부수하거나 독립심판의 청구를 전제로 하여서만 가능하다.

심판관의 제척(除斥)이란 해당 심판관에게 법정(제척)원인(특§148)[65]이 있기 때문에 법률상 당연히 직무집행을 할 수 없는 경우를 말한다.

심판관의 기피란 해당 심판관에게 제척원인 외에 심리의 공정을 기대하기 어려운 사정이 있는 때 당사자 또는 참가인의 신청에 의하여 심판관이 직무를 집행할 수 없도록 하는 것을 말하며, 기피신청을 당한 심판관을 기피신청의 결정에 의하여 그 사건에 관여할 수 없게 하는 경우를 말한다(특§150~§153).

심판관의 회피란 심판관이 제척사유나 기피사유에 해당하는 경우에는 특허심판원장의 허가를 얻어 당해 사건에 대한 심판을 회피할 수 있다(특§153의2).

심판의 참가란 심판의 계속 중에 그 심판에 제3자가 참가인으로서 관여하는 제도를 말한다. 즉 타인 사이의 심판이 계속 중인 경우 그 심판결과에 이해관계를 가진 제3자는 당사자의 한쪽을 보조하기 위하여 심판에 참가할 수 있다(특§155③). 참가에는 공동심판참가와 보조참가가 있다. 공동심판참가는 심판당사자로서 심판을 청구할 수 있는 자(당사자적격이 있는 자)가 하는 참가를 말하며(특§155①), 보조참가는 당사자 중 어느 일방을 보조하기 위하여 하는 참가를 말하는데, 보조참가인은 심판의 결과에 대하여 이해관계를 가지는 자라야 한다(특§155③). 그러나 이는 당사자계심판(當事者系審判)에 한한다.

참가의 요건은 ⅰ) 타인간에 심판절차가 계속 중이어야 하고, ⅱ) 심리종결 전이어야 하고, ⅲ) 심판을 청구할 수 있는 자이거나 이해관계가 있을 것, ⅳ) 심판참가인에게 절차능력이 있을 것이 필요하다.

증거조사 및 증거보전에 관하여 민사소송법에서는 변론주의를 취하고 있기 때문에 증거조사나 증거보전은 당사자의 신청에 의해서만 행해지나 특허법의 심사절차에 있어서는 신청에 의하는 외에 직권에 의하여도 할 수 있다(특§157).

---

65) 대법원 1982.6.22.선고, 81후30 판결.

3. 심판의 절차

(1) 심판청구절차의 요건(특§140)

심판을 청구하는 자는 ⅰ) 당사자의 성명과 주소(법인인 경우에는 그 명칭 및 영업소의 소재지), ⅱ) 대리인이 있는 경우에는 그 대리인의 성명 및 주소나 영업소의 소재지(특허법인인 경우 그 명칭, 사무소의 소재지 및 지정된 변리사의 성명), ⅲ) 심판사건의 표시, ⅳ) 청구의 취지 및 그 이유 등을 기재한 심판청구서를 특허심판원장에게 제출하여야 한다(특§140①). 심판의 종류에 따라 필요적 기재사항 외에도 ⅰ) 권리범위 확인심판을 청구할 경우는 특허발명과 대비될 수 있는 설명서 및 필요한 도면의 첨부(특§140③), ⅱ) 정정심판을 청구할 경우는 정정한 명세서 및 도면의 첨부(특§140⑤), ⅲ) 통상실시권 허여심판의 심판청구서에는 ⓐ 실시를 요하는 자기의 특허의 번호 및 명칭, ⓑ 실시되어야 할 타인의 특허발명·등록실용신안이나 등록디자인의 번호·명칭 및 특허나 등록의 연월일, ⓒ 특허발명·등록실용신안 또는 등록디자인의 통상실시권의 범위·기간 및 대가 등의 기재(특§140④)가 요구된다.

심판을 청구할 때 요지변경은 할 수 없으나 ⓐ 당사자 중 특허권자의 기재를 바로잡기 위하여 보정(추가하는 것을 포함한다)하는 경우, ⓑ 청구의 이유를 보정하는 경우, ⓒ 특허권자 또는 전용실시권자가 청구인으로서 청구한 권리범위 확인심판에서 심판청구서의 확인대상 발명(청구인이 주장하는 피청구인의 발명을 말한다)의 설명서 또는 도면에 대하여 피청구인이 자신이 실제로 실시하고 있는 발명과 비교하여 다르다고 주장하는 경우에 청구인이 피청구인의 실시 발명과 동일하게 하기 위하여 심판청구서의 확인대상 발명의 설명서 또는 도면을 보정하는 경우에는 그러하지 아니하다(특§140②).

심판을 청구할 수 있는 자는 심판의 종류에 따라 다르다. 즉 권리범위 확인심판은 특허권자와 이해관계인, 정정심판은 특허권자, 통상실시권 허여심판은 특허권자·전용실시권자·통상실시권자, 특허무효심판·존속기간연장등록 무효심판·정정무효심판은 이해관계인과 심사관, 거절결정불복심판은 거절결정 또는 심판의 심결을 받은 자와 그 승계인이다. 그러나 동일한 특허권에 이해관계인이 2인 이상이 있는 경우에는 그 전원이 공동으로 심판을 청구할 수 있다(특§139①).

(2) 형식적 심리

심판청구한 경우에 먼저 방식심리를 한다. 심판장은 심판청구자가 심판청구 방식(특§140①③~⑤, §140의2①)에 위반한 경우(특§141① i) 또는 소정의 수수료를 납부하지 아니하거나 절차적 행위능력의 흠결과 특허관리인의 부존재, 법령에 의한 방식에 위반된 경우에는 상당한 기간을 정하여 그 흠결을 보정할 것을 명(命)하여야 한다(특§141①). 보정명령을 받은 자가 지정된 기간 내에 보정하지 않으면 심판장의 결정으로 심판청구서를 각하하여야 한다(특§141②). 이를 결정각하라고도 한다. 이 결정은 서면으로 하여야 하며 반드시 결정의 이유를 붙여야 하는바 (특§141③) 이는 민사소송법상 재판장의 소장심사권(訴狀審査權) (민소§254)과 같은 규정이다.

방식심리의 결과 적법한 경우는 적법성심리를 한다. 심판청구서에 일정한 형식적 사항을 갖추고 있으면 부적법한 경우라도 수리하여 심리하여야 한다. 그러나 심판청구가 부적법하고 그 흠결을 보정할 수 없는 때(청구기간 경과 후에 한 심판청구 등)에는 피청구인에게 답변서 제출의 기회를 주지 아니하고 심결로써 이를 각하할 수 있다(특§142). 이 심결에 대하여 불복이 있을 때에는 송달받은 날로부터 30일 내에 소를 제기할 수 있다(특§186③).

적법성심리가 적법한 경우에 심판장은 심판청구서를 수리한 때 그 부본(副本)을 피청구인에게 송달하고(당사자계 심판의 경우) 기간을 정하여 답변서를 제출할 수 있는 기회를 주어야 한다(특§147①). 또 심판장은 심리에 필요한 경우에는 구두나 서면으로 심문할 수 있다(특§147③). 그러나 피청구인은 청구서의 송달을 받은 경우 반드시 답변서를 제출할 의무가 있는 것이 아니고, 답변서의 제출 여부는 피청구인의 임의(任意)이다. 그러므로 심판장은 답변서 제출여부에 관계없이 직권으로써 심판절차를 진행할 수 있다.

(3) 심 판 관

심판은 일정한 자격(특§143②)이 있는 심판관 3인 또는 5인의 합의체(특§146①)에 의한다. 합의체의 합의는 과반수에 의하여 결정한다(특§146②). 합의체를 구성해야 할 심판관(심판장은 심판관 중 1인)은 각 심판사건에 대해 특허심판원장이 지정한다(특§144①). 그러나 심판관은 직무상 독립하여 심판한다(특§143③). 또 심판의 공정성을 확보하기 위하여 심판관의 제척(특§148), 기피(특§150), 회피(특§153의2)제도를 두고 있다.

[도표 6] 심사・심판절차[66]

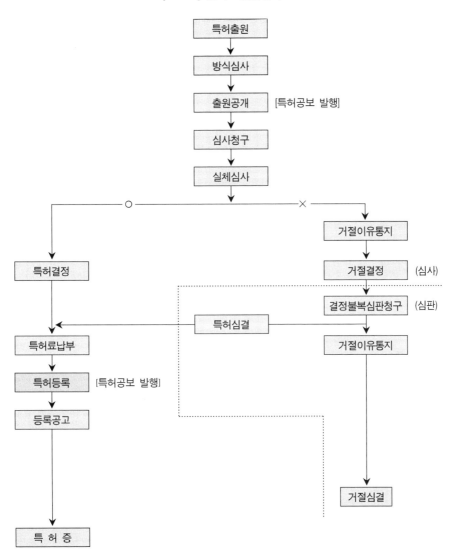

66) 윤선희, 「지적재산권법(14정판)」, 세창출판사(2014), p.155.

결정계사건 (거절결정불복심판의 경우)[67]

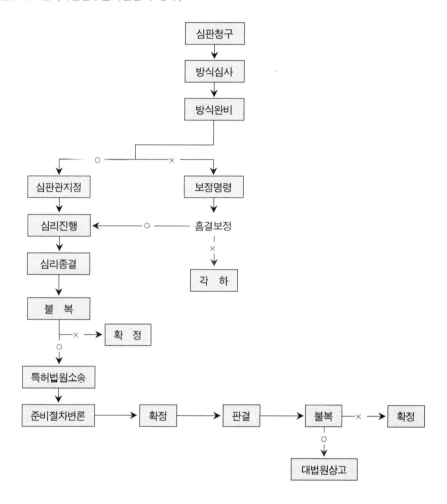

---

67) 윤선희, 「지적재산권법(14정판)」, 세창출판사(2014), p.156.

당사자계 사건[68]

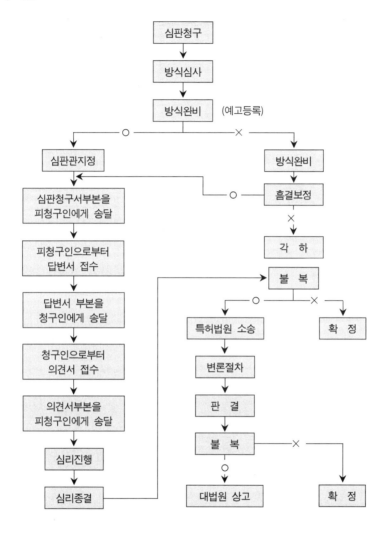

(4) 심리방식

심판의 심리는 구술심리 또는 서면심리로 한다. 심리는 당사자계 심판은 구
술심리를 원칙으로 하고 결정계 심판은 서면심리를 원칙으로 하던 것을 2001년

68) 윤선희, 「지적재산권법(14정판)」, 세창출판사(2014), p.157.

개정시에 운영상의 문제점으로 지적되어 개정하였다. 실무상으로는 서면심리를 원칙으로 하고 다만, 당사자가 구술심리를 신청한 때에는 서면심리만으로 결정할 수 있다고 인정되는 경우 외에는 구술심리를 하여야 한다(특§154 ①). 구술심리로 행한 경우에는 그 심리를 원칙적으로 공개하여야 하나, 공공의 질서 또는 선량한 풍속을 문란케 할 염려가 있는 때에는 그러하지 아니하다(특§154③).

　　심판에 있어서는 심판절차에 관한 주도권을 심판관에게 인정하는 직권주의가 채택되고 있다. 직권주의는 직권탐지주의와 직권진행주의가 있다. 심판은 민사소송법상의 원칙인 변론주의와 달리 직권탐지주의를 채택하고 있다. 즉 당사자의 주장에 의거하지 않고 직권으로 필요한 사실을 탐지하고 증거조사를 할 수 있게 한다. 이것은 특허의 특수성 때문이다. 심판상 직권탐지주의에는 ⅰ) 당사자 또는 참가인이 신청하지 않은 이유에 대해서도 심리할 수 있고, 이 경우 당사자 및 참가인에게 기간을 정하여 그 이유에 대하여 의견을 진술할 수 있는 기회를 주어야 하고(특§159①), ⅱ) 증거조사 및 증거보전은 당사자의 신청에 의한 것 외에 직권으로도 할 수 있다(특§157①). 단, 심판에서는 청구인이 신청하지 아니한 청구의 취지에 대하여는 심리할 수 없다(특§159②). 거절결정 불복심판에서 특허거절결정의 이유와 다른 거절이유를 발견한 경우에는 거절이유를 통지하여야 한다(특§170②).

　　심판장은 당사자 또는 참가인이 법정기간 또는 지정기간 내에 절차를 밟지 아니하거나 구술심리기일에 출석하지 아니하여도 심판을 진행할 수 있다(특§158). 심판절차의 진행을 도모하는 절차를 심판관이 직권으로 행하고, 이것에 관하여 당사자의 신청을 필요로 하지 아니하거나, 또는 신청을 허여하지 않는 방침의 것으로서 법정기간 또는 지정기간의 직권에 의한 연장(특§15), 심리방식의 선택(특§154), 심리의 진행(특§158), 중단 또는 중지한 절차의 수계명령(受繼命令) (특§22⑤) 등에 직권진행주의가 받아들여져 있다.

(5) 참　가

　　참가란 동일한 특허권에 관하여 이해관계가 있는 제3자가 심판계속 중에 그 심판의 한쪽 당사자로 심판절차를 수행하는 것을 말한다. 참가에는 당사자참가(특§155①)와 보조참가(특§155③)가 있다.[69]

---

69) 당사자참가란 원래 당사자로서 심판을 청구할 수 있는 자가 하는 참가로서 동일한 특허권에 관하여 이해관계인이 2인 이상 있을 경우(특§139)와 같이 공동심판청구인의 지위를 가진 자

참가에 대하여는 특허법 제155조(참가), 제156조(참가의 신청 및 결정)에 규정이 있다. 그 이외에 특허법 제171조에는 특허법 제147조 제1항 및 제2항, 제155조, 제156조의 규정을 적용하지 아니한다는 규정이 있다. 즉, 특허법 제155조 제1항 및 제3항의 규정에 의한 참가는 거절결정 등(특§132의3)에는 특허법 제155조, 제156조의 규정을 적용하지 않는다는 규정이므로(특§171 , 실§33, 디§155, 상§82②) 그 이외의 심판에 참가할 수 있다.70) 다만, 정정심판의 경우는 의문이 있다.

참가의 신청은 심리가 종결될 때까지 할 수 있고(특§155①③, 실§33, 디§72, 상§77), 참가의 취하의 시기는 심판청구의 취하(특§161①)에 준하여 심결이 확정될 때까지는 심판청구의 어느 단계에서도 인정된다.

참가인 또는 당해 심판이나 재심에 참가신청을 하였으나 그 신청이 거부된 자는 특허법원에 소를 제기할 수 있다(특§186①②, 실§33, 디§166). 심결이 있는 때에는 심결의 효력은 참가인에게 미친다.

(6) 심리의 병합·분리

심리의 병합이란 2 이상의 심판사건을 동일한 심판절차로 심리하는 것을 말한다. 심리의 병합은 당사자 쌍방이 동일한 경우와 당사자 한쪽이 동일한 경우에 할 수 있고, 분리할 수도 있다(특§160). 심리를 병합하느냐 분리71)하느냐의 판단은 심판관의 재량에 의한다.

가 이해관계인 중 1인의 심판청구에 참가하는 경우를 말하며(특§155①), 보조참가란 당사자의 일방을 보조하기 위한 참가로서 심판의 결과에 대하여 이해관계를 가진 자(예를 들면, 무효심판 대상으로 되어 있는 특허권에 대하여 실시권자 또는 질권 등을 갖는 자) 등이 특허권자에게 참가하는 경우를 말하는데 이 참가인은 피참가인에게 불리한 행위를 할 수 없다(특§155③).

70) 심판의 참가는 당사자계 심판이나 재심에 한하고 상표의 등록거절사건에 관하여는 상표법상 참가의 근거규정이 없으므로 참가신청은 부적법하다 할 것이어서 각하될 수밖에 없다(대법원 1995.4.25.선고, 93후1834 전원합의체 판결; 대법원 1997.7.8.선고, 97후75 판결 참조).

71) 심리분리라 함은 2 이상의 심판사건을 동일한 심판절차에 의해 심리하는 것으로 한 것을 분리하는 것을 말한다. 특허법 제160조, 실용신안법 제33조, 디자인보호법 제72조, 상표법 제77조는 당사자 쌍방 또는 일방이 동일한 2 이상의 심판에 대하여 심리 또는 심결을 병합하거나 분리할 수 있다고 규정하고 있다.

현재 심판사건이 다른 심판사건과 관련성이 없다고 인정되어 동일한 절차로 심판할 필요가 없을 뿐 아니라 오히려 심리의 복잡화 및 지연의 원인이 되고 있다고 인정되는 경우에는 심리를 분리하여 각각 별개의 절차에 의해 심리하여, 절차의 간명과 촉진을 도모하는 것이다.

(7) 심판의 종결

심판은 심결(특§162①), 심판청구의 취하(특§161), 출원의 취하·포기(거절불복심판의 경우)에 의하여 종결된다.

심결은 심판사건을 해결하기 위하여 특허심판원이 심판관 3인 또는 5인을 지정하여 구성한 합의체의 판단이며, 재판에 있어서 종국판결에 해당한다. 이는 서면으로 하여야 하며, 심결한 심판관은 심결문에 기명날인(記名捺印)하여야 한다(특§162②).

심결에는, ⅰ) 심판의 청구를 부적법한 것으로 각하하는 심결, 즉 청구각하의 심결(특§142)과, ⅱ) 원결정 파기(破棄)·환송(還送)(특§176), ⅲ) 청구이유가 없으므로 청구가 성립할 수 없다는 청구기각심결, ⅳ) 심판청구를 인용하는 인용심결 등이 있다.

심판은 특별한 규정이 있는 경우를 제외하고는 심결로써 종결한다(특§162①). 심판장은 사건이 심결할 정도로 성숙한 것으로 판단되면 심리를 마치고 당사자 및 참가인에게 심리종결의 통지를 하여야 한다(특§162③). 심결은 심리종결통지를 한 날로부터 20일 이내에 하여야 한다(특§162⑤). 이 규정은 심판의 지연을 피하려는 훈시적 규정이다.[72] 심리종결통지 후라도 심판장이 필요하다고 인정할 때에는 당사자 또는 참가인의 신청 또는 직권에 의하여 심리를 재개할 수 있다(특§162④). 심판상은 심결 또는 결정이 있는 때에는 그 등본을 당사자, 참가인 및 참가신청을 하였으나 거부된 자에게 송달하여야 한다(특§162⑥).

심결은 심결문의 송달이 있는 날로부터 그 효력이 발생하며 심결에 대하여 불복이 있는 자는 법정기간 내에 특허법원에 소송을 제기할 수 있고 여기에 불복이 있는 자는 대법원에 상고를 제기할 수 있다(특§186). 법정기간 내에 불복절차를 밟지 않거나 불복절차를 밟았으나 심결이 종국적으로 지지를 받아 더 이상 다툴 수 없게 되면 해당 심결은 확정된다. 심결이 확정되면 대세적 효력[73]과 일사부재리의 효력,[74] 심결의 확정력[75]이 생긴다.

---

72) 양승두,「工業所有權法」, 법경출판사, 1984, p.344; 송영식·이상정·황종환,「지적소유권법」, 육법사, 2001, p.406; 대법원 1964.6.23.선고, 63후25 판결; 대법원 1967.5.16.선고, 67후6 판결; 同 1976.9.14.선고, 76후6 판결.

73) 심결의 구속력이란, 심판당사자뿐만 아니라 일반 제3자 및 법원에게도 대세적으로 미치는 효력을 말한다. 예를 들면 특허등록 후(정정, 특허무효, 정정무효)의 심판인 경우에는 소급효가 있다(특§133③).

74) 심결이 확정되면 누구든지 동일사실 및 동일증거에 의하여 다시 심판을 청구할 수 없다. 다

　　심판청구는 심결이 확정될 때까지 이를 취하할 수 있다. 그러나 당사자계심판에서 답변서의 제출이 있는 경우에는 상대방의 동의를 얻어야 하고(특§161①) 동의가 없을 때에는 취하의 효력은 발생하지 아니한다. 또 2 이상의 청구항에 관하여 무효심판 또는 권리범위확인심판을 청구한 때에는 청구항마다 이를 취하할 수 있다(특§161②). 심판청구를 취하한 때에는 그 심판청구 또는 그 청구항에 대한 심판청구는 처음부터 없었던 것으로 본다(특§161③).

　　심판에 있어서 필요한 때에는 그 심판사건과 관련되는 다른 심판의 심결이 확정되거나 소송절차가 완결될 때까지 그 절차를 중지할 수 있고(특§164①), 소송절차에 있어서 필요하다고 인정된 때에는 법원은 특허에 관한 심결이 확정될 때까지 그 소송절차를 중지할 수 있다(특§164②). 또, 법원은 특허권 또는 전용실시권의 침해에 관한 소가 제기된 경우에는 그 취지를 특허심판원장에게 통보하여야 한다. 그 소송절차가 종료된 때에도 또한 같다(특§164③).

　　특허심판원장은 특허권 또는 전용실시권의 침해에 관한 소에 대응하여 그 특허권에 관한 무효심판 등이 청구된 경우에는 그 취지를 특허법 제164조 제3항에 해당하는 법원에 통보하여야 한다. 그 심판청구서의 각하결정·심결 또는 청구의 취하가 있는 때에도 또한 같다(특§164④).

II. 재　심

　　재심이라 함은 확정심결 또는 판결에 재심사유에 해당하는 중대한 하자가 있는 경우에 그 심결 등의 취소(파기)와 사건의 재심판(再審判)을 구하는 비상(非常)의 불복신청을 말한다. 이러한 재심은 다시 심리하는 비상수단적인 구제방법으로 확정판결에 대한 구제수단이라는 점에서 항소·상고와 구별되며, 사실인정의 오류를 시정한다는 점에서 법령의 해석적용의 잘못을 시정하는 비상상고와도 구별된다. 비상구제 방법이므로 법령에 정한 사유에 한하여 그 신청을 허용한다. 심결이 확정된 후에 단순히 그 판단이 부당하다거나 새로운 증거가 발견되었다는 이

만, 확정심결이 각하심결인 경우에는 그러하지 아니하다(특§163). 예를 들면 특허무효와 정정무효의 심판에 있어서 동일사실 및 동일증거에 의거해서 그 심판을 다시 다툴 필요 없기 때문에 이를 피하기 위하여 판결의 기판력(旣判力)에 유사한 효력을 인정한 것이다.

75) 확정심결은 재심사유가 없는 한 취소·변경되지 아니한다(특§178).

유로 모두 재심을 청구한다면 법적 안정성을 해칠 수 있다. 그러나 중대한 하자가 있음에도 불구하고도 그냥 둔다면 심결의 신뢰성이 없어질 수 있으며, 또 사회공평성, 당사자 권리의 구제에도 문제가 발생할 수 있으므로 이를 시정키 위해 재심을 허용하고 있다.

재심사유는 민사소송법을 준용하는 재심사유76)와 심판의 당사자가 공모하거나 당사자의 일방이 부존재(不實在) 또는 당사자적격이 없는 자를 당사자로 하여 제3자의 권리 또는 이익을 사해(詐害)할 목적으로 심결을 하게 한 때에는 제3자는 그 확정된 심판에 대하여 재심을 청구할 수 있다(특§179①).

당사자는 확정된 심결에 대하여 재심을 청구할 수 있다(특§178①, 실§33, 디§158①, 상§83①, 민소§451). 일반적인 재심의 경우 재심의 청구인은 사해심결에 대한 재심의 경우를 제외하고는 원칙적으로 심결을 받은 당사자[전(前)심결의 당사자로서 전부 또는 일부 패소(敗訴)한 자]이다. 즉 결정계심판의 심결에 대한 재심에 있어서는 심판청구인 또는 피청구인이 재심의 청구인이 된다. 당사자계 심결에 대한 재심청구의 경우에는 심판의 상대방을 재심의 피청구인으로 하여야 한다. 그러나 사해심결에 대한 재심청구의 경우에는 당해 심결에 의하여 권리의 침해나 손실을 입은 제3자만이 청구인이 될 수 있다. 이 경우의 피청구인은 원(原)심판의

---

76) 재심의 사유는 민사소송법 제451조와 제453조의 규정을 준용한다(특§178②)고 하였으므로 이 규정을 특허법의 재심에 준용(準用)해 보면 다음과 같다.
  1) 특허법 제146조 제1항에 규정한 심판의 합의체를 구성하지 아니한 때. 예를 들면 심판관의 정족수를 갖추지 못한 심판부를 구성한 경우 등이다.
  2) 특허법상 그 심결에 관여하지 못할 심판관이 심결에 관여했을 경우
  3) 특허의 출원, 심사, 심판절차에 있어서의 대리행위에 있어서 대리권의 흠결이 있는 경우
  4) 심판에 관여한 심판관이 그 사건에 관하여 직무에 관한 죄를 범한 경우
  5) 형사상 처벌을 받을 타인의 행위로 인하여 당사자가 자백을 하였거나 심결에 영향을 미칠 공격 또는 방어 방법의 제출을 방해당하였을 경우. 예를 들면 형법상의 협박 또는 강요된 행위에 의한 경우 등이다.
  6) 심결의 증거가 된 문서 기타 물건이 위조나 변조된 것인 경우
  7) 증인, 감정인, 통역인, 선서한 당사자나 법정대리인의 허위진술이 심결의 증거가 된 경우
  8) 심판의 기초로 된 민사 또는 형사의 판결, 기타의 행정처분이 그 후의 재판 또는 행정처분에 의하여 변경된 경우
  9) 심결에 영향을 미칠 중요한 사항에 관하여 판단을 유탈(遺脫)한 경우1)
  10) 재심을 제기할 심결이 전에 심결한 확정심결과 저촉되는 경우
  11) 당사자가 상대방의 주소 또는 영업소를 알고 있었음에도 불구하고 소재불명 또는 허위의 주소나 거소(居所)로 하여 심판을 청구한 경우.
  이상의 경우라도 당사자가 상소(上訴)에 의하여 그 사유를 주장하였거나 이를 알고 주장하지 않은 때에는 허용되지 않는다(특§178②, 실§33, 디§73, 상§83, 민소§451).

청구인 및 피청구인을 공동피청구인으로 해야 한다(특§179).

　재심은 당사자가 심결확정 후 재심의 사유를 안 날로부터 30일 이내에 청구해야 한다(특§180①). 심결이 확정된 날로부터 3년이 경과한 때에는 법적 안정성의 견지에서 재심을 청구할 수 없다(특§180③). 단 재심사유가 심결확정 후에 생긴 때에는 위의 3년의 기산일은 그 사유가 발생한 날의 다음 날부터 이를 기산(起算)한다(특§180④). 그러나 당해 심결 이전에 행하여진 확정심결과 저촉한다는 이유로 재심을 청구하는 경우에는 기간의 제한이 없다(특§180⑤).

　재심의 청구는 확정심결에 대해 그 취소와 함께 그 확정심결을 대신할 만한 심결을 구하는 복합적인 성격의 것이다. 즉 특허무효의 심결에 대한 재심에 있어서는 특허무효의 심판과 같은 심리를 하고 거절심결에 대한 재심에 있어서는 거절결정불복심판과 같은 심리를 해야 한다. 그러므로 이에 관한 심판절차도 각 해당 심판의 절차에 관한 규정을 준용한다. 다만, 재심에 관하여 특별한 규정이 있는 경우는 예외이다(특§184). 재심의 심리는 재심청구이유의 범위 내에서 하여야 한다(특§185, 민소§459①). 재심은 재심을 제기할 원심판결을 한 심급(審級)의 전속관할이다(특§178②, 민소§453①).

　재심에 의해 회복한 특허권의 효력에는 공평의 원칙에 따라 일정한 제한[77]을 두고 있으며, 일정요건을 구비한 경우에 한하여 법정실시권이 발생하는 경우도 있다.[78]

---

77) 특허법 제181조(재심에 의하여 회복한 특허권의 효력의 제한) ① 다음 각호의 어느 하나에 해당하는 경우에 특허권의 효력은 당해 심결이 확정된 후 재심청구의 등록 전에 선의로 수입 또는 국내에서 생산하거나 취득한 물건에는 미치지 아니한다.
　1. 무효로 된 특허권 또는 존속기간의 연장등록의 특허권이 재심에 의하여 회복된 경우
　2. 특허권의 권리범위에 속하지 아니한다는 심결이 확정된 후 재심에 의하여 이와 상반되는 심결이 확정된 경우
　3. 거절한다는 취지의 심결이 있었던 특허출원 또는 특허권의 존속기간의 연장등록출원이 재심에 의하여 특허권의 설정등록 또는 특허권의 존속기간의 연장등록이 된 경우
② 제1항 각호의 1에 해당하는 경우의 특허권의 효력은 다음 각호의 1의 행위에 미치지 아니한다.
　1. 당해 심결이 확정된 후 재심청구의 등록 전에 한 당해 발명의 선의의 실시
　2. 특허가 물건의 발명인 경우에는 그 물건의 생산에만 사용하는 물건을 당해 심결이 확정된 후 재심청구의 등록 전에 선의로 생산·양도·대여 또는 수입하거나 양도 또는 대여의 청약을 하는 행위
　3. 특허가 방법의 발명인 경우에는 그 방법의 실시에만 사용하는 물건을 당해 심결이 확정된 후 재심청구의 등록 전에 선의로 생산·양도·대여 또는 수입하거나 양도 또는 대여의 청약을 하는 행위

Ⅲ. 소 송

특허법에서 소송이라면 특허권과 그 외의 특허에 관한 소송사건 전부를 말한다. 즉, 특허행정소송, 특허민사소송, 특허형사소송을 말하며 특허법상의 협의의 의미로서는 특허심결취소소송을 특허소송이라 하여, 특허법 제9장(특§186~§191, 실§33)의 규정을 말한다. 즉 특허청 심판원의 심결에 대한 불복은 고등법원격인 특허법원에 심결취소소송을 제기하는 것을 가리킨다. 여기서 심결취소소송이라 함은 특허심판원의 심판의 심결을 받은 자가 불복이 있을 때에는 그 심결이나 결정이 법령에 위반된 것을 이유로 하는 경우에 한하여 심결 또는 결정등본을 받은 날로부터 30일 이내에 특허법원에 그의 취소를 요구하는 것을 말한다.

특허사건은 전문적이고 특수하기 때문에 당사자간의 분쟁이 있거나 거절결정에 불복이 있을 때에는 먼저 행정기관인 특허청 심판소에서 사실심(事實審)을 판단하고, 그 심결에 불복이 있으면 다시 특허청 항고심판소에서 2심을 받을 수 있었다. 그러나 1998년 3월 1일부터는 1심을 특허청 특허심판원에서 사실심 여부를 판단하고, 그 심결에 불복이 있으면 특허법원에 소(訴)를 다시 제기하여 판단을 구할 수 있도록 하였다.[79]

특허법 제186조 제1항은 심결에 대한 소(訴)와 심판청구서나 재심청구서의

---

78) 제182조(재심에 의하여 회복한 특허권에 대한 선사용자의 통상실시권) 제181조 제1항 각 호의 어느 하나에 해당하는 경우에 해당 심결이 확정된 후 재심청구 등록 전에 국내에서 선 의로 그 발명의 실시사업을 하고 있는 자 또는 그 사업을 준비하고 있는 자는 실시하고 있거나 준비하고 있는 발명 및 사업목적의 범위에서 그 특허권에 관하여 통상실시권을 가진다.
제183조(재심에 의하여 통상실시권을 상실한 원권리자의 통상실시권) ① 제138조 제1항 또는 제3항에 따라 통상실시권을 허락한다는 심결이 확정된 후 재심에서 그 심결과 상반되는 심결이 확정된 경우에는 재심청구 등록 전에 선의로 국내에서 그 발명의 실시사업을 하고 있는 자 또는 그 사업을 준비하고 있는 자는 원(原)통상실시권의 사업목적 및 발명의 범위에서 그 특허권 또는 재심의 심결이 확정된 당시에 존재하는 전용실시권에 대하여 통상실시권을 가진다.
② 제1항에 따라 통상실시권을 가진 자는 특허권자 또는 전용실시권자에게 상당한 대가를 지급하여야 한다.
79) 이상경, 「지적재산권소송법」, 육법사, 1998, pp.49~50에 의하면 "특허심판원의 심판에서의 심결과 특허법원의 소송과는 심급적 연결이 단절되고 있는 것이고, 오직 특허법원과 대법원의 심급적 연결이 되어 있을 뿐이고 일반 민사·행정소송사건이 3심제를 취하는 것과는 달리 2심제를 취하고 있다"라고 하여 심결취소소송은 사실심으로서 1심에 한정된 소송이라고 보고 있다.

각하결정에 대한 소(訴)는 특허법원의 전속관할로 한다고 규정하고 있다. 따라서 특허법원에 소(訴)를 제기하려면 심결 또는 결정의 등본을 받은 날로부터 30일 이내에 제기하여야 하며, 특허법원의 판결에 불복이 있으면 대법원에 상고할 수 있도록 하고 있다(특§186⑧).

1994년 7월 14일 임시국회에서 법원조직법을 개정하여 특허청 항고심판소를 폐지하고 1998년 3월 1일부터 고등법원급의 특허법원을 설치하였다. 이로써 구법에서의 당사자계 심판은 특허청 심판소 → 항고심판소 → 대법원이고, 결정계 심판은 특허청 항고심판소 → 대법원이었으나, 신법(新法)에서는 당사자계, 결정계 구별 없이 특허심판원 → 특허법원 → 대법원으로 체계가 바뀌었다. 이에 따라 특허법원은 특허심판원의 심결에 대하여 불복하여 소를 제기하는 경우에 이에 대한 재판을 담당(이 외에도 종자산업법에 따라 농림부 품종보호심판위원회의 심결에 대한 불복소송을 담당함)하고, 대법원에서 파기환송되는 사건을 담당한다. 또, 특허법원은 특허법원장(고등법원장급), 부장판사, 배석판사로 구성된 5개의 합의부와 기술심리관, 사무국으로 이루어져 있으며, 이곳의 심판은 3인의 합의부를 거쳐야 하고, 사실심과 법률심을 다루며 심결취소소송만을 관할하는 성격을 가진다.

이러한 특허법원은 일반 법원과 달리 전국을 관할하고 있다. 특허법원은 ⅰ) 특허법 제186조 제1항, 실용신안법 제33조, 디자인보호법 제166조, 상표법 제85조의3과 ⅱ) 다른 법률에 의하여 특허법원의 권한에 속하는 사건을 담당한다.

특허법원에서의 기술심리관은 소송절차에서 재판장의 허가를 얻어 기술적인 사항에 관하여 소송관계인에게 질문할 수 있고, 재판의 합의과정에서 의견을 진술할 수 있다. 한편, 기술심리관의 제척, 기피, 회피제도도 두고 있다(특§188의2). 또, 특허 및 실용신안사건의 기술내용을 정확히 파악하기 위하여 당사자를 비롯한 관계기술자를 출석시켜 도면, 실물, 모형, 컴퓨터그래픽, 비디오장치 등을 이용하여 기술적 사항에 관한 각자의 주장을 구체적으로 설명하도록 하는 기술설명회를 개최하기도 한다.

특허법원에 소(訴)[80]를 제기하려는 자는 심판의 심결이나 결정등본을 송달받

---

80) 訴라 함은 법원에 대하여 판결의 형식으로 권리보호를 해달라는 당사자의 신청이다. 즉, 원고가 피고를 상대방으로 하여 법원에 대하여 특정의 청구의 당부에 관한 심판을 요구하는 소송행위이다. 訴의 종류에는 이행의 訴, 확인의 訴, 형성의 訴의 세 가지가 있고, 특허소송은 심결을 취소하는 것이어서 그 중 형성의 訴, 즉 형성요건의 존재를 확정하는 동시에 새로운 법률관계를 발생케 하고, 기존의 법률관계를 변동·소멸케 하는 판결을 목적으로 하는 소송으로 보아야 한다고 생각된다(정대훈, "특허소송의 제문제," 1996년 변리사 민사소송실

은 날로부터 30일 이내에 특허법원에 소(訴)를 제기해야 한다(특§186③).[81] 소(訴)를 제기하는 경우 특허심판원에 제출하지 않은 증거는 특허법원에서는 증거가 되지 아니하므로 처음부터 모든 증거를 제출하여야 한다. 한편, 소(訴)의 제기가 있을 때 또 그 상고가 있을 때에는 법원은 지체 없이 그 취지를 특허심판원장에게 통지하여야 하고(특§188①), 이러한 소송절차가 완결된 때에는 지체 없이 그 사건에 대한 각 심급(審級)의 재판서 정본을 특허심판원장에게 송부하여야 한다(특§188②).

행정소송에 있어서는 행정청의 위반처분으로 말미암아 권리를 침해받은 자, 당사자계(當事者系) 행정소송에 있어서는 권리보호의 이익 또는 법률상 이익이 있는 자는 누구나 이의를 제기할 수 있으나, 특허에 관한 심판에 대한 소송에 있어서는 그 심결을 받은 자 또는 심판청구서나 재심청구서의 각하결정을 받은 자, 참가인 또는 당해 심판이나 재심에 참가신청을 하였으나 그 신청이 거부된 자에 한하여 소(訴)를 제기할 수 있다. 소(訴)제기에 있어서는 특허청장을 피고로 하여야 한다. 다만, 당사자계심판에 있어서는 청구인 또는 피청구인을 피고로 하여야 한다[특§187, 실§56, 디자인보호법 제166조(상표법 제85조의3)].

특허법원에서의 심결 등 취소소송절차에는 변리사법 제8조의 규정에 의하여 변호사 외에 변리사에게도 소송대리권을 부여하고 있다. 특허소송에 있어서도 모든 당사자의 소송행위와 같이 소(訴)는 일련의 소송상의 요건을 충족시켜야 한다. 이 중 어느 한 가지라도 결여되어 있는 때에는 법원은 본안심리에 들어가 본안판결을 할 수 없으며, 소(訴)를 부적법하다고 하여 각하하여야 한다. 특허소송은 특허법원의 전속관할이므로 특허법원에 소(訴)를 제기하여야 하고, 만약 다른 법원에 접수되었을 경우 특허법원으로 이송하여야 한다.

특허법원판결에서 취소의 기본이 된 이유는 그 사건에 대하여 특허심판원을 기속한다(특§189③). 즉 심결취소소송에서 그 청구가 이유가 있으면 판결로써 당해 심결 또는 결정을 취소하여야 하고(특§189①), 심판관은 다시 심리하여 심결 또는 결정을 하여야 한다(특§189②).

무연수자료, p.20).
81) 제소기간은 불변기간이다(특§186④). 그러나 심판장은 원격 또는 교통이 불편한 지역에 있는 자를 위하여 직권으로 제4항의 불변기간에 대하여는 부가기간을 정할 수 있다(특§186⑤).

심화학습

(a) 심결취소소송의 심리범위와 관련하여 특허심판원에서 주장하지 않은 사실을 심결취소소송에서 주장할 때 특허법원이 이를 심리할 수 있는지 검토하시오.

(b) 공유인 특허권자 중 1인이 제기한 심결취소소송이 적법한 것인지를 검토하시오.

IV. 상 고

특허법원의 판결에 불복이 있을 때에는 대법원에 상고(上告)할 수 있다[특§186⑧, 실§33, 디자인보호법 제166조(상표법 제85조의3)]. 상고의 제기는 특허법원의 판결서가 송달된 날로부터 2주일 내에 원심법원인 특허법원에 상고장(上告狀)을 제출하여야 한다(민소§425, §396, §397). 상고는 판결에 영향을 미친 헌법·법률·명령 또는 규칙의 위반이 있다는 것을 이유로 하는 때에만 할 수 있으며(민소§423), 민사소송법 제424조에서 규정하는 절대적 상고이유[82]가 있는 경우에 할 수 있다. 판결에는 상고기각(上告棄却), 파기환송(破棄還送), 파기자판(破棄自判)이 있다.

---

82) 民事訴訟法 제424조(절대적 상고이유)
　　① 판결에 다음 각호 가운데 어느 하나의 사유가 있는 때에는 상고에 정당한 이유가 있는 것으로 한다.
　　　1. 법률에 따라 판결법원을 구성하지 아니한 때
　　　2. 법률에 따라 판결에 관여할 수 없는 판사가 판결에 관여한 때
　　　3. 전속관할에 관한 규정에 어긋난 때
　　　4. 법정대리권·소송대리권 또는 대리인의 소송행위에 대한 특별한 권한의 수여에 흠이 있는 때
　　　5. 변론을 공개하는 규정에 어긋난 때
　　　6. 판결의 이유를 밝히지 아니하거나 이유에 모순이 있는 때

제2편

특허법상의 주요논점

제1장 | **특허실체법**

제1절 특허법 총설

I. 발명의 성립성

① 자연법칙의 이용

제2조(정의) 이 법에서 사용하는 용어의 정의는 다음과 같다.
  1. "발명"이라 함은 자연법칙을 이용한 기술적 사상의 창작으로서 고도한 것
  을 말한다.

1. 사 례

(1) 【컴퓨터 프로그램 관련 출원발명의 자연법칙 이용성을 인정한 사례】
  ─ 대법원 2001.11.30.선고 97후2507 판결 ─

가. 사실개요

원고(상고인)는 "기본워드에 서브워드를 부가하여 명령어를 이루는 제어입력
포맷을 다양하게 하고 워드의 개수에 따라 조합되는 제어명령어의 수를 증가시켜
하드웨어인 수치제어장치를 제어하는 방법에 관한 발명"을 1990.6.23.자에 특허
출원하여, 1993.6.24.자로 거절이유통지서를 받고, 동년 8.24.자로 의견서 및 보
정서를 제출한 데 대하여, 상기 의견서 및 보정서에 의하여 재심사한바, 1993.6.
24.자 거절이유의 일부를 해소하지 못하였다는 이유로 1994.3.3.자로 거절사정되
었다. 이에 불복하여 원고는 거절사정불복항고심판을 청구하였으나, 1997.6.30.
자로 항고심판청구를 기각한다는 항고심판소 심리종결통지를 송달받았다. 이에
항고심판소의 심결에 대하여 전부 불복하고 상고장을 제출하였다.

나. 판결요지

출원발명이 기본워드에 서브워드를 부가하여 명령어를 이루는 제어입력포맷

을 다양하게 하고 워드의 개수에 따라 조합되는 제어명령어의 수를 증가시켜 하
드웨어인 수치제어장치를 제어하는 방법에 관한 것으로서, 결국 수치제어 입력포
맷을 사용하여 소프트웨어인 서브워드 부가 가공프로그램을 구동시켜 하드웨어
인 수치제어장치에 의하여 기계식별·제어·작동을 하게 하는 것일 뿐만 아니라
하드웨어 외부에서의 물리적 변환을 야기시켜 그 물리적 변환으로 인하여 실제적
이용가능성이 명세서에 개시되어 있다는 이유로 그 출원발명을 자연법칙을 이용
하지 않은 순수한 인간의 정신적 활동에 의한 것이라고 할 수는 없다고 한 사례.

다. 판결의 의의

이 사건의 발명은 기본워드에 서브워드를 부가하여 명령어를 이루는 제어입
력포맷을 다양하게 하고 워드의 개수에 따라 조합되는 제어명령어의 수를 증가시
켜 하드웨어인 수치제어장치를 제어하는 방법에 관한 것으로서, 원심은 일부청구
항에 인위적 결정이 포함된 발명으로서 컴퓨터 프로그램 관련 발명이 자연법칙을
이용하지 않은 것으로 보았다.

그러나 대법원은 발명의 일부에 인위적 요소가 포함되더라도 발명의 전체로
서 자연법칙을 이용한 것으로 볼 수 있으면 자연법칙을 이용한 발명으로 인정하
였다. 이 판결은 컴퓨터 프로그램 관련 발명에 대한 성립성 중에서 자연법칙의 이
용여부를 구체적으로 판단한 것에 그 의의가 있다.

NOTE

이 판결에 대한 판례 평석은 아래 자료를 참고할 것.

☞ 강동세, "소프트웨어 관련 발명의 발명으로서의 성립성," 대법원판례해설 39호
(2001 하반기) (2002.6), 법원도서관, 264-282면.

---

(2) 【자연법칙을 이용하지 않은 특허출원의 거절 여부(소극)】
— 대법원 2003.5.16.선고 2001후3149 판결 —

가. 사실개요

원고(상고인)는 쓰레기 분리수거를 위한 생활쓰레기 재활용 종합관리방법에
관한 출원발명을 특허출원하였는데, 특허청구범위는 "배출자 신상정보가 입력된
바코드 스티커와 배출 쓰레기가 표시된 달력지는 관할 관청에서 각 배출자에게

배포하고 각 배출자들은 정해진 규정에 의해 정확하게 분리된 쓰레기를 규정 쓰레기 봉투에 담아서 배출하되 반드시 배출자 신상정보가 입력된 바코드 스티커를 쓰레기 봉투에 부착하여 배출하며, 수거자는 배출된 쓰레기를 요일별로 정확하게 분리 수거하여 집하장으로 이송하여 재활용 쓰레기와 매립 소각될 쓰레기를 선별하여 처리과정을 거치며, 잘못 분류된 쓰레기 봉투는 전면에 부착된 바코드를 판독하여 해당 배출자에게 시정명령을 지시하는 각 과정에서 얻어지는 자료들을 축적한 통계로 생활쓰레기를 종합관리하도록 하는 생활쓰레기 재활용 종합관리방법"이다. 원고의 특허출원에 대해 특허청은 산업상 이용할 수 있는 발명에 해당하지 않는다는 이유로 거절결정을 하였다. 이에 불복하여 원고는 특허심판원에 불복심판을 청구하였으나 특허심판원은 자연법칙을 이용한 기술적 사상이라고 볼 수 없다는 이유로 심판청구를 기각하였고(특허심판원 2000.6.30.자 99원1988호 심결) 이어서 원고는 심결을 취소하는 취지의 청구를 특허법원에 제출하였으나 같은 이유로 특허법원 역시 원고의 이 사건 청구는 이유 없다고 판시하면서 청구를 기각하였다(특허법원 2001.9.21.선고 2000허5438 판결).

나. 판결요지

[1] 특허법 제2조 제1호는 자연법칙을 이용한 기술적 사상의 창작으로서 고도한 것을 "발명"으로 정의하고 있고, 위 특허법 제2조 제1호가 훈시적인 규정에 해당한다고 볼 아무런 근거가 없으므로, 자연법칙을 이용하지 않은 것을 특허출원하였을 때에는 특허법 제29조 제1항 본문의 "산업상 이용할 수 있는 발명"의 요건을 충족하지 못함을 이유로 특허법 제62조에 의하여 그 특허출원이 거절된다.

[2] 명칭을 "생활쓰레기 재활용 종합관리방법"으로 하는 출원발명을 구성하는 각 처리단계는 그 판시와 같은 이유로 자연법칙을 이용한 것이라고 할 수 없고, 출원발명 전체적으로 보면 이 사건 출원발명은 바코드스티커, 달력지, 쓰레기 봉투, 그리고 컴퓨터 등을 이용한 바코드 판독 등 하드웨어 및 소프트웨어 수단을 포함하고 있지만, 이 사건 출원발명의 구성요소인 위 각 단계는 위 하드웨어 및 소프트웨어의 결합을 이용한 구체적 수단을 내용으로 하고 있지 아니할 뿐만 아니라, 그 수단을 단지 도구로 이용한 것으로 인간의 정신활동에 불과하고, 위 각 단계로 이루어지고 위 각 단계에서 얻어지는 자료들을 축적한 통계로 생활쓰레기를 종합관리하는 이 사건 출원발명은 전체적으로 보면 그 자체로는 실시할 수 없

고 관련 법령 등이 구비되어야만 실시할 수 있는 것으로 관할 관청, 배출자, 수거자 간의 약속 등에 의하여 이루어지는 인위적 결정이거나 이에 따른 위 관할 관청 등의 정신적 판단 또는 인위적 결정에 불과하므로 자연법칙을 이용한 것이라고 할 수 없으며, 그 각 단계가 컴퓨터의 온라인(on-line)상에서 처리되는 것이 아니라 오프라인(off-line)상에서 처리되는 것이고, 소프트웨어와 하드웨어가 연계되는 시스템이 구체적으로 실현되고 있는 것도 아니어서 이른바 비즈니스모델 발명의 범주에 속하지도 아니하므로 이를 특허법 제29조 제1항 본문의 "산업상 이용할 수 있는 발명"이라고 할 수 없다.

다. 판결의 의의

이 사건 출원발명의 경우 ① 바코드 스티커와 달력지를 관할 관청에서 각 배출자에게 배포하는 제1단계, ② 각 배출자들은 정해진 규정에 의해 바코드 스티커를 쓰레기 봉투에 부착하여 배출하는 제2단계, ③ 수거자가 수거하여 처리과정을 거치는 제3단계, ④ 잘못 분류된 쓰레기봉투는 전면에 부착된 바코드를 판독하여 해당 배출자에게 시정명령을 지시하는 제4단계로 이루어지고, 궁극적으로는 이들 각 단계에서 얻어지는 자료들을 축적한 통계로 생활쓰레기를 종합관리하는 것으로 인간 상호간의 약속과 같은 정신적 활동으로서 사무처리에 관한 것은 산업상 이용할 수 있는 발명에 해당하지 않으므로 특허법 제29조 제1항의 규정에 위배되어 특허 받을 수 없음을 분명히 하고 있다.

이 판결은 BM 발명의 성립성과 자연법칙의 이용여부를 구체적으로 판단하여 그 기준을 제시한 것으로서 의의가 있다.

2. 유사 판례

(1) 【영업방법 발명이 자연법칙을 이용하는 발명에 해당하기 위한 요건】
— 대법원 2008.12.11.선고 2007후494 판결 —

특허법 제2조 제1호는 자연벅칙을 이용한 기술적 사상의 창작으로서 고도한 것을 '발명'으로 정의하고 있으므로, 출원발명이 자연법칙을 이용한 것이 아닌 때에는 구 특허법(2006.3.3. 법률 제7871호로 개정되기 전의 것, 이하 같다) 제29조 제1항 본문의 '산업상 이용할 수 있는 발명'의 요건을 충족하지 못함을 이유로 그 특허출원이 거절되어야 하는바, 특히 정보 기술을 이용하여 영업방법을 구현하는 이른바 영업방법(Business Model) 발명에 해당하기 위해서는 컴퓨터상에서 소프트웨어에 의한 정보처리가 하드웨어를 이용하여 구체적으로 실현되고 있어야 하고(대법원 2003.5.16.선고 2001후3149판결 등 참조), 한편 출원발명이 자연법칙을 이용한 것인지 여부는 청구항 전체로서 판단하여야 하므로, 청구항에 기재된 발명의 일부에 자연법칙을 이용하고 있는 부분이 있더라도 청구항 전체로서 자연법칙을 이용하고 있지 않다고 판단될 때에는 특허법상의 발명에 해당하지 않는다.

원심이 명칭을 '인터넷 커뮤니티상의 개인방 형태의 미니룸 생성 및 관리방법'으로 하는 이 사건 출원발명의 2004.12.30.자로 보정된 특허청구범위 제3항 및 위 보정 전 특허청구범위 제1항은 모두 영업방법 발명의 범주에 속하는 것이나, 그 구성요소인 원심판시 각 단계들이 소프트웨어와 하드웨어의 결합을 이용한 구체적 수단을 내용으로 하고 있지 않을 뿐 아니라, 사용목적에 따른 각 단계별 정보의 연산 또는 가공이 어떻게 실현되는지에 대해 명확하게 기재되어 있지도 않아, 컴퓨터상에서 소프트웨어에 의한 정보처리가 하드웨어를 이용하여 구체적으로 실현되고 있지 않으므로, 전체적으로 볼 때 구 특허법 제29조 제1항 본문의 '산업상 이용할 수 있는 발명'이라고 할 수 없다는 취지로 판단한 것은 정당하고, 상고이유로 주장하는 바와 같은 특허법 제2조 제1호. 구 특허법 제29조 제1항에 관한 법리오해 등의 위법이 없다.

(2) 【자연법칙을 이용하지 않은 특허출원의 거절 여부(소극)】
— 특허법원 2002.1.17.선고 2001허3453 판결 —

「외국어 발음표기 문자를 형성하는 방법에 있어서, 문제에 대한 한글과 외국어의 발음상의 차이에 의하여 표기시에 차이가 생기는 문자들의 표시를 위하여 해당 문자와 발음시에 형성되는 사람의 목구멍의 형상과 헛소리가 발음상 변화를 일으키는 현상과 이에 따른 입술모양에 따라서 문자를 변형시켜서 형성하는 것을 특징으로 하는 외국어 발음표기 문자의 형상방법」은 인위적인 약속에 지나지 않기 때문에 자연법칙을 이용한 것이 아니라고 판단한 사례.

3. 관련 문헌

• 강동세, "소프트웨어 관련 발명의 발명으로서의 성립성," 대법원판례해설 39호(2001

하반기), 법원도서관(2002.6), 264-282면.

- 박성수, "영업방법발명의 발명으로서의 성립성 및 신규성과 진보성의 인정기준," 정보법 판례백선, 박영사, 154-164면.

- _____, "영업방법 특허에 관한 연구: 이른바, BM 특허의 성립성에 관하여," 사법논집 34집(2002.12), 대법원 법원행정처, 131-230면.

- _____, "컴퓨터 소프트웨어의 특허에 관한 연구," 대전지방변호사회지 2호(2002.12) 대전지방변호사회, 210-234면.

- 손경한, "소프트웨어 부쟁과 그 해결," IT분쟁의 효율적 해결: 2003 KCAB- KITAL Seminar, 기술과법연구소, 19-56면.

- 이두형, "최근 지적재산권 판례 동향," 인권과 정의 355호(2006.3), 대한변호사협회, 6-35면.

- _____, "최근 특허 · 실용신안 관련 판례 동향," 지식재산21 95호(2006.4), 특허청, 3-36면.

- 이재환, "전자거래와 지적재산권: 영업방법특허를 중심으로," 재판자료 100집(2003. 7), CYBER LAW의 제문제[하], 법원행정처, 67-120면.

- 정상조, "소프트웨어 특허의 현황과 과제," LAW & TECHNOLOGY 제3권 제6호 (2007.11), 서울대학교 기술과법센터, 40-70면.

- 조영선, "발명의 진보성 판단에 관한 연구," 사법논집 37집, 2004 법원행정처, 97-168면.

- 최성준, "지적재산 소송의 현황과 과제," LAW & TECHNOLOGY 제3호(2005.11), 서울대학교 기술과법센터, 57-74면.

4. 응용문제

A회사는 독자적으로 개발하여 운영 중인 인터넷 커뮤니티상의 개인 홈페이지인 일명 "미니홈피"에 대하여 특허 출원하려 한다. 이때 출원 발명을 "인터넷 커뮤니티상의 개인방 형태의 미니룸 생성 및 관리방법"으로 하여 출원한 경우 특허발명의 대상이 될 수 있는지 논하시오.

② 기술적 사상의 창작

> **제2조(정의)** 이 법에서 사용하는 용어의 정의는 다음과 같다.
> 1. "발명"이라 함은 자연법칙을 이용한 기술적 사상의 창작으로서 고도한 것을 말한다.

1. 사 례

【발명의 완성에 관한 판례】
— 대법원 1994.12.27.선고 93후1810 판결 —

가. 사실개요

원고(상고인)의 대형 칼라브라운관 프레임을 만들고 남은 페스크랩의 중심부에 안내공을 뚫고 여기에 확장성형장치를 사용하여 페스크랩 소재를 가로, 세로의 평면방향으로만 확장시켜 소형 칼라 브라운관의 프레임 소재로 재사용하는 재생활용방법에 관한 특허출원에 대하여 특허청은 등록거절 결정을 하였는바 원고는 이러한 거절결정에 불복하여 심판을 청구하였으나 특허청 심판소는 상고인의 심판청구를 기각하였다(특허청 1993.10.19.자 92항원318 심결). 이에 원고가 상고를 제기하였다.

나. 판결요지

[1] 특허를 받을 수 있는 발명은 완성된 것이어야 하고 완성된 발명이란 그 발명이 속하는 분야에서 통상의 지식을 가진 자가 반복 실시하여 목적하는 기술적 효과를 얻을 수 있을 정도까지 구체적, 객관적으로 구성되어 있는 발명으로 그 판단은 특허출원의 명세서에 기재된 발명의 목적, 구성 및 작용효과 등을 전체적으로 고려하여 출원 당시의 기술수준에 입각하여 판단하여야 할 것이다.

[2] 재생활용방법에 관한 발명은 발명의 목적, 구성 및 작용효과 등을 전체적으로 고려할 때 본원발명이 실시가능할 정도로 구체화되었다고 보기 어렵고, 또한 특허청구범위의 기재에 있어서 발명의 목적을 달성하기 위한 기술적 수단으로서 필수불가결한 장치의 구성이 특허청구범위에 구체적으로 명확하게 기재되었

다고 보기 어려우므로 이와 같은 취지에서 본원특허출원을 거절사정한 원사정을 유지한 원심결의 판단은 그 설시에 적절하지 못한 점이 있으나 정당한 것으로 수긍이 가고, 거기에 소론과 같이 본원발명의 구성이나 발명의 완성 여부에 관한 심리미진이나 법리오해 등의 위법이 있다고 할 수 없다.

다. 판결의 의의

미완성 발명은 발명의 과제를 해결하기 위한 구체적 수단이 결여되어 있거나 제시된 과제해결 수단만에 의해서는 과제의 해결이 불가능한 발명을 말한다. 이 판결은 완성된 발명이란 "그 발명이 속하는 분야에서 통상의 지식을 가진 자가 반복 실시하여 목적하는 기술적 효과를 얻을 수 있을 정도까지 구체적, 객관적으로 구성되어 있는 발명으로 그 판단은 특허출원의 명세서에 기재된 발명의 목적, 구성 및 작용효과 등을 전체적으로 고려하여 출원 당시의 기술수준에 입각하여 판단하여야 할 것"이라고 하여 특허를 받을 수 있는 완성된 발명의 의미와 완성, 미완성의 판단기준을 제시하였다는 점에 그 의의가 있다.

2. 관련 문헌

- 심철환, "2003~2004년도 특허법원 특허·실용신안 관련 중요판결 정리," 특허소송연구 3집(2005.12), 특허법원, 473-524면.
- 서계원, "유전정보 관련 발명의 특허성과 효율적인 법적 보호," 서울대학교 대학원.
- 서영철, "신규 식물발명에 관한 보호법규(上)," 법조 57권 2호(통권617호) (2008.2), 법조협회, 420-452면.
- 이명규, "특허법 제36조 제1항에 있어서 '동일한 발명'의 의미," 특허소송연구 3집(2005.12), 특허법원, 51-74면.
- 이수완, "의약의 용도발명에 있어서의 약리효과와 명세서의 보정," 대법원판례해설 39호(2001 하반기) (2002.6), 법원도서관, 283-309면.
- 정차호, "기능식청구항: 미국과 한국의 적용," 지식재산21 59호(2000.3), 특허청, 57-73면.

3. 응용문제

> 지층 1000㎞ 이하에 존재하여 그동안 발견하지 못했던 암 치료물질 A와 비료로 사용되던 물질 B에서 암치료의 효능을 발견하였다. 암 치료물질 A와 B를 특허출원한 경우에 특허발명의 대상이 되는지를 논하시오.

③ 고 도 성

1. 사 례

【실용신안과 발명간의 창작성의 차이에 대한 판단】
― 대법원 1983.11.22.선고 83후42 판결 ―

가. 사실개요

특허청은 상고인(심판청구인)의 자동판매기의 해약금 불출제어장치의 고안에 관하여 실용신안신청에 거절결정을 하였다. 이에 상고인(심판청구인)은 피상고인(피심판청구인)의 거절결정에 불복하여 특허청 심판소에 심판을 청구하였으나 특허청 심판소는 상고인의 심판청구를 기각하였으며 이어서 항고심판소는 본건 고안이 고안의 목적달성을 위한 기술적 구성이나 이에 따른 작용효과를 알 수 없을 뿐 아니라 당업자가 용이하게 실시할 수도 없다는 이유로 항고를 기각하였다(특허청 항고심판소 1983.4.30.고지 1982 항고심판절 제260호 심결). 이에 불복하여 심판청구인이 상고를 제기하였다.

나. 판결요지

[1] 실용신안법이 정하는 실용적 고안이라 함은 물품의 형상, 구조 또는 조합에 관한 자연법칙을 이용한 기술적 사상의 창작으로서 특허법이 정하는 자연을 정복하고 자연력을 이용하여 일정한 효과를 창출하고 이에 따라 인간의 수요를 충족하는 기술적 사상의 고도의 창작인 발명과 그 성질에서 같으나 다만 고도의 것이 아닌 점에서 다를 뿐이다(실용신안법 제3조 및 특허법 제5조 참조).

[2] 실용신안법에 의하여 장려, 보호, 육성되는 실용신안은 물품의 특수한 형상에 그치는 것이 아니라 그 실용성 즉 실용적 가치 나아가 그 기술적 고안이 대상이 되는 것이며 기술적 사상의 창작으로서 그 작용효과가 등록의 적부를 가리는 중요기준이 되는 것이다.

다. 판결의 의의

특허법이 보호하는 발명은 기술적 사상의 창작으로 고도성을 요건으로 하지만 실용신안법상의 고안의 경우에는 기술적 사상의 창작에 족하며 고도성을 요하지 않는 점에서 차이가 있다. 그러나 고안 역시 등록요건으로서 특허법상 진보성과 유사한 규정(실§4②)을 두고 있어 이 판결은 실용신안법상의 고안과 특허법상의 발명간의 차이를 명확히 규정하였다는 점에서 의의가 있다고 할 수 있다.

2. 관련 문헌

- 강동세, "소프트웨어 관련 발명의 발명으로서의 성립성," 대법원판례해설 39호(2001 하반기) (2002.6), 법원도서관, 264-282면.
- 문찬두, "특허법에 있어서 고도한 것이란," 지식재산21 54호(99.5), 특허청, 103-109면.
- 신성기, "가. 실용신안 고안(考案)에 대한 진보성, 권리침해(동일성) 판단의 기준등 [구 상표법(1990.1.13. 법률 제4209호로 전문 개정되기 전의 것) 제5조]. 등록된 권리 사이의 권리범위확인심판," 대법원판례해설 24호(95년 하반기) (96.5), 법원도서관, 514-533면.
- _____, "등록된 권리사이의 권리범위확인심판의 적부 및 실용신안에 대한 진보성, 권리침해 판단의 기준," 법조 45권 10호(통권481호) (96.10), 법조협회, 162-182면.

3. 응용문제

甲은 자전거의 핸들에 대한 발명을 하여 이를 보호받고자 한다. 甲은 자신의 발명이 진보성이 있는지 확신하지 못하고 있다. 甲이 자신의 발명을 보호받을 수 있는 가장 유리한 방법을 특허와 실용신안 등록요건의 차이점과 함께 논하시오.

II. 특수한 발명

① 선택발명

> 제2조(정의) 이 법에서 사용하는 용어의 정의는 다음과 같다.
> 1. "발명"이라 함은 자연법칙을 이용한 기술적 사상의 창작으로서 고도한 것을 말한다.

1. 사 례

【선택발명의 특허요건과 그 효과의 입증방법】
— 대법원 2003.4.25.선고 2001후2740 판결 —

가. 사실개요

원고는 명칭이 "신경보호성 크로만 화합물"인 발명에 관하여 1994.11.21. 미국에서 국제출원을 한 후(우선권주장: 1994.1.31.자 미국 출원), 이에 기하여 1996. 7.30. 특허청에 출원을 하였다. 특허청은 1999.2.26. 이 사건 출원발명은 그 우선권 주장일 이전에 반포된 간행물에 기재된 발명으로부터 당해 분야에서 통상의 지식을 가진 자가 용이하게 발명할 수 있다는 이유로 거절사정을 하였다. 원고는 위 거절사정에 불복하여 특허심판원에 심판을 청구하였으나, 특허심판원은 이를 심리하여 2000.6.30. 원고의 심판청구를 기각하는 심결을 하였다. 이에 원고가 불복하여 특허법원에 심결취소의 소를 제기하였고, 특허법원은 특허심판원이 2000. 6.30. 99원1208호 사건에 관하여 한 심결을 취소하는 판결을 하였다. 이에 피고가 불복하여 상고한 사안이다.

나. 판결요지

[1] 선행 또는 공지의 발명에 구성요건이 상위개념으로 기재되어 있고 위 상위개념에 포함되는 하위개념만을 구성요건 중의 전부 또는 일부로 하는 이른바 선택발명은, 첫째, 선행발명이 선택발명을 구성하는 하위개념을 구체적으로 개시

하지 않고 있으면서, 둘째, 선택발명에 포함되는 하위개념들 모두가 선행발명이 갖는 효과와 질적으로 다른 효과를 갖고 있거나, 질적인 차이가 없더라도 양적으로 현저한 차이가 있는 경우에 한하여 특허를 받을 수 있고, 이 때 선택발명의 상세한 설명에는 선행발명에 비하여 위와 같은 효과가 있음을 명확히 기재하면 충분하고, 그 효과의 현저함을 구체적으로 확인할 수 있는 비교실험자료까지 기재하여야 하는 것은 아니며, 만일 그 효과가 의심스러울 때에는 출원일 이후에 출원인이 구체적인 비교실험자료를 제출하는 등의 방법에 의하여 그 효과를 구체적으로 주장·입증하면 된다.

[2] 명칭을 "신경보호성 크로만 화합물"로 하는 출원발명에 포함된 화합물 중 화학식(Ⅲ) 화합물의 광학이성질체인 화학식(Ⅳ) 화합물을 바람직한 화합물에서 제외하고 있으며, 실제 약리작용의 면에서 볼 때 광학이성질체에 있어서는 어느 한쪽 광학이성질체의 활성이 우수하다고 하여 다른 쪽 광학이성질체의 활성도 함께 우수하다고 할 수 없고, 오히려 어느 한쪽 광학이성질체의 활성이 우수한 경우에 다른 쪽 광학이성질체는 효과가 떨어지거나 부작용을 일으키기도 하는 것이어서 출원발명의 화합물 중 화학식(Ⅳ)의 효과가 다른 화합물에 비하여 낮을 수 있음이 분명하므로 화학식(Ⅲ) 화합물의 효과에 관한 대비실험자료에 의하여 화학식(Ⅳ) 화합물의 효과까지도 추인하기는 곤란함에도 불구하고, 출원발명익 명세서에서 효과가 뛰어나다고 기재해 놓은 화합물(Ⅲ)에 대한 대비실험자료만을 가지고 출원발명 전체의 효과를 인정한 원심판결을 파기환송한 사례.

다. 판결의 의의

특허법에 존재하지 않는 선택발명이라고 하는 개념에 특허권을 부여하는 이유는, 선행발명의 개시를 넓게 허여하여 발명활동을 장려하는 것과 함께 당해 선행발명을 기재한 선행문헌에 구체적으로 개시되어 있지 않은 유익한 발명에 특허권을 부여함으로써 산업의 발달과 공익의 증진을 도모하고자 함에 있는 것인데, 이는 산업발달을 목적으로 하는 특허법의 정신에 합치되기 때문이다.[1]

이 판결은 선택발명의 의의와 특허법상 발명으로의 성립요건 및 발명의 상세한 설명의 기재 정도를 명확히 하였다는 점에 의의가 있다.

---

1) 東京高判 昭和 56.11.5. 판결, 竹田稔 監修, "特許審査·審判の法理と課題," p.273 참조.

NOTE

이 판결에 대한 판례 평석은 아래 자료를 참고할 것.
☞ 강기중, "가. 선택발명에서의 진보성 판단 방법, 나. 이 사건 특허발명의 진보성 판단의 적법 여부(소극)," 대법원판례해설 45호(2003 상반기), 법원도서관, 439-479면.
☞ 장인석, "중외제약 피나스타 특허소송과 관련한 선택발명에 대한 고찰," 지식과 권리(2005여름호), 대한변리사회, 48-55면.

2. 관련 문헌

- 강기중, "가. 광학이성질체의 용도에 관한 발명이 특허를 받기 위한 요건, 나. 명칭을 '(S) (+)-2-에톡시-4[N-{1-(2-피페리디노페닐)-3-메틸-1-부틸}아미노카보닐메틸] 벤조산을 함유하는 약제학적 조성물'로 하는 출원발명이 광학이성질체의 용도발명으로서 진보성이 있다고 한 사례," 대법원판례해설 48호(2003 하반기) (2004.7), 법원도서관, 270-306면.
- _____, "선택발명의 특허요건과 그 효과의 입증방법," 정보법 판례백선, 박영사, 99-105면.
- _____, "특허침해소송의 구조와 판례동향," 인권과 정의 342호(2005.2), 대한변호사협회, 34-55면.
- 박길채, "선택발명의 명세서 기재 요건," 지식재산21 96호(2006.7), 특허청, 116-136면.
- 박성수, "특허청구범위의 정정이 특허청구범위를 확장하거나 변경하는 경우에 해당하는지 여부에 관한 판단기준," 정보법 판례백선 I , 박영사, 689-697면.
- 설범식, "2005년도 특허법원 특허·실용신안 관련 중요판결 정리," 특허소송연구 3집(2005.12), 특허법원, 565-596면.
- 성기문, "특허발명의 보호범위와 제 침해에 관한 실무적 고찰," 사법논집 제41집 41집(2005.12), 법원도서관, 411-530면.
- 최성준, "선택발명의 특허요건," LAW & TECHNOLOGY 제3권 제6호(2007.11), 서울대학교 기술과법센터, 134-145면.
- 한규현, "의약의 용도발명과 명세서 기재요건," 대법원판례해설 53호(2004 하반기) (2005.6), 법원도서관, 353-380면.

3. 응용문제

甲은 자전거 핸들(A)과 바퀴(B), 몸체(C) 및 체인(D)으로 구성된 자전거에 대하여 특허출원하여 등록된 특허권자이다. 乙은 甲의 특허발명에서 몸체(C)부분 중 의자부분을 일자모양으로 변형하여 불편한 점을 해소한 것에 특징이 있는 몸체(C')와 자전거 핸들(A)과 바퀴(B) 및 체인(D)으로 구성된 자전거를 출원한 경우 乙의 등록가능성을 논하시오.

② 용도발명

1. 사 례

【의약의 용도발명에 있어서 발명의 특허청구범위의 기재내용】
— 대법원 2004.12.23.선고 2003후1550 판결 —

가. 사실개요

X(출원인, 피상고인)는 명칭이 '맥관형성을 억제하기 위한 조성물'인 발명(이하 '이 사건 출원발명'이라 한다)을 출원하였는데 특허청은 이 사건 출원발명의 특허청구범위가 불명확할 뿐만 아니라 발명의 상세한 설명에 의하여 뒷받침되지도 아니하므로, 특허법 제42조 제3항 및 제4항에 위배된다는 이유로 이 사건 출원발명을 거절결정하였다. X는 이에 불복하여 거절결정불복심판을 청구하였는데, 특허심판원은 이 사건 출원발명이 맥관형성 억제와 그 상관관계를 확인할 수 없는 다양한 질병들의 치료 및 예방 등에 대하여 활성기전에 의한 기능적 표현으로 의약용도를 청구한 것이어서 특허법 제42조 제3항 및 제4항에 위배된다는 이유로 X의 청구를 기각하였다. X는 다시 이에 불복하여 특허법원에 심결취소소송을 제기하였는데, 특허법원은 공지 문헌의 기재에 의하면 이 사건 출원발명의 출원 당시 이미 맥관형성 억제와 질병 사이의 상관관계가 공지된 것으로 보이고, 맥관형성 기전 또한 이 사건 출원발명의 출원 당시에 이미 공지된 것임이 명백하므로, 이 사건 출원발명에서 그 청구범위에 특정 질병명이 아닌 맥관형성 억제 자체를 의약

용도로서 기재하였다고 하더라도, 그 명세서의 기재가 특허법 제42조 제3항 및 제4항에 위배되는 것은 아니라고 판단하여 심결을 취소하였다. 이에 불복하여 특허청장이 상고를 제기하였다.

나. 판결요지

[1] 의약의 용도발명에 있어서는 특정 물질이 가지고 있는 의약의 용도가 발명의 구성요건에 해당하므로, 발명의 특허청구범위에는 특정 물질의 의약용도를 대상 질병 또는 약효로 명확히 기재하여야 한다.

[2] 특허출원서에 첨부하는 명세서에 기재될 '발명의 상세한 설명'에는 그 발명이 속하는 기술분야에서 통상의 지식을 가진 자가 당해 발명을 명세서 기재에 의하여 출원시의 기술 수준으로 보아 특수한 지식을 부가하지 않고서도 정확하게 이해할 수 있고 동시에 재현할 수 있도록 그 목적·구성·작용 및 효과를 기재하여야 하고, 특히 약리효과의 기재가 요구되는 의약의 용도발명에 있어서는 그 출원 전에 명세서 기재의 약리효과를 나타내는 약리기전이 명확히 밝혀진 경우와 같은 특별한 사정이 있지 않은 이상 특정 물질에 그와 같은 약리효과가 있다는 것을 약리데이터 등이 나타난 시험 예로 기재하거나 또는 이에 대신할 수 있을 정도로 구체적으로 기재하여야만 비로소 발명이 완성되었다고 볼 수 있는 동시에 명세서의 기재요건을 충족하였다고 볼 수 있다.

다. 판결의 의의

이 사건 출원발명은 일반식의 화합물에 맥관형성을 억제하는 특정한 성질(속성)이 있다는 사실의 발견에 기초하여, 이와 같은 성질을 이용하여 비조절된 맥관형성을 치료 또는 예방할 수 있다는 의약의 용도발명이다. 따라서 이 사건 출원발명은 의약의 용도발명으로서 그 특허청구범위에 의약용도가 명확히 표시되어야 하고, 발명의 상세한 설명에 이 사건 화합물이 비조절된 맥관형성에 대한 억제효과가 있다는 것, 즉 이 사건 화합물의 약리효과를 이해할 수 있을 정도로 기재될 것을 요한다.

이 판결은 약리효과의 기재가 요구되는 의약의 용도발명에 있어서 발명의 상세한 설명의 기재요건과 그 특허청구범위의 기재형식에 관하여 명확히 한다는 점에 그 의의가 있다.

NOTE

이 판결에 대한 판례 평석은 아래 자료를 참고할 것.

☞ 강춘원, "의약 용도발명 특허청구범위의 명확성," 지식재산21 102호(2008.1), 특허청, 104-113면.

☞ 한규현, "의약의 용도발명과 명세서 기재요건," 대법원판례해설 53호(2004 하반기), 법원도서관, 353-380면.

2. 관련 문헌

- 강춘원, "의약 용도발명 특허청구범위의 명확성," 지식재산21 102호(2008.1), 특허청, 104-113면.

- 박길채, "선택발명의 명세서 기재 요건," 지식재산21 96호(2006.7), 특허청, 116-136면.

- 박성수, "특허청구범위의 정정이 특허청구범위를 확장하거나 변경하는 경우에 해당하는지 여부에 관한 판단기준," 정보법 판례백선, 박영사, 689-697면.

- 설범식, "특허·실용신안·디자인·상표의 등록 및 심판절차의 이해," 재판자료. 제112집: 전문분야 법관연수 자료집[상], 법원도서관, 183-256면.

- 이두형, "최근 지적재산권 판례 동향," 인권과 정의 355호(2006.3), 대한변호사협회, 6-35면.

- _____, "최근 특허·실용신안 관련 판례 동향," 지식재산21 95호(2006.4), 특허청, 3-36면.

- 최성준, "의약의 용도발명에 있어서의 약리효과 기재 정도," LAW & TECHNOLOGY 제2호(2005.9), 서울대학교 기술과법센터, 133-139면.

- 한규현, "의약의 용도발명과 명세서 기재요건," 대법원판례해설 53호(2004 하반기)(2005.6), 법원도서관, 353-380면.

3. 응용문제

甲은 공지의 화학물질 A에서 고혈압을 치료하는 효능을 발견하였다. 이에 A를 고혈압 치료제로서 출원하는 경우 등록가능성을 논하시오.

③ 미생물 관련 발명

1. 사 례

(1) 【미생물을 이용한 발명에 있어서 출발 미생물들이 당업자가 용이하게 얻을 수 있는 것인 경우, 최종 생성물이나 중간 생성물의 기탁 요부(소극)】
— 대법원 2002.11.8.선고 2001후2238 판결 —

가. 사실개요

원고 보드 오브 리젠츠 오브 디 유니버시티 오브 워싱턴은 적혈구 형성과정을 조절하는 데 중요한 역할을 하는 호르몬인 에리트로포이에틴을 유전공학적으로 생산하는 기술에 관한 이 사건 출원발명의 특허권자이다. 특허심판원은 이 사건 출원발명은 반복재현을 위하여 꼭 필요한 미생물을 기탁하지 않았고 그 용이입수성도 입증되지 아니하여, 해당 기술분야에서 통상의 지식을 가진 자가 용이하게 실시할 수 있을 정도로 명세서가 기재되지 않았다는 이유로 특허등록을 거절사정하였다. 불복한 원고는 거절사정 불복심판청구를 하였고 특허심판원은 이를 기각하는 내용의 심결을 하였다. 원고는 불복하고 이에 상고를 제기하였다.

나. 판결요지

구 특허법시행령(1987.7.1. 대통령령 제12199호로 개정되기 전의 것) 제1조 제2항, 제3항은 미생물을 이용한 발명에 대하여 특허출원을 하고자 하는 자는 특허청장이 지정하는 기탁기관에 그 미생물을 기탁하고 그 기탁사실을 증명하는 서면을 출원서에 첨부하여야 하며, 다만 그 미생물이 그 발명이 속하는 기술분야에서 통상의 지식을 가진 자(당업자)가 용이하게 얻을 수 있는 때에는 기탁을 하지 아니할 수 있다고 규정하고 있는바, 이 규정의 취지는 극미의 세계에 존재하는 미생물의 성질상 그 미생물의 현실적 존재가 확인되고 이를 재차 입수할 수 있다는 보장이 없는 한 그 발명을 재현하여 산업상 이용할 수 없기 때문이라 할 것이고, 다만 최종 생성물이나 중간 생성물은 비록 그 자체가 기탁되어 있지 아니하더라도 이를 생성하는 과정에 필요한 출발 미생물들이 당업자가 용이하게 얻을 수 있는 것이고, 또 명세서에 이를 이용하여 중간 생성물이나 최종 생성물을 제조하는 과정이 당업자가 용이하게 재현할 수 있도록 기재되어 있는 경우라면 그 최종 생성물이나 중간 생성물 자체의 기탁을 요구할 것은 아니다.

다. 판결의 의의

미생물 관련 발명에 대하여 종래에는 반복생산가능성이 없다는 이유로 특허법상의 발명인지에 견해 대립이 있었다. 그러나 생명체의 기본물질인 DNA의 구조가 밝혀지고 유전공학기술이 급속도로 발전함에 따라서, 미생물생산의 반복가능성의 문제도 해결이 가능하게 되어 미생물 관련 발명은 특허법상 발명으로 인정되고 있다. 다만 미생물 관련 발명을 출원하는 경우 그 미생물을 용이입수할 수 없다면 미생물을 기탁하여야 한다.

이 판결은 생산과정에 필요한 출발미생물에 의하여 용이하게 제조할 수 있는 경우로서 생산과정 중 일부 미생물이 용이입수할 수 없더라도 그 출발미생물이 공지공용된 것이거나 당업자가 용이하게 입수할 수 있다면 이를 기탁하지 않아도 된다는 것으로 미생물 관련 발명에 관하여 기탁여부에 기준이 되는 미생물의 용이 입수여부에 대하여 구체적으로 판단하였다는 점에 의의가 있다.

(2) 【특재조합 DNA기술과 같은 유전공학관련 발명에 있어서 발명으로서 완성되었다고 하기 위한 요건】
― 대법원 1992.5.8.선고 91후1656 판결 ―

가. 사실개요

원고는 "인간 에리트로포이에틴(EPO, 이하 'EPO'라고 줄여쓴다)을 코딩하는 게놈 DNA를 함유한 재조합 DNA 벡타에 의해 형질전환된 포유류 세포를 적당한 배지에서 배양하여 EPO활성을 갖는 당단백질을 분리함을 특징으로 하는 EPO의 제조방법"에 관하여 특허청에 출원[본원발명은 1988.11.29. 특허청 1986년 특허출원(최초출원 1985.12.3.)으로부터 분할출원된 것이다]을 하였다. 특허청은 1984.12.13. 출원된 "천연 EPO의 일부 또는 전체 1차구조 및 한 가지 이상의 생물적 특성을 가지며 외생 DNA서열을 진핵 또는 원핵 형질발현시킨 생성물임을 특징으로 하는 정제 및 분리된 폴리펩티드에 관한 발명"을 인용발명으로 하여 출원발명은 인용발명의 출원서에 첨부된 명세서와 특허청구의 범위에 기재된 발명과 동일하므로 구 특허법(1990.1.13. 법률 제4207호로 개정되기 이전의 것) 제6조의2에 의하여 특허를 받을 수 없다고 판단하여 거절사정을 하였다. 이에 불복하여 원고는 거절사정불복항고심판을 청구하였으나, 항고심판청구를 기각한다는 항고심판소 심리종결통지를 송달받았다. 이에 항고심판소의 심결에 대하여 전부 불복하고 상고장을 제출하였다.

나. 판결요지

[1] 유전자의 본체는 DNA이고 그 염기서열의 특성에 따라 개개의 유전자가 규정되므로 재조합 DNA기술과 같은 유전공학관련 발명에 있어서 외래유전자는 원칙적으로 유전암호인 염기서열로 특정되어야 하고, 염기서열로 특정할 수 없을 때에 한하여 외래유전자의 기능, 이화학적 성질, 기원, 유래, 제조법 등을 조합시켜 특정할 수 있으나, 어느 경우라도 발명으로서 완성되었다고 하려면 기술기재 정도가 그 기술분야에 있어서 통상의 지식을 가진 자가 명세서에 기재된 바에 따라 반복실시하여 목적하는 기술적 효과를 얻을 수 있을 정도로 구체적, 객관적으로 개시되어 있어야 하고, 그 외래유전자의 취득이 가능하여 산업상 이용할 수 있어야 할 것이다.

[2] 인용발명이 그 명세서에 외래유전자인 인간 EPO 게놈 DNA의 취득과정과 이를 이용한 EPO의 제조과정이 상세히 기재되어 있을 뿐 외래유전자인 인간 EPO 게놈 DNA의 염기서열이 명확하지 아니하고, 외래유전자인 인간 EPO 게놈 DNA가 지정기관에 기탁도 되어 있지 아니하여 용이하게 이를 얻을 수 없다면, 인용발명은 명세서에 기재된 기술구성이 당해 발명이 속하는 분야에서 통상의 지식을 가진 자가 명세서의 기재에 의하여 반복실시하여 목적하는 기술적 효과를 얻을 수 있을 정도까지 구체적, 객관적으로 개시되어 있다고 할 수 없으므로 완성된 발명이라 할 수 없다고 한 사례.

다. 판결의 의의

미생물 관련 발명에서 반복생산가능성과 관련하여 당업자가 미생물을 용이하게 입수할 수 없다면 완성된 발명이라 할 수 없다.

이 사건에서 인용발명은 그 명세서에 외래유전자인 인간 EPO 게놈 DNA의 취득과정과 이를 이용한 EPO의 제조과정이 상세히 기재되어 있을 뿐 외래유전자인 인간 EPO 게놈 DNA의 염기서열이 명확하지 아니하다는 것이고, 거기에다가 외래유전자인 인간 EPO 게놈 DNA가 지정기관에 기탁도 되어 있지 아니하여 용이하게 이를 얻을 수 없다면, 인용발명은 명세서에 기재된 기술구성이 당해 발명이 속하는 분야에서 통상의 지식을 가진 자가 명세서의 기재에 의하여 반복실시하여 목적하는 기술적 효과를 얻을 수 있을 정도까지 구체적, 객관적으로 개시되어 있다고 할 수 없으므로 완성된 발명이라 할 수 없을 것이다.

이 판결은 미생물 관련 발명에서 당업자가 미생물을 용이하게 입수할 수 없는 경우 이를 기탁하지 아니하면 그 발명은 미완성발명임을 명확히 하는 것으로서 의미가 있다.

2. 관련 문헌

- 강기중, "가. 특허발명과 (가)호 발명의 균등관계 여부의 판단 기준, 나. 특허발명의 출원과정에서 특정 구성이 특허청구범위로부터 의식적으로 제외된 것인지 여부의 판단 방법, 다. 출원인이 특허발명의 특허청구범위 제1항에 DNA 서열의 기재를 추가하여 보정을 함에 있어서 추가된 DNA 서열과 균등관계에 있는 것을 자신의 권리범위에서 제외할 의도였다고 단정하기 어렵다고 본 사례," 대법원판례해설 43호 (2002 하반기), 법원도서관, 481-509면.
- 박성호, "우리나라의 생명공학특허제도와 '유전자원'의 보호문제: TRIPs 협정 제27조 제3항 (b)의 재검토와 관련하여," 한양법학 10집(99.12), 한양법학회, 131-150면.
- 이명규, "특허법 제36조 제1항에 있어서 '동일한 발명'의 의미," 특허소송연구 3집 (2005.12), 특허법원, 51-74면.

3. 응용문제

甲은 새로운 미생물 A와 이를 이용하여 제조한 발효식품 B에 대하여 특허출원하려고 한다. 甲은 특허출원하면서 명세서에 미생물 A의 입수방법을 기재하였으나 이를 기탁하지 않았다. 출원발명의 등록가능성에 대해 논하시오.

Ⅲ. 직무발명

1 직무발명 성립성

◎ 발명진흥법 ◎

제2조(정의) 이 법에서 사용하는 용어의 뜻은 다음과 같다.

　2. "직무발명"이란 종업원, 법인의 임원 또는 공무원(이하 "종업원 등"이라 한
　　다)이 그 직무에 관하여 발명한 것이 성질상 사용자·법인 또는 국가나 지
　　방자치단체(이하 "사용자 등"이라 한다)의 업무 범위에 속하고 그 발명을 하
　　게 된 행위가 종업원 등의 현재 또는 과거의 직무에 속하는 발명을 말한다.

제10조(직무발명) ① 직무발명에 대하여 종업원 등이 특허, 실용신안등록, 디자
　　인등록(이하 "특허 등"이라 한다)을 받았거나 특허 등을 받을 수 있는 권리를
　　승계한 자가 특허 등을 받으면 사용자등은 그 특허권, 실용신안권, 디자인권
　　(이하 "특허권 등"이라 한다)에 대하여 통상실시권(通常實施權)을 가진다.

　　② 제1항에도 불구하고 공무원의 직무발명에 대한 권리는 국가나 지방자치단
　　체가 승계하며, 국가나 지방자치단체가 승계한 공무원의 직무발명에 대한 특
　　허권 등은 국유나 공유로 한다. 다만,「고등교육법」제3조에 따른 국·공립학
　　교(이하 '국·공립학교'라 한다) 교직원의 직무발명에 대한 권리는「기술의 이
　　전 및 사업화 촉진에 관한 법률」제11조 제1항 후단에 따른 전담조직(이하 '전
　　담조직'이라 한다)이 승계하며, 전담조직이 승계한 국·공립학교 교직원의 직
　　무발명에 대한 특허권 등은 그 전담조직의 소유로 한다.

　　③ 직무발명 외의 종업원 등의 발명에 대하여 미리 사용자 등에게 특허 등을
　　받을 수 있는 권리나 특허권 등을 승계시키거나 사용자등을 위하여 전용실시
　　권(專用實施權)을 설정하도록 하는 계약이나 근무규정의 조항은 무효로 한다.

　　④ 제2항에 따라 국유로 된 특허권 등의 처분과 관리는「국유재산법」제8조
　　에도 불구하고 특허청장이 이를 관장하며, 그 처분과 관리에 필요한 사항은
　　대통령령으로 정한다〈개정 2009.1.30〉.

1. 사 례

【직무발명에 있어서 '발명을 하게 된 행위가 업무에 속하는 것'의 의미에 대한 판단】
— 대법원 1991.12.27.선고 91후1113 판결 —

가. 사실개요

상고인(심판청구인)은 피상고인(피심판청구인) 회사의 공작과 기능직사원으로 입사하여 피상고인 회사를 퇴직할 때까지 동 회사 공작과 내 여러 부서에 숙련공으로 근무하면서 금형제작, 센터핀압입기제작, 치공구개발 등의 업무에 종사하였다. 상고인은 피상고인 회사의 당해 등록고안의 진정한 고안자는 상고인이나 직속상사와 공동으로 되어 있으며 또한 고안자로부터 특허받을 권리를 정당하게 승계받지 아니하고 피상고인이 출원등록하였다는 이유로 구 실용신안법 제19조 제1항 제2호에 기하여 등록무효심판을 청구하였다. 이에 대하여 특허청 심판소는 상고인의 심판청구를 기각하였으며 이에 상고인은 특허청 항고심판소에 항고하였다. 항고심판소는 본건 고안이 직무발명에 해당하며 모인출원으로 보여지지 아니한다는 이유로 항고를 기각하였다(특허청 1991.7.12.자 90항당371 심결). 이에 불복하여 상고를 제기하였다.

나. 판결요지

[1] 직무발명에 관한 규정인 구 특허법 제17조 제1항의 "그 발명을 하게 된 행위가 피용자 등의 현재 또는 과거의 업무에 속하는 것"이라 함은 피용자가 담당하는 직무내용과 책임 범위로 보아 발명을 꾀하고 이를 수행하는 것이 당연히 예정되거나 또는 기대되는 경우를 뜻한다.

[2] 악기 회사의 공작과 기능직사원으로 입사하여 회사를 퇴직할 때까지 공작과 내 여러 부서에 숙련공으로 근무하면서 금형제작, 센터핀압입기제작, 치공구개발 등의 업무에 종사한 자가 피아노 부품의 하나인 플랜지의 구멍에 붓싱을 효과적으로 감입하는 장치를 고안한 경우, 위 근무기간 중 위와 같은 고안을 시도하여 완성하려고 노력하는 것이 일반적으로 기대되므로 위 고안이 직무발명에 해당한다.

[3] 실용신안법은 발명자주의를 취하기 때문에 직무발명에 의한 고안의 실용신안을 받을 권리는 당연히 그 고안자인 피용자라 하겠으므로 그 사용자가 그 고안의 출원을 하기 위하여는 미리 그 고안자로부터 실용신안을 받을 권리를 양도받아야 할 것인바, 고안이 완성될 당시의 인사관리규정 등에 대하여 심리하는 등 그 권리의 승계 여부에 관하여 심리함이 없이 사용자에 의한 출원이 모인출원이 아니라고 함으로써 채증법칙 위반 또는 심리미진의 위법을 저질렀다고 하여 원심결을 파기한다.

다. 판결의 의의

직무발명이란 종업원 등이 그 직무에 관하여 발명한 것이 성질상 사용자 등의 업무 범위에 속하고 그 발명을 하게 된 행위가 종업원 등의 현재 또는 과거의 직무에 속하는 발명을 말한다. 이 판결에서 법원은 직무발명의 요건인 '발명을 하게 된 행위가 업무에 속하는 것'의 의미에 대하여 "피용자가 담당하는 직무내용과 책임범위로 보아 발명을 꾀하고 이를 수행하는 것이 당연히 예정되거나 또는 기대되는 경우를 의미한다"라고 판시함으로써 그 판단의 기준을 제시하고 있음에 의의가 있다.

2. 관련 문헌

- 구대환, "직무발명의 귀속과 보상: 한국과 미국을 중심으로," 법학 46권 3호(136호) (2005.9), 서울대학교법학연구소, 159-200면.
- 김병일, "직무발명제도와 종업원과 사용자간의 법률문제," 지적소유권법 연구 4집 (2000.6), 한국지적소유권학회, 373-397면.
- ____, "특허법상의 직무발명제도 및 그 문제점," 연세법학연구 6집 1권(1999.6), 연세대학교 법과대학 법률문제연구소, 411-434면.
- 김수동, "국·공립대학교수의 직무발명과 활성화에 관한 법리 및 제도적 고찰," 지식재산21 제94호(2006.1), 특허청, 136-165면.
- 박성호, "업무상 작성한 저작물의 저작자 지위에 관한 연구: 저작권법 제9조를 중심으로," 서울대학교, 2009.
- 오창국, "직무발명에 대한 고찰," 법조 51권 8호(통권551호) (2002.8), 법조협회, 148-

175면.

- 윤선희, "종업원발명," 법조 52권 1호(통권556호) (2003.1), 법조협회, 21-57면.
- _____, "판례에서 본 직무발명제도," 직무발명과 특허권 학술 Seminar(2006) 한국지적재산권학회, 1-22면.
- 이승길, "기업의 직무발명과 그 보상에 대한 연구," 노동법연구 13호(2002.12), 서울대학교 노동법연구회, 247-300면.
- 이재성, "직무발명의 의의와 관련제도1," 발명특허 28권 2호(320호) (2003.2), 한국발명진흥회, 24-41면.
- _____, "직무발명의 의의와 법적보호1," 지식재산 21 75호(2002.11), 특허청, 99-120면.
- 이회기, "직무발명에 대한 소고," 특허소송연구 3집(2005.12), 특허법원, 97-140면.
- 정상조, "대학교수의 특허권: 자유발명인가 직무발명인가," 법조 49권 5호(통권524호) (2000.5), 법조협회, 83-109면.
- 정차호, "2006년 개정 직무발명제도의 제 문제점 및 재개정방안," 창작과 권리 48호 (2007년 가을호), 세창출판사, 2-34면.
- 조현래, "대학기술이전전담조직의 활성화를 위한 법적과제," 산업재산권 18호(2005.11), 한국산업재산권법학회, 133-172면.

3. 응용문제

핸드폰 제조회사의 액정화면의 연구원 甲은 자동차 에어백에 대한 발명 A를 완성하였고, 같은 회사의 회계부서에서 근무하는 乙은 핸드폰의 액정화면에 대하여 발명 B를 완성하였다. 단 乙은 발명을 완성하기 한달 전까지 액정화면을 연구하는 부서의 연구원이었으나 최근 부서를 변경한 것이다. 甲과 乙 모두 입사시 회사와 예약승계에 대한 계약을 한 경우 발명 A, B가 직무발명으로서 예약승계의 가능성을 논하시오.

② 사용자와 종업원의 권리·의무

◎ 발명진흥법 ◎

제10조(직무발명) ① 직무발명에 대하여 종업원 등이 특허, 실용신안등록, 디자인
등록(이하 "특허 등"이라 한다)을 받았거나 특허 등을 받을 수 있는 권리를 승계
한 자가 특허 등을 받으면 사용자 등은 그 특허권, 실용신안권, 디자인권(이하
"특허권 등"이라 한다)에 대하여 통상실시권을 가진다.

제12조(직무발명 완성사실의 통지) 종업원 등이 직무발명을 완성한 경우에는 지
체 없이 그 사실을 사용자등에게 문서로 알려야 한다. 2명 이상의 종업원 등이
공동으로 직무발명을 완성한 경우에는 공동으로 알려야 한다.

제13조(승계 여부의 통지) ① 제12조에 따라 통지를 받은 사용자등(국가나 지방
자치단체는 제외한다)은 대통령령으로 정하는 기간에 그 발명에 대한 권리의
승계 여부를 종업원 등에게 문서로 알려야 한다. 다만, 미리 사용자등에게 특허
등을 받을 수 있는 권리나 특허권 등을 승계시키거나 사용자등을 위하여 전용
실시권을 설정하도록 하는 계약이나 근무규정이 없는 경우에는 사용자등이 종
업원 등의 의사와 다르게 그 발명에 대한 권리의 승계를 주장할 수 없다.

제15조(직무발명에 대한 보상) ① 종업원 등은 직무발명에 대하여 특허 등을 받을
수 있는 권리나 특허권 등을 계약이나 근무규정에 따라 사용자등에게 승계하게
하거나 전용실시권을 설정한 경우에는 정당한 보상을 받을 권리를 가진다.

1. 사 례

(1) 【직무발명에 대한 통상실시권은 직무발명 완성 당시의 사용자가 취득하는
것인지 여부(적극)】
― 대법원 1997.6.27.선고 97도516 판결 ―

가. 사실개요

1987.7.13. A회사의 직원들(이하 '甲')이 완성한 전열기구 온도조절장치에 대
한 고안을 A회사 명의로 실용신안출원하였다가 1989년경 위 실용신안에 관한 권
리를 동 회사의 직원들인 甲에게 양도함에 따라 같은 해 3.31. 그 출원인 명의가
甲으로 변경되어 동인들 명의로 위 실용신안권이 등록되었다. 그 후 A회사의 도

산에 따라 동 회사가 채권단 대표자들에게 동 회사의 자산 및 인·허가상의 권리를 양도하면서 그 양도될 자산의 목록을 작성하였으나 그 목록에 위 실용신안권은 포함되지 아니하였다. 그 후 피고 등이 동업으로 공소외 B 주식회사를 설립하여 위 채권단 대표자들로부터 그들이 A회사로부터 양수한 자산과 권리를 재차 양수하여 종전에 A회사가 운영하던 사업을 계속하던 중 위 실용신안권의 등록권자인 甲과 주식회사 B 사이에 1991.7.20.부터 1993.7.20.까지의 기간 동안 위 온도조절장치에 관한 생산, 사용, 판매, 확포를 실시내용으로 하는 통상실시권 설정계약이 체결되었다(사용료는 무상으로 하기로 약정하였다).

B 주식회사가 1993.7.20. 이후에도 전열기구 온도조절장치를 계속 실시하자 甲은 1993.7.21.경부터 1994.9.경까지 "전열기구 온도 조절장치" 23,000개 시가 합계 금 138,000,000원 상당을 부착한 전기장판 및 전기담요 23,000개를 제조판매한 것을 실용신안권 침해를 이유로 소를 제기하였다. B회사는 제1심에서 통상실시권이 있음을 주장하였으나. 제1심은 B회사의 주장을 배척하였다. 이에 B회사가 항소하였으나, 항소심도 제1심의 판시와 같은 이유로 B회사의 주장을 배척하였다. 이에 B회사가 상고를 제기하였다.

나. 판결요지

구 특허법(1990.1.13. 법률 세4207호로 진문 개정되기 전의 것) 제17조 제1항이나 특허법 제39조 제1항에 의하면, 직무발명에 관한 통상실시권을 취득하게 되는 사용자는 그 피용자나 종업원이 직무발명을 완성할 당시의 사용자이고, 그에 따른 특허권의 등록이 그 이후에 이루어졌다고 하여 등록 당시의 사용자가 그 통상실시권을 취득하는 것은 아니다.

다. 판결의 의의

발명진흥법 제2조 제2호의 직무발명의 성립요건을 구비한 경우에는 사용자는 예약승계권·무상의 통상실시권의 권리를 가지며, 승계여부 통지·직무발명에 대한 보상 등의 의무를 이행하여야 한다. 또한 발명자인 종업원은 특허받을 수 있는 권리·발명자게재권·직무발명에 대한 보상받을 권리를 가지며, 비밀유지의무와 발명 완성사실의 통지의무를 갖는다.

이 판결은 직무발명에 대하여 사용자와 종업원과의 관계가 성립되는 시점에 대하여 판단한 것으로서, 직무발명의 완성시점 당시를 기준으로 사용자와 종업원과의 관계에서 직무발명의 권리·의무가 발생함을 명확히 한 것으로서 의의가 있다.

(2) 【'직무발명'에 대하여 사용자 등에게 승계시키는 합의가 성립되었다고 인정할 수 있는 경우】
　　― 대법원 2011.7.28.선고 2010도12834 판결 ―

가. 사실개요

피고인 1은 광주 동구 서석동(이하 생략)에 있는 공소외 1 주식회사의 상무이사로 있었던 사람이고, 피고인 2는 위 회사 기획팀장으로 있었던 사람이다.

피고인들과 위 회사에서 경리 등의 업무를 담당한 공소외 3은 공소외 1 주식회사의 직원으로서 위 회사를 위해 특허출원에 관한 업무를 담당하게 되었다. 그러한 업무의 일환으로 공소외 3은 "3d 입체게임전용 컨트롤러"에 관해 특허법인 다래에 특허출원을 의뢰하면서 그 특허출원자 명의를 위 공소외 1 주식회사로 하여 의뢰하였다.

그런데 피고인들과 위 공소외 3은 그 임무에 위배하여 "3d 입체게임 전용 컨트롤러"의 특허출원자를 위 공소외 1 주식회사의 이름으로 하게 되면 나중에 발명자인 개인들은 권리행사를 하지 못할 수도 있으니 특허출원자 명의를 개인 명의로 변경하자고 서로 얘기를 한 뒤, 위 공소외 3은 2008.9. 하순경 위 공소외 1 주식회사 사무실에서 위 특허법인 다래 담당직원 공소외 4에게 전화를 하여 특허출원자 명의를 피고인들 및 위 공소외 3 자신으로 변경해 달라고 말하고, 피고인 2도 2008.9.25.경 위 공소외 1 주식회사 사무실에서 위 특허법인 다래 담당자에게 "특허권자 또한 회사에서 발명권자와 같이 3인으로 특허출원을 해 주셨으면 합니다."라는 취지의 메일을 보내고 같은 취지로 전화통화를 하였다. 그리하여 이러한 사정을 모르는 위 특허법인 다래 담당직원은 2008.9. 말경 "3d 입체게임 전용 컨트롤러"에 대해 특허출원자 명의를 "공소외 1 주식회사"에서 "피고인 1, 2, 공소외 3"명의로 변경하여 특허출원을 하였다.

나. 판결요지

발명진흥법은 '직무발명'에 대하여 특허 등을 받을 수 있는 권리는 발명자인 종업원 등에게 귀속하는 것으로 하여 종업원 등의 권리를 확보하는 한편, 사용자 등의 직무발명 완성에 관한 기여를 고려하여 직무발명에 대하여 종업원 등이 특허 등을 받거나 특허 등을 받을 수 있는 권리를 승계한 자가 특허 등을 받으면 사용자 등은 특허권 등에 대하여 통상실시권을 가지고(제10조 제1항), 또한 직무발명 외 종업원 등의 발명과는 달리 직무발명에 대하여는 종업원 등이 특허 등을 받을 수 있는 권리나 특허권 등을 미리 계약이나 근무규정에 의하여 사용자 등에게 승계시키거나 사용자 등을 위하여 전용실시권을 설정할 수 있으며(제10조 제3항), 이와 같은 경우 종업원 등으로부터 직무발명 완성사실의 통지를 받은 사용자 등(국가나 지방자치단체는 제외한다)이 대통령령으로 정하는 기간에 발명에 대한 권리의 승계 의사를 알린 때에는 그때부터 발명에 대한 권리는 사용자 등에게 승계된 것으로 본다고 정하여(제13조 제1항 본문, 제2항) 양자의 이해관계를 조정하고 있다. 그러면서도 위 법은 미리 사용자 등에게 특허 등을 받을 수 있는 권리나 특허권 등을 승계시키거나 사용자 등을 위하여 전용실시권을 설정하도록 하는 계약이나 근무규정이 없는 경우에는 사용자 등이 종업원 등의 의사와 다르게 발명에 대한 권리의 승계를 주장할 수 없고(제13조 제1항 단서), 그 밖에도 종업원 등은 직무발명에 대하여 특허 등을 받을 수 있는 권리나 특허권 등을 계약이나 근무규정에 따라 사용자 등에게 승계하게 하거나 전용실시권을 설정한 경우에는 정당한 보상을 받을 권리를 가진다고 정함으로써(제15조 제1항) 종업원 등의 보호를 꾀하고 있는데, 이와 같은 법조의 취지에 비추어 보면, 종업원 등의 의사가 명시적으로 표시되거나 혹은 묵시적 의사를 추인할 수 있는 명백한 사정이 인정되는 경우 이외에는 직무발명에 대하여 특허 등을 받을 수 있는 권리나 특허권 등을 사용자 등에게 승계시키는 합의가 성립되었다고 쉽게 인정할 수 없다.

다. 판결의 의의

묵시적 동의가 있었는지 여부는 예약승계규정이 있는지 여부, 사용자 등이 예약승계규정에 따라 직무발명을 승계한 사실이 있었는지 여부 및 그와 같은 승계의 횟수와 기간, 종업원 등이 예약승계규정 및 그에 따른 승계가 있었던 사정을 인식했는지 여부, 종업원 등의 이의가 있었는지 여부 등을 종합해 판단해야 할 것이다(서울중앙지법 2008가합115791).

이 판결은 '직무발명'에 대하여 사용자 등에게 승계시키는 합의가 성립되었다고 인정할 수 있는지 여부에 대하여 판단한 것으로서, 종업원 등의 의사가 명시적으로 표시되거나 혹은 묵시적 의사를 추인할 수 있는 명백한 사정이 인정되는 경우 이외에는 직무발명에 대하여 특허 등을 받을 수 있는 권리나 특허권 등을 사용자 등에게 승계시키는 합의가 성립되었다고 쉽게 인정할 수 없다고 판단한 데 의의가 있다.

2. 관련 문헌

- 김천수, "피용자의 발명: 직무발명을 중심으로," 대구법학 제1호(2000.2), 대구대학교 법과대학, 123-152면.
- 김병일, "직무발명제도와 종업원과 사용자간의 법률문제," 지적소유권법연구 4집(2000.6), 한국지적소유권학회, 373-397면.
- _____, "특허법상의 직무발명제도 및 그 문제점," 연세법학연구 6집 1권(통권7호)(1999.6), 연세대학교 법과대학 법률문제연구소, 411-434면.
- 오창국, "직무발명에 대한 고찰," 법조 51권 8호(통권551호) (2002.8), 법조협회, 148-175면.
- 윤선희, "판례에서 본 직무발명제도," 직무발명과 특허권 학술 SEMINAR, 한국지적재산권학회, 1-22면.
- 이승길, "기업의 직무발명과 그 보상에 대한 연구," 노동법연구 13호(2002.12), 서울대학교 노동법연구회, 247-300면.

3. 응용문제

A핸드폰회사의 연구원인 甲은 A회사 재직 중에 핸드폰 액정에 관한 발명 X를 완성하였다. 甲은 입사시에 A회사와 예약승계의 계약이 체결되어 있었다. 甲은 발명 X의 완성사실을 A회사에 알리지 않고 퇴사한 후, 경쟁회사인 B회사에 입사하여 발명의 완성사실을 통지하였다. 이후 B회사는 X발명을 승계하는 동시에 특허출원하여 등록되었다. 이 경우에 A, B회사와 甲의 권리·의무에 대해 논하시오.

③ 보상청구권과 보상기준

◎ 발명진흥법 ◎ [법률 제11960호, 2013.7.30., 일부개정 시행일 2014.1.31.]

제15조(직무발명에 대한 보상) ① 종업원 등은 직무발명에 대하여 특허 등을 받을 수 있는 권리나 특허권 등을 계약이나 근무규정에 따라 사용자 등에게 승계하게 하거나 전용실시권을 설정한 경우에는 정당한 보상을 받을 권리를 가진다.

② 사용자 등은 제1항에 따른 보상에 대하여 보상형태와 보상액을 결정하기 위한 기준, 지급방법 등이 명시된 보상규정을 작성하고 종업원 등에게 문서로 알려야 한다. 〈개정 2013.7.30.〉

③ 사용자 등은 제2항에 따른 보상규정의 작성 또는 변경에 관하여 종업원 등과 협의하여야 한다. 다만, 보상규정을 종업원 등에게 불리하게 변경하는 경우에는 해당 계약 또는 규정의 적용을 받는 종업원 등의 과반수의 동의를 받아야 한다. 〈개정 2013.7.30.〉

④ 사용자 등은 제1항에 따른 보상을 받을 종업원 등에게 제2항에 따른 보상규정에 따라 결정된 보상액 등 보상의 구체적 사항을 문서로 알려야 한다. 〈신설 2013.7.30.〉

⑤ 사용자 등이 제3항에 따라 협의하여야 하거나 동의를 받아야 하는 종업원 등의 범위, 절차 등 필요한 사항은 대통령령으로 정한다. 〈신설 2013.7.30.〉

⑥ 사용자 등이 제2항부터 제4항까지의 규정에 따라 종업원 등에게 보상한 경우에는 정당한 보상을 한 것으로 본다. 다만, 그 보상액이 직무발명에 의하여 사용자 등이 얻을 이익과 그 발명의 완성에 사용자 등과 종업원 등이 공헌한 정도를 고려하지 아니한 경우에는 그러하지 아니하다. 〈신설 2013.7.30.〉

⑦ 공무원의 직무발명에 대하여 제10조 제2항에 따라 국가나 지방자치단체가 그 권리를 승계한 경우에는 정당한 보상을 하여야 한다. 이 경우 보상금의 지급에 필요한 사항은 대통령령이나 조례로 정한다.

1. 사 례

(1) 【직무발명보상금의 액수를 산정한 사례】
― 서울지법 북부지원 2003.7.3.선고 2002가합3727 판결 ―

가. 사실개요

피고회사는 제약회사이고, 원고는 약대를 졸업한 후 1997.1.1.부터 2001.5. 경까지 피고회사 제품개발연구팀 소속 연구원으로 근무하였다.

A주식회사에서는 무좀 등 피부진균증 치료에 탁월한 효과를 지닌 항진균성 화합물 '이트라코나졸(itraconazole)'에 대한 국내 물질특허(1994.6.경 존속기간 만료)를 기초로 국내에서 경구용(經口用) 이트라코나졸 함유 제품 "스포라녹스(Sporanox)"를 제조, 판매하고 있었는데, 피고회사에 소속된 원고와 다른 연구원들이 연구를 계속함으로써 결국 A회사의 스포라녹스 제품과 생물학적으로 동등하면서도 제조원가 대비 약 38%의 저렴한 가격에 대량 생산이 가능하고 안전성이 확보된 경구용 이트라코나졸정제의 제조방법에 관한 발명이 완성되었다. 피고는 위 연구개발 과정에서 수시로 원고를 비롯한 제품개발팀 연구원들로부터 그들의 직무발명에 관한 특허받을 권리를 승계하여 피고 명의로 총 6가지 발명을 특허출원하였다.

피고는 이 사건 의약발명에 기초해서 제품을 생산하여 "이타졸(Itazol)"이라는 상표를 붙여 국내 판매를 계획하고 있던 중 그동안 스포라녹스 제품으로 국내 이트라코나졸 함유 항진균제 시장을 독점하고 있던 A회사으로부터 기술이전 제의를 받고 2000.1.7. 피고가 장차 인타졸 제품의 국내 생산, 판매 시도를 중단하고, A회사에 이 사건 의약발명에 관한 노하우를 전수함과 아울러 해당 특허에 대한 전용실시권을 부여함으로써 A회사로 하여금 국내시장을 계속 독점할 수 있도록 하고, 그 대신 금전적인 보상을 받기로 하는 License Agreement를 체결하였다.

이 사건 의약발명 당시 시행 중이던 피고의 직무발명규정에 의하면, 보상의 종류는 출원보상, 등록보상, 실시보상, 처분보상 및 특별보상으로 구분되고, 1건당 100,000원에서 300,000원이 지급되는 출원보상 외의 나머지 보상금은 회사 내에 설치된 직무발명심의위원회의 보상금 결정 후에 지급하며, 보상금 등에 관하여 동의하지 않는 발명자는 보상금 결정통지 후 30일 이내에 소위원회에 이의를 제기할 수 있고, 보상금을 받을 권리는 전직 또는 퇴직 후에도 존속한다고 규정되어 있으며, 한편, 회사 명의로 등록된 특허권을 양도 또는 기타의 방법으로 처분하였을 때 실시하는 처분보상 가운데 산업재산권의 실시를 유상으로 타인에게 허여한 경우에는 그 실시료의 5~10%에 해당하는 금액을 보상금으로 지급하도록 하고 있다.

원고는, 이 사건 발명의 발명자 중 1인으로서 위 직무발명에 대한 권리를 피고에게 승계시켜 주었고 피고는 이 사건 발명을 이용하여 A회사와 사이에 이 사건 발명에 관한 실시계약을 체결함으로써 이익을 취득하였으므로, 피고는 원고에게 직무발명에 대한 정당한 보상금을 지급할 의무가 있고, 발명자들에 대한 적정 보상률이 15%인 점과 원고가 이 사건 발명의 완성에 있어서 핵심적인 역할을 하여 그 기여율이 50% 이상인 점을 고려하면 이 사건 라이선스 계약의 만료시기인 2020년까지 피고가 얻을 이익 중 원고가 지급받아야 할 정당한 보상금의 액수는 17억 원 이상이 되나, 피고에 대하여 그 중 일부인 3억 5천만 원의 지급을 구한다고 주장하며 소를 제기하였다.

나. 판결요지

회사가 직무발명과 관련한 라이선스 계약에 따라 이미 얻은 계약금과 실시료뿐만 아니라 현재가치로 환산된 장래의 추정실시료를 합산한 총액을 직무발명으로 인하여 얻을 이익으로 징하고, 발명자들에 대한 보상률을 5%로, 발명자들 중 원고의 기여율을 30%로 정하여 직무발명보상금의 액수를 산정한 사례이다.

다. 판결의 의의

직무발명으로서 성립된 경우에 현행 발명진흥법(구 특허법)에서 종업원에게 정당한 보상의 권리를 규정하고 있으나 보상액에 대하여는 구체적인 기준을 제시하지 못하여 관련된 분쟁이 많이 발생하고 있는 상황이다.

이 판결은 직무발명의 보상금청구권의 법적 성질을 검토하고 그에 따라 보상금을 산정하는 구체적인 기준과 방법을 제시하고 있다는 점에서 의의가 있다.

NOTE
이 판결에 대한 판례 평석은 아래 자료를 참고할 것.
☞ 강영수, "직무발명 보상금," 정보법 판례백선 I , 박영사, 2006, 146-153면.

(2) **【직무발명에 대한 정당한 보상금 산정】**

— 대법원 2008.12.24.선고 2007다37370 판결 —

가. 사실개요

원고는 피고 2와의 사이에 피고 1 주식회사의 운영에 관하여 합의하면서 이미 개발된 이 사건 1차 발명 및 앞으로 새로 개발할 기술은 피고 1 주식회사에만 제공하고 피고 1 주식회사 외의 제3자에게는 그 기술을 제공하지 않기로 약정하였다. 피고 2는 피고 회사의 설립시 피고 회사의 대표이사로 취임하였다가 1999. 6.25. 그 대표이사직을 사임할 때까지 피고 회사의 대표이사로 재직하였고(사임등기는 같은 해 7.3. 경료되었다), 피고 3 또한 피고 회사의 설립시부터 피고 회사의 이사로 재직하여 오다가 1999.6.25. 소외 9와 함께 피고 회사의 공동대표이사가 되었으며, 같은 해 12. 0.부터는 피고 회사의 단독 대표이사로 재직하고 있고, 원고 역시 피고 회사의 설립시부터 피고 회사를 그만둘 때까지 피고 회사에 재직하였으며, 이후 앞서 본 바와 같이 소외 회사의 이사를 거쳐 피고 2에 대한 위 형사재판이 진행될 무렵에는 소외 2 주식회사의 고문으로 재직하였다. 원고가 피고 1 주식회사의 생산본부장 겸 부사장으로 재직하던 중 고안된 이 사건 발명의 내용은 규산나트륨, 과산화나트륨, 탄산칼륨, 탄산나트륨, 정제 백당 및 티오황산은이 일정 중량비로 구성된 액상 원적외선 방사 조성물 및 그 제조방법에 관한 것으로서, 규산나트륨, 과산화나트륨, 탄산칼륨, 탄산나트륨, 정제 백당을 정제수에 20 내지 60℃에서 용해하고, 이 용액에 티오황산은 용액을 혼합하여 20 내지 40℃에서 12시간 동안 유지시킴으로써 다량의 원적외선을 방출할 수 있는데, 그 항균성이 뛰어나며, 정전기의 발생도 거의 없는 액상 원적외선 방사물질을 제조하는 것으로서, 이 사건 발명의 핵심은 그 원적외선 방사물질을 구성하는 각 물질의 선택과 각 물질 간의 배합비율이다. 피고 1 주식회사의 대표이사인 피고 2와 피고 1 주식회사의 이사(생산본부장 겸 부사장)로 재직하던 원고가 공동으로 이 사건 발명을 고안하였음에도 피고 2가 공동발명자인 원고와 계약 등을 통하여 이 사건 발명에 대한 특허를 받을 권리를 적법하게 취득하지 않고 의도적으로 원고를 배제한 채 이 사건 발명을 자신의 단독발명으로 하여 피고 1 주식회사의 명의로 1994.12. 23. 이 사건 특허를 출원한 사실, 그 후 원고는 피고 2와의 불화로 인하여 1997.7. 16. 피고 1 주식회사를 사직하고 소외 1 주식회사에 입사하여 이사로 재직하였으며, 피고 1 주식회사는 1997.10.29. 이 사건 특허등록을 마쳤다. 이에 대하여 원고는, 위와 같은 피고들의 행위는 원고의 특허를 받을 권리를 침해한 불법행위를 구성하므로, 피고 1 주식회사는 상법 제389조 제3항, 제210조에 의하여, 피고 2는 상법 제401조에 의하여, 연대하여 원고에게 손해를 배상할 책임이 있다고 판단하였다.

1심에서 법원은 원고의 청구들 중 피고 회사에 대한 특허권이전등록청구와 피고 3에 대한 청구는 이를 모두 기각하였고, 피고 회사에 대한 금원청구와 피고 2에 대한 청구 중 손해배상청구는 이를 일부 인용하여, 피고 회사, 피고 2에 대하여 연대하여 원고에게 71,876,185원 및 이에 대한 2005.4.23.부터 2006.6.23.까지는 연 5%의, 그 다음날부터 다 갚는 날까지는 연 20%의 각 비율로 계산한 돈을 지급할 것을 명하고, 그 나머지 청구는 이를 각 기각하였다(서울중앙지방법원 2006.6.23.선고 2005가합27183 판결).

이에 원고는 서울고등법원에 항소하였으며 2심에서 법원은 그 채택 증거를 종합하여, 피고 1 주식회사가 1998.4.29. 소외 2 주식회사와 사이에, 이 사건 특허에 관하여, 사료 및 비료품목에 대하여는 독점적 통상실시권을, 그 이외의 품목에 대하여는 통상실시권을 부여하고, 그 실시료로 위 회사로부터 매출액 5%를 지급받기로 한다는 내용의 '특허권실시 및 상표권사용 계약'을 체결한 다음 1998년경부터 2005년 6월 말까지 실시료로 합계 679,174,569원을 지급받은 사실 등을 인정한 다음, 발명자가 여럿인 공동발명에 있어 공동발명자들 중 일부가 다른 공동발명자를 배제한 채 특허출원을 하여 특허등록을 마침으로써 특허등록에서 배제된 공동발명자의 특허를 받을 권리를 침해하였음을 이유로 한 손해액을 산정함에 있어서, 이 사건에서와 같이 이미 특허등록을 마친 일부 공동발명자들이 그 특허를 실시하여 이익을 얻었음이 인정된 경우에는 특허법 제128조 제2항을 유추적용하여, 특허등록을 마친 공동발명자들의 일부가 얻은 이익을 특허등록에서 배제된 공동발명자에게 지급할 손해배상액 산정의 기초로 삼음이 상당하며, 다만 공동발명의 특성상 배상의 범위는 이와 같이 특허등록을 마친 공동발명자가 당해 특허의 실시로 인하여 얻은 이익 중 특허등록에서 배제된 공동발명자의 해당 발명에의 기여도에 상당한 부분이라고 판단하고, 이 사건 손해배상금으로 위 실시료 합계 679,174,569원 중 원고의 기여도 30%에 해당하는 203,752,370원에서 피고 2가 원고에 대한 손해배상금으로 공탁한 3천만 원을 공제한 나머지 173,752,370원 및 이에 대한 지연손해금의 지급을 명하였다(서울고법 2007.4.25.선고 2006나65233 판결). 이에 피고는 대법원에 상고하였다.

나. 판결요지

구 특허법(2006.3.3. 법률 제7869호로 개정되기 전의 것) 제39조 제1항의 직무발명에 해당하는 회사 임원의 발명에 관하여 회사와 그 대표이사가 임원의 특허를 받을 수 있는 권리를 적법하게 승계하지 않고 같은 법 제40조에 의한 보상도 하지 않은 상태에서 위 임원을 배제한 채 대표이사를 발명자로 하여 회사 명의의 특허등록을 마침으로써 임원의 특허를 받을 수 있는 권리를 침해한 경우, 위 임원이 입은 재산상 손해액은 임원이 구 특허법 제40조에 의하여 받을 수 있었던 정당한 보상금 상당액이다. 그 수액은 직무발명제도와 그 보상에 관한 법령의 취지를 참작하고 증거조사의 결과와 변론 전체의 취지에 의하여 밝혀진 당사자들 사이의 관계, 특허를 받을 수 있는 권리를 침해하게 된 경위, 위 발명의 객관적인 기술적 가치, 유사한 대체기술의 존재 여부, 위 발명에 의하여 회사가 얻을 이익과 그 발명의 완성에 위 임원과 회사가 공헌한 정도, 회사의 과거 직무발명에 대한 보상금 지급례, 위 특허의 이용 형태 등 관련된 모든 간접사실들을 종합하여 정함이 상당하고, 등록된 특허권 또는 전용실시권의 침해행위로 인한 손해배상액의 산정에 관한 특허법 제128조 제2항을 유추적용하여 이를 산정할 것은 아니다.

다. 판결의 의의

이 판결은 회사 임원의 직무발명에 관하여 회사 등이 그 임원을 배제한 채 회사 명의의 특허등록을 마침으로써 임원의 특허를 받을 수 있는 권리를 침해한 경우, 위 임원이 입은 재산상 손해액의 산정 방법 및 등록된 특허권 또는 전용실시권의 침해행위에 따른 손해배상액 산정에 관한 특허법 제128조 제2항을 이 경우에 유추적용할 수 있는지 여부에 대한 판단을 하였다는 점에 그 의의가 있다.

직무발명의 보상액에 대한 구체적인 산정기준이 존재하지 않으므로 특허법 제128조의 규정을 유추적용할 수 있는지에 논의가 있었으나, 정당한 보상액 판단에 대한 구체적인 고려요소에 대하여 법원은 관련된 모든 간접사실들을 종합하여 정함이 상당하고, 등록된 특허권 또는 전용실시권의 침해행위로 인한 손해배상액의 산정에 관한 특허법 제128조 제2항을 유추적용하여 이를 산정할 것은 아니라는 입장을 표명하고 있다.

2. 관련 문헌 및 참조 판례

- 강영수, "직무발명 보상금," 정보법 판례백선Ⅰ, 박영사, 146-153면.
- 이회기, "직무발명에 대한 소고," 특허소송연구 3집(2005.12), 특허법원, 97-140면.
- 최병문, "영업비밀 침해의 형사처벌," 비교형사법연구 8권 2호(2006.12), 한국비교형 사법학회, 545-566면.
- 대법원 1998.7.24.선고 97므18 판결.
- 대법원 2002.3.29.선고 2000다47316 판결.
- 대법원 2002.6.28.선고 2000다22249 판결.
- 대법원 2006.8.25.선고 2004다26119 판결.
- 대법원 2008.4.24.선고 2006다30440 판결.

3. 응용문제

현행 직무발명에 관한 보상기준과 개선방안에 대하여 논하시오.

Ⅳ. 특허 요건

① 산업상 이용 가능성

제29조(특허요건) ① 산업상 이용할 수 있는 발명으로서 다음 각 호의 어느 하나에 해당하는 것을 제외하고는 그 발명에 대하여 특허를 받을 수 있다.
  1. 특허출원 전에 국내 또는 국외에서 공지(公知)되었거나 공연(公然)히 실시된 발명
  2. 특허출원 전에 국내 또는 국외에서 반포된 간행물에 게재되었거나 전기통신회선을 통하여 공중(公衆)이 이용할 수 있는 발명

1. 사 례

(1) 【사람의 질병에도 사용할 수 있는 의약이나 의료행위에 관한 발명이 산업상 이용할 수 있는 발명으로서 특허의 대상이 되는지 여부(적극)】
— 대법원 1991.3.12.선고 90후250 판결 —

가. 사실개요

甲은 발명의 요지가 왁진 조성물에 관한 것으로서 특허청구범위에 포유동물의 "왁진접종방법"에 관한 발명에 대하여 특허청에 출원을 하였다. 특허청은 산업상 이용할 수 있는 발명으로 볼 수 없음을 이유로 거절사정을 하였다. 이에 불복하여 원고는 거절사정불복항고심판을 청구하였고, 특허청 항고심 계속중 위 특허청구범위에 관하여 "인간을 제외한 포유동물의 왁진접종방법"이라고 보정을 하여 그 특허청구범위를 동물에만 한정하였다.

항고심판소는 본원발명의 특허청구범위 제3항, 제4항 및 제8항 내지 제10항에는 비록 인간을 제외한 포유동물의 "왁진접종방법"이라고 기재되어 있으나 본원발명은 실질적으로 의약을 사용하여 사람의 질병을 예방하는 방법의 발명에 해당되는 것으로서 이는 산업상 이용할 수 있는 발명으로 볼 수 없어(산업부문별 심사기준 "의약" 3, 11 참조) 특허를 받을 수 없는 발명에 해당한다고 하여 이 사건 특허출원에 대한 거절사정을 유지하면서 항고심판청구를 기각하였다. 甲은 이러한 항고심판소의 심결에 대하여 불복하고 이에 상고장을 제출하였다.

나. 판결요지

사람의 질병을 진단, 치료, 경감하고 예방하거나 건강을 증진시키는 의약이나 의약의 조제방법 및 의약을 사용한 의료행위에 관한 발명은 산업에 이용할 수 있는 발명이라 할 수 없으므로 특허를 받을 수 없는 것이나, 다만 동물용 의약이나 치료방법 등의 발명은 산업상 이용할 수 있는 발명으로서 특허의 대상이 될 수 있는바, 출원발명이 동물의 질병만이 아니라 사람의 질병에도 사용할 수 있는 의약이나 의료행위에 관한 발명에 해당하는 경우에도 그 특허청구범위의 기재에서 동물에만 한정하여 특허청구함을 명시하고 있다면 이는 산업상 이용할 수 있는 발명으로서 특허의 대상이 된다.

다. 판결의 의의

우리나라에서는 의료관련기술의 발명으로서 치료용 도구인 메스 등과 그 외의 진단장치 및 치료장치 등은 특허발명의 대상으로서 인정된다. 그러나 인간을 진단하는 방법, 치료방법 또는 수술방법은 그 방법이 신규성 및 진보성을 가지고 있더라도 특허의 보호대상에서 제외되고 있다.

이 판결은 의료관련기술의 발명 중에서 진단방법, 치료방법 또는 수술방법에 대한 발명이 특허발명의 대상이 되는지에 대하여 그 특허청구범위의 기재에서 동물에만 한정하여 특허청구함을 명시하고 있다면 특허의 대상이 될 수 있다고 판시하여 그 한계를 명확히 제시하고 있다는 점에 의의가 있다.

(2) 【산업상 이용가능성의 판단시기】

― 대법원 2003.3.14.선고 2001후2801 판결 ―

가. 사실개요

원고(피상고인)는 B-세포(B-CELL) 임파종에 대한 이디오타입 예방접종을 본원발명으로 하여 특허출원을 하였으나 특허청은 산업상 이용할 수 있는 발명으로 볼 수 없다는 이유로 거절결정을 하였다. 원고는 이러한 거절결정에 불복하여 심판을 청구한 바 특허심판원은 심판청구를 기각하는 심결을 하였다(특허심판원 2000.7.13자 99원824 심결). 원심판결(특허법원 2001.8.17.선고 2000허6387 판결)은 "이 사건 출원발명의 명세서에 기재된 실시예에는 이 사건 출원발명에 사용되는 수지상 세포를 사람의 비장으로부터 얻는 방법만이 기재되어 있지만, 수지상 세포를 사람의 혈액으로부터도 얻을 수 있음이 이미 그 출원일 전에 알려져 있고, 실제로 출원일 이후 사람의 혈액으로부터 수지상 세포를 추출하여 면역반응을 유발시키는 기술이 임상적으로 실시되고 있는 이상, 비록 사람의 비장으로부터 수술에 의하여 수지상 세포를 얻는 것이 일반적이었고, 사람의 혈액으로부터 수지상 세포를 손쉽게 얻는 것이 곤란하여 이 사건 출원발명의 출원일 당시 사람의 혈액으로부터 수지상 세포를 얻는 것이 산업상 이용되고 있지 않다 하더라도, 출원일 당시에 그 기술분야에서 통상의 지식을 가진 자는 장래 의학기술의 발전에 따라 장래에 혈액으로부터도 필요한 양의 수지상 세포를 얻는 것이 가능하리라는 것을 용이하게 생각할 수 있다 할 것이므로, 결국 이 사건 출원발명의 수지상 세포를 외과적인 수술을 거쳐 사람의 비장으로부터 얻는 것을 전제로 하여 이 사건 출원발명이 산업상 이용할 수 없는 발명이라고 할 수 없고, 나아가 이 사건 출원발명은 '수지상 세포'라는 물의 발명이므로 산업상 이용가능성이 부정되는 의료행위에 관한 방법의 발명에도 해당하지 아니하며, 그 발명을 실행할 때 반드시 신체를 손상하거나 신체의 자유를 비인도적으로 구속하는 것이라고도 볼 수 없다"는 취지로 판단하면서 원거절결정을 유지한 심결이 위법하다고 판시하였다.

나. 판결요지

[1] 특허출원된 발명이 출원일 당시가 아니라 장래에 산업적으로 이용될 가능성이 있다 하더라도 특허법이 요구하는 산업상 이용가능성의 요건을 충족한다고 하는 법리는 해당 발명의 산업적 실시화가 장래에 있어도 좋다는 의미일 뿐 장래 관련 기술의 발전에 따라 기술적으로 보완되어 장래에 비로소 산업상 이용가능성이 생겨나는 경우까지 포함하는 것은 아니다.

[2] 특허출원발명의 출원일 당시 수지상 세포는 혈액 단핵세포의 0.5% 미만으로 존재하고 분리된 후에는 수일 내로 사멸하기 때문에 연구하기가 쉽지 않아 혈액으로부터 충분한 양의 수지상 세포를 분리해 내는 것은 기술적으로 쉽지 않고, 출원일 이후 기술의 발전에 따라 사람의 혈액으로부터 수지상 세포를 추출하고 이를 이용하여 면역반응을 유발시키는 기술이 임상적으로 실시되고 있다는 것이므로, 결국 출원발명의 출원일 당시를 기준으로 수지상 세포를 사람의 혈액으로부터 분리하여 출원발명에 사용하는 기술이 장래에 산업상 이용가능성이 있다고 보기는 어렵다.

다. 판결의 의의

이 판결에서 법원은 산업상 이용가능성의 판단의 시기에 관한 기준을 제시하였다는 점에서 이 사례의 시사점이 있다고 할 수 있다. 여기에서 법원은 특허출원된 발명이 출원일 당시가 아니라 장래에 산업적으로 이용될 가능성이 있다 하더라도 특허법이 요구하는 산업상 이용가능성의 요건을 충족한다고 하는 법리의 의미를 해석하였다. 이에 따르면 특허발명에 대한 산업상의 이용은 당장의 산업적 실시를 의미하는 것이 아니고 장래 실시할 가능성이 있으면 족하다. 따라서 이용가능성이 인정되는 한 비록 출원 또는 특허 당시에 산업상 이용되지 않는 것이 분명하다고 할지라도 특허를 받는 데는 상관이 없다. 특히 기본적인 발명 내지 개척적인 발명은 실용화에 상당한 기간이 소요되는 경우가 있어 출원시 또는 특허여부 결정시 산업에 이용되고 있지 않거나 가까운 시기에 이용될 성질의 발명이 아니라 하더라도 장래 이용가능성이 있다면 그것으로 산업성은 인정되어야 한다. 단, 특허출원발명이 기술적으로 출원 당시에 실시하기 어려운 것이어서 산업상 이용가능성이 없다고 판시하면서 산업상 이용가능성의 범위에 제한을 두었다.

2. 관련 문헌

- 강동세, "소프트웨어 관련 발명의 발명으로서의 성립성," 대법원판례해설 39호(2001 하반기) (2002.6), 법원도서관, 264-282면.
- 김철환, "2003~2004년도 특허법원 특허·실용신안 관련 중요판결 정리," 특허소송연구 3집(2005.12), 특허법원, 473-524면.
- 김병일, "의료관련행위의 특허법에 의한 보호," 산업재산권 18호(2005.11), 한국산업재산권법학회, 109-132면.
- _____, "의료방법발명의 특허성," 창작과 권리 28호(2002년 가을호), 세창출판사, 2-34면.
- 서영철, "신규 식물발명에 관한 보호법규(上)," 법조 57권 2호(통권617호) (2008.2), 법조협회, 420-452면.
- 윤석찬, "의학치료목적의 생명복제기술에 대한 특허법적 보호문제," 법학연구 43권 1호(51호) (2002.12), 부산대학교, 85-98면.
- 이덕록, "생명과학기술의 특허문제," 법제연구 20호(2001.6), 한국법제연구원, 61-78면.
- 이두형, "최근 지적재산권 판례 동향," 인권과 정의 355호(2006.3), 대한변호사협회, 6-35면.
- _____, "최근 특허·실용신안 관련 판례 동향," 지식재산21 95호(2006.4), 특허청, 3-36면.
- 정연덕, "DNA Chip의 효과적 활용과 법적 문제점," 창작과 권리 36호(2004년 가을호), 세창출판사, 2-31면.
- 정차호, "의료방법발명의 특허보호 타당성 검토," 산업재산권 19호(2006.4), 한국산업재산권법학회, 1-36면.

- 조영선, "의료행위의 특허성 유무와 이를 둘러싼 문제점," 지적재산권 제10호(2005. 11), 지적재산권법제연구원, 38-42면.

3. 응용문제

> 甲은 탈모를 치료할 수 있는 의료 방법과 그에 사용되는 의료 기구를 발명하여 이에 대해 특허출원을 하였다. 청구항 1에는 탈모에 대한 치료방법 A를 기재하였고, 청구항 2에는 탈모의 치료에 사용되는 의료기구 B를 기재하였다. 甲의 특허출원의 등록 가능성을 논하시오(신규성과 진보성은 구비한 것으로 가정한다).

② 신 규 성

제29조(특허요건) ① 산업상 이용할 수 있는 발명으로서 다음 각 호의 어느 하나에 해당하는 것을 제외하고는 그 발명에 대하여 특허를 받을 수 있다.
1. 특허출원 전에 국내 또는 국외에서 공지(公知)되었거나 공연(公然)히 실시된 발명
2. 특허출원 전에 국내 또는 국외에서 반포된 간행물에 게재되었거나 전기통신회선을 통하여 공중(公衆)이 이용할 수 있는 발명

제30조(공지 등이 되지 아니한 발명으로 보는 경우) ① 특허를 받을 수 있는 권리를 가진 자의 발명이 다음 각 호의 어느 하나에 해당하게 된 경우 그 날부터 12개월 이내에 특허출원을 하면 그 특허출원된 발명에 대하여 제29조 제1항 또는 제2항을 적용할 때에는 그 발명은 같은 조 제1항 각 호의 어느 하나에 해당하지 아니한 것으로 본다.
1. 특허를 받을 수 있는 권리를 가진 자에 의하여 그 발명이 제29조 제1항 각 호의 어느 하나에 해당하게 된 경우. 다만, 조약 또는 법률에 따라 국내 또는 국외에서 출원공개되거나 등록공고된 경우는 제외한다.
2. 특허를 받을 수 있는 권리를 가진 자의 의사에 반하여 그 발명이 제29조 제1항 각 호의 어느 하나에 해당하게 된 경우
② 제1항 제1호를 적용받으려는 자는 특허출원서에 그 취지를 적어 출원하여

야 하고, 이를 증명할 수 있는 서류를 산업통상자원부령으로 정하는 방법에 따라 특허출원일부터 30일 이내에 특허청장에게 제출하여야 한다.

1. 사 례

(1) 【박사학위논문의 반포 및 공지시점】
— 대법원 1996.6.14.선고 95후19 판결 —

가. 사실개요

상고인은 출원 전에 "활성산소가 관여하는 생체반응에 미치는 플라보노이드 및 기타 페놀성 화합물의 영향"이라는 제목의 박사학위논문으로 발표한 바 있는 "동물의 세포보호제 및 그 제조방법"에 관한 발명을 특허출원하면서 구 특허법(1990.1.13. 법률 제4207호로 전면 개정되기 전의 것, 이하 같다) 제7조 제1항 제1호에 의하여 특허를 받을 수 있는 권리를 가진 자가 그 발명을 간행물에 발표함으로써 같은 법 제6조 제1항 제2호의 특허출원 전에 반포된 간행물에 기재된 발명에 해당하게 되었다는 이유로 신규성의 의제를 받고자 하였다. 특허청은 이 특허출원을 거절하였으며 이에 상고인은 특허청 심판소에 특허출원거절에 대한 심판을 청구하였으나 특허청 심판소는 상고인의 심판청구를 기각하였으며 이에 상고인은 특허청 항고심판소에 항고하였다. 항고심판소는 박사학위논문은 작성자가 그 원고 또는 인쇄물을 논문심사위원회에 제출하여 심사에 통과되면 일정한 부수의 복제본을 해당 대학원 당국에 접수시킴과 동시에 스스로 주위에 배포하는 것이 관례이므로, 이에 비추어 본원발명에 관한 위 박사학위논문의 공지 시점을 출원인이 밝힌 대학도서관에의 입고 시점으로 보기는 어렵고, 또한 특허청의 "간행물의 반포 연(월, 일)의 취급"에 관한 심사편람은 간행물에 인쇄된 연(월, 일) 이외의 다른 방법으로는 그 반포일의 입증이 불가능한 경우에 취급하는 기준을 정한 것으로서, 이 사건에서와 같이 출원인이 위 박사학위논문의 인쇄일을 구체적으로 알고 있고 신규성 의제 규정의 적용을 받기 위하여 그에 관한 법률의 규정에 따라 그 인쇄일을 입증하여야 할 경우까지 그것이 적용되는 것은 아니라고 할 것이어서, 위 박사학위논문의 구체적 인쇄일을 입증하지 아니하는 본원발명은 같은 법 제7조 제1항 제1호가 정한 신규성 의제의 적용을 받을 수 있는 발명으로 인정할 수 없으므로, 결국 본원발명은 위 박사학위논문에 의하여 공개됨으로써 그 신규성을 상실하여 특허를 받을 수 없는 것이라고 판단하면서 항고를 기각하였다(특허청 항고심판소 1994.11.30.자 92항원1832 심결). 상고인은 이에 불복하여 상고를 제기하였다.

나. 판결요지

[1] 특허를 받을 수 있는 권리를 가진 자가 특허출원 이전에 출원발명을 간행물에 발표한 경우에 구 특허법(1990.1.13. 법률 제4207호로 전문 개정되기 전의 것) 제7조 제1항 제1호의 신규성 의제 규정이 적용되기 위하여는 우선 위 간행물에의 발표로 인하여 출원발명이 국내에서 공지되었거나 국내 또는 국외에서 반포된 간행물에 기재된 발명으로 되어야 하고(성질상 간행물에의 발표로 인하여 출원발명이 공연히 실시된 발명이 될 수는 없다 할 것이다), 여기에서 "공지되었다"고 함은 반드시 불특정다수인에게 인식되었을 필요는 없다 하더라도 적어도 불특정다수인이 인식할 수 있는 상태에 놓여져 있음을 의미하며, "반포된 간행물"이라 함은 불특정 다수의 일반 공중이 그 기재내용을 인식할 수 있는 상태에 있는 간행물을 말한다.

[2] 박사학위논문은 논문심사 위원회에서 심사를 받기 위하여 일정한 부수를 인쇄 내지 복제하여 대학원 당국에 제출하는 것이 관례로 되어 있다고 하더라도 이는 논문심사를 위한 필요에서 심사에 관련된 한정된 범위의 사람들에게 배포하기 위한 것에 불과하므로, 그 내용이 논문심사 전후에 공개된 장소에서 발표되었다는 등의 특별한 사정이 없는 한, 인쇄시나 대학원 당국에의 제출시 또는 논문심사위원회에서의 인준시에 곧바로 반포된 상태에 놓이거나 논문내용이 공지된다고 보기는 어렵고, 일반적으로는 논문이 일단 논문심사에 통과된 이후에 인쇄 등의 방법으로 복제된 다음 공공도서관 또는 대학도서관 등에 입고되거나 주위의 불특정 다수인에게 배포됨으로써 비로소 일반 공중이 그 기재내용을 인식할 수 있는 반포된 상태에 놓이게 되거나 그 내용이 공지되는 것이라고 봄이 경험칙에 비추어 상당하다.

[3] 특허출원 전에 발명 내용을 박사학위논문으로 발표한 출원인이 박사학위논문의 일반적인 반포형태의 하나인 해당 대학도서관에의 입고사실에 관하여 증명을 한 이상 출원인으로서는 신규성 의제의 적용을 받기 위한 구 특허법 제7조

제2항 소정의 입증을 하였다고 봄이 상당하다.

다. 판결의 의의

이 판결은 신규성의제와 관련하여 학교, 연구소 등에서 흔히 일어나기 쉬운 사례인 석·박사학위 논문발표시 박사학위논문의 반포 및 공지 시점 및 박사학위 논문으로 발명의 내용을 발표한 자가 특허출원을 함에 있어 신규성의제의 적용을 받기 위하여 필요한 논문의 반포 시점에 관한 입증 정도 등 신규성의제 적용문제에 대한 기준을 제시하였다는 점에 의의가 있다.

NOTE

이 판결에 대한 판례 평석은 아래 자료를 참고할 것.

☞ 임한흠, "특허법상 신규성 의제 규정의 적용과 관련한 박사학위논문의 반포 및 공지시점과 입증," 대법원판례해설 25호(96년 상반기), 법원도서관, 515-527면.

라. 유사 판례

【비밀유지의무를 부담하지 않는 이상 누구나 마음대로 출입할 수 없는 곳이라도 공지되었다는 사례】
— 대법원 2012.4.26.선고 2011후4011 판결 —

원심판결 이유에 의하면, 비교대상발명은 이 사건 특허발명의 출원 전에 시공사인 동부건설 주식회사에 의하여 국가기록원 나라기록관에 설치되어 인도되었는데, 국가기록원 나라기록관의 직원들은 비교대상발명에 대하여 비밀유지의무를 부담한 바 없는 사실을 알 수 있다. 위와 같은 사실관계를 앞서 본 법리에 비추어 살펴보면, 국가기록원 나라기록관의 직원들이 비밀유지의무를 부담하지 않는 이상, 비교대상발명은 국가기록원 나라기록관에 설치되어 인도된 것만으로 불특정다수인이 인식할 수 있는 상태에 놓였다고 할 것이고, 국가기록원 나라기록관이 외부인 누구나가 마음대로 들어갈 수 있는 곳이 아니라고 하더라도 이를 달리 볼 것은 아니다.

(2) 【발명의 신규성 판단시 동일성 판단의 기준】
― 대법원 1995.6.9.선고 93후1940 판결 ―

가. 사실개요

甲은 발포성형체의 제조에 관한 발명을 출원하였으나 특허청은 인용발명과 비교하여 그 특허청구범위 기재의 표현상의 차이에도 불구하고 실질적으로 동일한 발명이라고 하여야 할 것이므로 결국 본원발명은 인용발명과 동일하여 신규성이 없다는 이유로 특허를 받을 수 없다고 판단하여 거절사정을 하였다. 이에 불복하여 원고는 거절사정불복항고심판을 청구하였으나, 항고심판청구를 기각한다는 항고심판소 심리종결통지를 송달받았다. 이에 항고심판소의 심결에 대하여 전부 불복하고 상고장을 제출하였다.

나. 판결요지

[1] 발명의 신규성 판단시의 동일성 판단을 위하여 출원된 발명의 특허청구범위에 기재된 사항과 특허출원 전에 반포된 간행물에 기재된 사항을 대비함에 있어서는 그 기재상의 표현 또는 기재형식의 이동(異同)만을 기준으로 하여서는 아니되고 특허청구범위에 내재하는 기술적 사상의 실체에 착안하여 판단하여야 하고, 양 발명이 동일하다 함은 그 기술적 사상이 전면적으로 일치하는 경우는 물론이고 그 범위에 차이가 있을 뿐 부분적으로 일치하는 경우라도 그 일치하는 부분을 제외한 나머지 부분만으로 별개의 발명을 이루지 않는 한 양 발명은 동일한 발명이다.

[2] 발명의 목적으로 하는 기술적 사상이 같고 이를 달성하는 수단인 발명의 구성에 중복되는 부분이 있고 이를 제외한 나머지 부분만으로 별개의 발명을 이루고 있다고 보이지 아니하므로 특허청구범위 기재의 표현상의 차이에도 불구하고 실질적으로 동일한 발명이라고 본 사례이다.

다. 판결의 의의

특허발명은 특허출원시를 기준으로 출원 전에 공지된 기술과 동일한 경우는 등록될 수 없다(특§29①). 이러한 경우 특허발명과 공지된 기술인 인용발명이 동일한 발명인지를 판단하는 경우에 특허청구범위의 표현상의 기재가 상이한 경우에도 이를 동일한 발명으로 볼 수 있는지가 문제된다.

　　이 판결은 양 발명이 동일하다 함은 그 기술적 사상이 전면적으로 일치하는 경우는 물론이고 그 범위에 차이가 있을 뿐 부분적으로 일치하는 경우라도 그 일치하는 부분을 제외한 나머지 부분만으로 별개의 발명을 이루지 않는 한 양 발명은 동일한 발명이라 하여 신규성 판단시 발명의 동일성을 판단하는 기준을 명확히 제시한 것에 의의가 있다.

　　라. 관련 판례

【선 등록고안과 후 고안 사이의 이용관계의 성립요건 및 등록고안이 균등고안을 이용하는 경우에도 이용관계가 성립하는지 여부(적극)】
— 대법원 1995.6.9.선고 93후1940 판결 —

　　(가)호 고안이 등록고안의 권리범위에 속한다고 할 수 있기 위하여는 등록고안의 각 구성요소와 구성요소 간의 유기적 결합관계가 (가)호 고안에 그대로 포함되어 있어야 하고, 다만 (가)호 고안에서 구성요소의 치환 내지 변경이 있더라도 양 고안에서 과제의 해결원리가 동일하며, 그러한 치환에 의하더라도 등록고안에서와 같은 목적을 달성할 수 있고 실질적으로 동일한 작용효과를 나타내고, 그와 같이 치환하는 것을 그 고안이 속하는 기술분야에서 통상의 지식을 가진 자(당업자)가 극히 용이하게 생각해낼 수 있을 정도로 자명하다면, (가)호 고안이 등록고안의 출원시에 이미 공지된 기술 내지 공지기술로부터 당업자가 극히 용이하게 고안할 수 있었던 기술에 해당하거나, 등록고안의 출원절차를 통하여 (가)호 고안의 치환된 구성요소가 등록청구범위로부터 의식적으로 제외된 것에 해당하는 등의 특별한 사정이 없는 한, (가)호 고안의 치환된 구성요소는 등록고안의 대응되는 구성요소와 균등관계에 있는 것으로 보아 (가)호 고안은 여전히 등록고안의 권리범위에 속한다고 보아야 한다.

　　선 등록고안과 후 고안이 이용관계에 있는 경우에는 후 고안은 선 등록고안의 권리범위에 속하게 되고, 이러한 이용관계는 후 고안이 선 등록고안의 기술적 구성에 새로운 기술적 요소를 부가하는 것으로서 후 고안이 선 등록고안의 요지를 전부 포함하고 이를 그대로 이용하되, 후 고안 내에 선 등록고안이 고안으로서의 일체성을 유지하는 경우에 성립하며, 이는 선 등록고안과 동일한 고안뿐만 아니라 균등한 고안을 이용하는 경우도 마찬가지이다.

2. 관련 문헌

- 김관식, "발명의 동일성: 실질적 동일성과 종속관계 발명의 동일성을 중심으로," 산업재산권 23호(2007.8), 한국산업재산권법학회, 277-312면.
- 김승완, "특허요건으로서 발명의 신규성, 학위논문의 공개시점에 관하여 1," 경영법무 통권57호(1998.12), 한국경영법무연구소, 77-81면.
- 배대헌, "선행기술에 관한 국제적 논의와 현행 특허법 제29조의 검토," 창작과 권리 31호(2003년 여름호), 세창출판사, 2-40면.
- 이명규, "특허법 제36조 제1항에 있어서 '동일한 발명'의 의미," 특허소송연구 3집(2005.12), 특허법원, 51-74면.
- 임한흠, "특허법상 신규성 의제 규정의 적용과 관련한 박사학위논문의 반포 및 공지시점과 입증," 대법원판례해설 25호(1996년 상반기), 법원도서관, 515-527면.
- 정차호, "간행물의 반포시기 결정에 관한 연구," 지식재산논단 1권 1호(2004.7), 한국발명진흥회, 161-182면.
- 최성준, "특허법원의 최근 중요판결 분석 2," 특허소송연구 1집(2000.5), 특허법원, 399-489면.
- _____, "특허법원의 최근 중요판결 분석 2(上)," 창작과 권리 17호(1999년 겨울호), 세창출판사, 88-145면.

3. 응용문제

甲은 A컴퓨터 회사의 종업원으로 컴퓨터 액정화면에 관련된 발명X를 2009.1.10.에 완성하였다. 이후 갑은 2009.2.10. 발명X에 대하여 A회사의 영업부 직원들만을 대상으로 영업을 위하여 발명X를 자세히 설명하였다. 이후 A회사의 영업부 직원 乙은 2009.3.10.에 TV 프로그램에 출연하여 발명X를 소개하였고, TV 프로그램이 방송된 후에 방송내용을 소개하며 발명X에 대하여 2009.3.13.에 신문기사가 게재되었다.

발명X를 적법하게 예약승계한 A회사가 발명X를 2009.5.10. 현재 특허출원하려 할 때 등록가능성과 등록을 위한 조치를 논하시오.

③ 진 보 성

> **제29조(특허요건)** ② 특허출원 전에 그 발명이 속하는 기술분야에서 통상의 지식을 가진 사람이 제1항 각 호의 어느 하나에 해당하는 발명에 의하여 쉽게 발명할 수 있으면 그 발명에 대해서는 제1항에도 불구하고 특허를 받을 수 없다.

1. 사 례

(1) 【고안품이 상업적으로 성공하였다는 이유만으로 고안의 진보성을 인정할 수 있는지 여부(소극)】
— 대법원 2005.11.10.선고 2004후3546 판결 —

가. 사실개요

이 사건 등록고안(명칭: 흡착용자석장치)은 1991.2.12.에 실용신안 출원하여 1994.4.11.에 실용신안 등록되었다. 이후 원고가 구 실용신안법(1993.12.31. 법률 제4596호로 개정되기 전의 것) 제4조 제2항에 해당함을 이유로 무효심판을 청구하였으나, 이 사건 고안은, ㄱ 출원시에 자력 흡착기 분야에서 충격에 의해 나사가 풀리는 것을 방지할 목적으로 볼트의 두부를 용접하는 사항을 발견할 수 없으므로, 진보성이 있으며, 제2항 고안은 명세서 및 도면을 참작하여 해석할 때, 독립항으로 보는 것이 타당한데, 이 사건 등록고안의 출원시에 자력 흡착기 분야에서 전후 자극부재에 홈을 형성하여 덮개판을 직접 용접하는 사항을 발견할 수 없으므로, 진보성이 있다고 판단하여 2004.3.29.에 청구기각 되었다. 이에 원고가 심결취소소송을 제기하였고 특허법원은 2004허2444 판결에서 이 사건 제1항 내지 제5항 고안은 모두 간행물 게재 고안들로부터 통상의 지식을 가진 자가 극히 용이하게 고안할 수 있는 것이므로, 구 실용신안법(1993.12.31. 법률 제4596호로 개정되기 전의 것) 제4조 제2항에 해당되어 무효로 하여야 할 것인바, 이와 결론을 달리한 이 사건 심결은 위법하다고 판시하였다. 이에 피고가 상고를 제기하였다.

나. 판결요지

고안품이 상업적으로 성공하였다는 점은 진보성을 인정하는 하나의 자료로 참고할 수는 있지만, 상업적 성공 자체만으로 진보성이 인정된다고 할 수는 없고, 등록고안의 진보성에 대한 판단은 우선적으로 명세서에 기재된 내용 즉, 고안의 목적, 구성 및 효과를 토대로 선행 공지기술에 기하여 당해 기술분야에서 통상의 지식을 가진 자가 이를 극히 용이하게 고안할 수 있는지 여부에 따라 판단되어야 하는 것이므로 상업적 성공이 있다는 이유만으로 고안의 진보성을 인정할 수 없다.

다. 판결의 의의

발명의 진보성은 출원발명의 목적, 기술적 구성, 작용효과를 종합적으로 검토하되 기술적 구성의 곤란성을 중심으로 목적의 특이성 및 효과의 현저성을 참작하여 종합적으로 진보성이 부정되는지 여부를 판단한다. 추가적으로 발명의 상업적 성공 여부도 진보성에 관한 판단 자료로서 인정되지만 구체적으로 어느 정도나 기여하는지는 명확하지 않았다.

이 판결은 상업적 성공과 진보성의 인정 여부에 관한 대법원의 판결들을 정리하는 판결이라는 점에서 의의가 있는 판결이라고 할 수 있다.

NOTE

이 판결에 대한 판례 평석은 아래 자료를 참고할 것.

☞ 박성수, "진보성 판단과 청구범위의 해석 및 상업적 성공 도면으로부터의 유추할 수 있는 사항을 근거로 진보성을 인정할 수 있는지 여부와 독립항과 종속항의 구분, 그리고 상업적 성공으로 진보성을 인정할 수 있는지 여부," 대법원판례해설 통권 제59호, 법원도서관.

---

(2) 【특허발명의 특허청구범위에 기재된 청구항이 복수의 구성요소로 되어 있는 경우 진보성의 판단방법】

― 대법원 2007.9.6.선고 2005후3284 판결 ―

가. 사실개요

피고(상고인)는 '탐침 카드 조립체에서 탐침요소의 배향을 변경하는 방법'인 발명에 대하여 특허를 받았는데 이 특허발명의 청구항 13은 종래기술인 '탐침 카드의 표면으로부터 캔틸레버 빔으로 연장된 복수개의 텅스텐 니들로 구성된 탐침 카드 조립체'와 같이 탐침 카드 자체에 탐침 요소를 배치하는 것이 아니라, 탐침 카드와 별도로 '반도체 장치를 탐침 검사하기 위한 복수개의 프리스탠딩 탄성 탐침 요소를 갖는 지지기층'을 배치하는 한편, 탐침 카드의 배향변경 없이 '탐침 카드에 대하여 지지기층의 배향을 변경시키는' 구성을 채택한 점에 기술적 특징이 있다. 이 특허발명에 대하여 원고(피상고인)는 등록무효심판을 청구한 바 특허심판원은 이에 대하여 청구를 기각하였고 이에 원고는 일부 청구항에 대하여 심결취소소송을 제기하였다. 원심인 특허법원(특허법원 2005. 10. 27. 선고 2004허8756 판결)은 이 사건 특허발명의 청구항 13 및 비교대상발명 1, 3, 4의 기본적인 목적 및 과제, 구성, 효과를 비교하여 진보성이 인정되지 않는다고 판단하면서 심결취소판결을 하였는바 이에 피고는 불복하여 상고하였다.

나. 판결요지

[1] 어느 특허발명의 특허청구범위에 기재된 청구항이 복수의 구성요소로 되어 있는 경우에는 각 구성요소가 유기적으로 결합한 전체로서의 기술사상이 진보성 판단의 대상이 되는 것이지 각 구성요소가 독립하여 진보성 판단의 대상이 되는 것은 아니므로, 그 특허발명의 진보성 여부를 판단함에 있어서는 청구항에 기재된 복수의 구성을 분해한 후 각각 분해된 개별 구성요소들이 공지된 것인지 여부만을 따져서는 안 되고, 특유의 과제 해결원리에 기초하여 유기적으로 결합된 전체로서의 구성의 곤란성을 따져 보아야 할 것이며, 이 때 결합된 전체 구성으로서의 발명이 갖는 특유한 효과도 함께 고려하여야 한다.

[2] 여러 선행기술문헌을 인용하여 특허발명의 진보성을 판단함에 있어서는 그 인용되는 기술을 조합 또는 결합하면 당해 특허발명에 이를 수 있다는 암시·동기 등이 선행기술문헌에 제시되어 있거나, 그렇지 않더라도 당해 특허발명의 출원 당시의 기술수준, 기술상식, 해당 기술분야의 기본적 과제, 발전경향, 해당 업계의 요구 등에 비추어 보아 그 기술분야에 통상의 지식을 가진 자가 용이하게 그와 같은 결합에 이를 수 있다고 인정할 수 있는 경우에는 당해 특허발명의 진보성은 부정된다.

다. 판결의 의의

청구항에 이미 알려진 복수의 구성요소들을 결합한 결합발명이 기재된 경우 출원발명의 진보성을 판단함에 있어 개별구성요소에 대하여만 판단하는지 아니면 구성요소가 결합된 발명전체로서 판단하는지 문제가 될 수 있다. 이러한 측면에서 이 사례는 특허발명의 특허청구범위에 기재된 청구항이 복수의 구성요소로 되어 있는 경우 진보성의 판단 방법 및 여러 선행기술문헌을 인용하여 특허발명의 진보성을 판단하는 기준을 제시하였다는 점에 그 의의가 있다.

2. 관련 문헌 및 참조 판례

- 박성수, "진보성 판단과 청구범위의 해석 및 상업적 성공, 도면으로부터의 유추할 수 있는 사항을 근거로 진보성을 인정할 수 있는지 여부와 독립항과 종속항의 구분, 그리고 상업적 성공으로 진보성을 인정할 수 있는지 여부," 대법원판례해설 59호(2005 하반기), 법원도서관, 255-288면.
- 설범식, "특허·실용신안·디자인·상표의 등록 및 심판절차의 이해," 재판자료 제 112집: 전문분야 법관연수 자료집[상], 법원도서관, 183-256면.
- 대법원 2004.11.12.선고 2003후1512 판결

3. 응용문제

甲은 다음과 같은 발명의 상세한 설명 및 특허청구범위를 가진 명세서로 특허출원을 했다.

【발명의 상세한 설명】
각도가 45°인 4날의 면도날, 일자형의 면도기 몸체 및 면도날의 탈부착장치로 이루어진 면도기, 여기에서 면도기 몸체는 잡는 부분에 미끄럼 방지를 위한 고무를 부착한 손잡이, 면도날은 각도가 40°, 45° 또는 50°인 면도날 중 어느 하나, 면도날의 수가 3개, 4개 또는 5개인 면도날 중 어느 하나일 수 있다.

【특허청구범위】
【청구항 1】 각도가 45°인 4날의 면도날, 일자형의 면도기 몸체 및 면도날의 탈부착장치로 이루어진 면도기.
【청구항 2】 청구항 1에 있어서, 상기 면도기 몸체는 미끄럼 방지를 위한 고무를 부착한 것을 특징으로 하는 면도기.

이러한 甲의 출원에 대해 심사관은 "각도가 45°인 3날의 면도날, 일자형의 면도기 몸체 및 면도날의 탈부착장치로 이루어진 면도기"의 발명에 대한 甲의 특허출원 전에 미국에서 특허등록되어 공개된 비교대상발명 1과 "면도기 몸체에 미끄럼 방지용 물질을 부착한 면도기"의 발명이 기재된 甲의 특허출원 전에 반포된 간행물인 비교대상발명 2를 찾아서, 청구항 1 및 청구항 2에 기재된 발명에 대해 거절이유를 통지했다. 甲출원의 거절이유를 검토하고, 등록받기 위한 조치를 논하시오.

V. 불특허발명

① 공공의 질서 또는 선량한 풍속을 위반한 발명

제32조(특허를 받을 수 없는 발명) 공공의 질서 또는 선량한 풍속에 어긋나거나 공중의 위생을 해칠 우려가 있는 발명에 대해서는 제29조 제1항에도 불구하고 특허를 받을 수 없다.

제41조(국방상 필요한 발명 등) ① 정부는 국방상 필요한 경우 외국에 특허출원하는 것을 금지하거나 발명자·출원인 및 대리인에게 그 특허출원의 발명을 비밀로 취급하도록 명할 수 있다. 다만, 정부의 허가를 받은 경우에는 외국에 특허출원을 할 수 있다.

② 정부는 특허출원된 발명이 국방상 필요한 경우에는 특허를 하지 아니할 수 있으며, 전시·사변 또는 이에 준하는 비상시에 국방상 필요한 경우에는 특허를 받을 수 있는 권리를 수용할 수 있다.

③ 제1항에 따른 외국에의 특허출원 금지 또는 비밀취급에 따른 손실에 대해서는 정부는 정당한 보상금을 지급하여야 한다.

④ 제2항에 따라 특허하지 아니하거나 수용한 경우에는 정부는 정당한 보상금을 지급하여야 한다.

1. 사 례

【공중의 위생을 해할 염려가 있는 발명】
— 대법원 1991.11.8.선고 91후110 판결 —

가. 사실개요

본원 발명은 불로 원소성 건강식품의 제조방법에 관한 것으로서 그 요지는 대두 단백질 분말과 맥분말에 철분분말 등의 자성분말을 혼합하여 만든 음식의 제조방법에 관한 것으로서 철분분말은 총중량의 30~50% 가량 차지하는데 있는 것이다. 원고는 이에 대하여 특허출원을 하였는데 특허청은 거절결정을 하였고 원고는 이러한 거절결정에 불복하여 심판을 청구한 바 특허청 심판소는 "본원발명은 철분이 30~50중량% 함유되어 이것이 식품으로서의 기능을 갖는다고 볼 수 없을 뿐만 아니라 인체에 유해한 결과를 초래하리라는 것을 일반적인 상식을 가진 자라면 예측할 수 있어서 안정성 시험성적표를 제시하여야 함에도 이를 제출하지 아니한 본원발명은 공중의 위생을 해할 염려가 있는 발명으로 인정되어 구 특허법 제4조 제3호(1990.1.13. 법률 제4207호로 개정되기 이전의 것. 이하 같다)에 의하여 본원발명은 특허될 수 없다"고 판단하면서 심판청구를 기각하는 심결을 하였다(특허청 1990.12.20. 89항원1063 심결). 원고는 이에 불복하여 상고를 제기하였다.

나. 판결요지

[1] 대두 단백질 분말과 맥분말에 철분분말(총중량의 30~50%) 등의 자성분말을 혼합하여 불로 원소성 건강식품을 제조하는 방법에 관한 출원발명이 공중의 위생을 해할 염려가 있으므로 구 특허법 제4조 제3호(1990.1.13. 법률 제4207호로 개정되기 전의 것)에 의하여 특허될 수 없다.

[2] 특정인 한 사람이 출원발명의 제품을 복용한 결과 아무런 위해가 없었다는 사실만으로 출원발명이 일반 공중의 위생을 해할 우려가 없다고 단정할 수는 없다.

[3] 구 특허법 제4조 제3호, 제78조 제1항 제1호에 비추어 특허출원이 공중의

위생을 해할 우려가 있는 때에는 거절사정하여야 하는 것이므로 발명이 공중위생을 해할 우려가 있는지 여부는 특허절차에서 심리되어야 할 것이고 이것이 단순히 발명의 실시단계에 있어 제품에 대한 식품위생법 등 관련제품 허가법규에서만 다룰 문제가 아니다.

다. 판결의 의의

특허법은 공중위생을 해칠 염려가 있는 발명에서도 공서양속을 해칠 염려가 있는 발명의 경우와 동일하게 불특허사유로 규정하고 있다. 이 중에서 공중위생을 해할 염려가 있는지에 대해서는 특허절차에서 다룰 것이 아니라 식품위생법 등에 의한 관련제품 허가단계에서 다루는 것이 타당하다는 견해가 있을 수도 있으나 이 판례에서 법원은 이에 대하여 특허절차에서도 다룰 수 있다고 판시하였다. 이 사례는 공중의 위생을 해할 염려가 있다고 하여 특허될 수 없다고 보면서 특정인 한 사람이 출원발명의 제품을 복용한 결과 아무런 위해가 없었다는 사실만으로 출원발명이 일반 공중의 위생을 해할 우려가 없다고 단정할 수 있는지 여부와 발명이 공중위생을 해할 우려가 있는지 여부가 특허절차에서 심리되어야 하는지 여부에 대한 기준을 제시하였다는 점에서 의의를 찾을 수 있다.

2. 관련 문헌

- 서영철, "신규 식물발명에 관한 보호법규(上)," 법조 57권 2호(통권617호) (2008.2), 법조협회, 420-452면.

3. 응용문제

사람의 태반을 이용하여 고혈압 치료제를 연구·개발하였다. 이를 특허출원한 경우 등록가능성을 논하시오.

VI. 특허받을 수 있는 권리자

① 특허받을 수 있는 권리

> **제33조(특허를 받을 수 있는 자)** ① 발명을 한 사람 또는 그 승계인은 이 법에서 정하는 바에 따라 특허를 받을 수 있는 권리를 가진다. 다만, 특허청 직원 및 특허심판원 직원은 상속이나 유증(遺贈)의 경우를 제외하고는 재직 중 특허를 받을 수 없다.

1. 사 례

(1) 【모인출원의 법률관계】
　　― 대법원 2004.1.16.선고 2003다47218 판결 ―

　가. 사실개요

　　A는 B에 대한 금전채권을 가지고 있었으며 1995.7.6.에 B를 상대로 하여 위 채무에 관한 이행 판결을 받아 그 판결이 확정되었다. 그러자 B는 위 판결에 기한 강제집행을 면탈할 목적으로 1997.6.30. 회사 C를 설립한 뒤 회사 C와 통모하여 자신이 가지고 있던 특허권(1997.1.13. 등록)과 등록출원중이던 특허와 실용신안을 받을 수 있는 권리를 C에게 허위로 양도하고, 이를 원인으로 하여 특허권에 관하여 1997.12.22. 이전등록을, 특허 등을 받을 수 있는 권리에 관하여 1997.9.3. B로부터 C회사에게로 출원인 명의변경신고를 하고, C회사의 명의로 1997.9.3. 특허권설정등록을, 2001.5.28. 실용신안권설정등록을 각각 마쳤다.

　　이에 A는 채무자 B를 대위하여 피고는 B에게 특허권이전등록의 말소등록절차와 설정등록된 위 특허권과 실용신안권에 관하여 이전등록절차를 이행할 것을 구하는 소송을 제기하였다

　나. 판결요지

　　양도인이 특허 또는 실용신안(이하 '특허 등'이라 한다)을 등록출원한 후 출원 중인 특허 등을 받을 수 있는 권리를 양수인에게 양도하고, 그에 따라 양수인 명

의로 출원인명의변경이 이루어져 양수인이 특허권 또는 실용신안권(이하 '특허권 등'이라 한다)의 설정등록을 받은 경우에 있어서 그 양도계약이 무효나 취소 등의 사유로 효력을 상실하게 되는 때에 그 특허 등을 받을 수 있는 권리와 설정등록이 이루어진 특허권 등이 동일한 발명 또는 고안에 관한 것이라면 그 양도계약에 의하여 양도인은 재산적 이익인 특허 등을 받을 수 있는 권리를 잃게 됨에 대하여 양수인은 법률상 원인 없이 특허권 등을 얻게 되는 이익을 얻었다고 할 수 있으므로, 양도인은 양수인에 대하여 특허권 등에 관하여 이전등록을 청구할 수 있다.

다. 판결의 의의

이 사례에서 법원은 등록출원중인 특허 또는 실용신안을 받을 수 있는 권리를 양도한 후 양수인 명의로 특허권 또는 실용신안권 설정등록이 이루어진 경우, 양도계약이 무효 또는 취소 등의 사유로 효력이 상실되었다면 양도인은 양수인에 대하여 특허권 또는 실용신안권에 관하여 이전등록을 청구할 수 있는지 여부에 대한 판단을 하였다. 이 판결은 정당한 권리자에 의하여 특허출원이 있은 이후 모인출원자에 의하여 출원인 명의가 변경되어 특허등록이 이루어진 경우에 특허를 받을 수 있는 권리의 대상이 된 발명과 실제로 특허등록된 발명이 동일한 것을 조건으로 하여, 정당한 권리자는 모인출원 및 등록인을 상대로 직접 등록특허의 명의를 이전청구하는 방법으로 권리를 회복할 수 있음을 판시하고 있다.

다만 이 판결이 위 조건을 만족하지 않는 일반적인 경우에 적용될 수 있는지에 대하여는 견해대립이 있다.

NOTE

이 판결에 대한 판례 평석은 아래 자료를 참고할 것.

☞ 강기중, "무권리자의 특허출원에 의하여 등록된 특허권에 대한 이전등록청구의 허용 여부," 정보법 판례백선 I , 박영사, 2006, 106-113면.

☞ 조영선, "모인출원의 법률관계," 지적재산권 제12호(2006.3), 지적재산권법제연구원, 58-63면.

---

(2) 【'특허를 받을 권리'의 이중양도행위에 적극 가담한 양수인이 출원한 특허
발명의 등록의 효력(무효)】
─ 특허법원 2006.12.28.선고 2005허9282 판결 ─

가. 사실개요

원고는 2004.8.13. 발명자를 원고, 소외 1, 2로, 출원인을 원고로 각각 기재한
특허출원서를 제출하여 2005.4.15.에 특허등록받고 명칭이 "하·폐수 슬러지를
초경량 골재로 자원화하는 설비 시스템"인 이 사건 등록발명의 특허권자이고, 이
사건 등록발명은 하·폐수 슬러지를 처리하여 미세기공을 가진 초경량 골재로 자
원화하는 시스템에 관한 것으로, 슬러지를 점토 및 발포성을 가진 소각재와 혼합
하여 건조한 후 압축하여 기공을 제거하고 구형으로 팰릿(pellet)화한 다음 회전식
소성로에서 소성하는 것을 특징으로 하는 발명이다.

피고들은 이 사건 등록발명이 발명자나 그 적법한 승계인이 아닌 무권리자에
의하여 출원되어 특허법 제133조 제1항 제2호, 제33조 제1항에 해당한다는 이유
로 등록무효심판을 청구하였는바, 특허심판원은 피고들 주장과 같은 무효사유에
해당한다는 이유로 피고들의 청구를 인용하는 청구취지 기재의 이 사건 심결을
하였다. 이에 원고가 불복하여 심결취소소송을 제기하였다.

나. 판결요지

제2양수인이 '특허를 받을 권리'가 이미 제1양수인에게 양도된 사실을 잘 알
면서도 양도인과 위 권리의 이중양도계약을 체결하여 그 이중양도행위에 적극적
으로 가담한 경우, 그 이중양도계약에 기한 '특허를 받을 권리'의 양도행위는 반사
회적 법률행위로서 무효이고, 제2양수인이 위 이중양도계약에 근거하여 출원한
특허발명은 발명자가 아닌 자로서 특허를 받을 수 있는 권리의 승계인이 아닌 자
가 출원한 것이므로 그 등록은 무효이다.

다. 판결의 의의

특허법은 '특허를 받을 수 있는 권리'는 이전할 수 있으며(특§37), 이중으로 양
도된 경우에 특허출원 전에 이를 승계한 경우는 그 승계인이 특허출원을 하지 아
니하면 제3자에게 대항할 수 없다(특§38①)고 하여 특허출원을 대항요건으로 하고
있다.

이 판례에서는 '특허를 받을 권리'가 이미 제1양수인에게 양도된 사실을 잘 알면서도 양도인과 위 권리의 이중양도계약을 체결하여 그 이중양도행위에 적극적으로 가담한 경우 그 이중양도의 효력과 그로 인한 특허를 받을 수 있는 권리자로서 승계인에 대하여 명확히 하였다.

2. 관련 문헌 및 참조 판례

- 강기중, "무권리자의 특허출원(모인출원)과 정당한 권리자의 보호," 법조 53권 5호 (통권572호) (2004.5), 법조협회, 5-53면.
- 이두형, "최근 특허·실용신안 관련 판례 동향," 지식재산21 95호(2006.4), 특허청, 3-36면.
- 특허심판원 2005.10.24. 2005당1095호 심결.

3. 응용문제

甲은 A발명을 완성한 후에 A발명에 대한 권리를 乙에게 양도하였다. 그 후에 甲은 乙과의 계약금액보다 높은 금액으로 丙과 A발명에 대해 양도계약을 체결하였다. A 발명에 대한 정당한 권리자가 누구인지 논하시오.

제2절 권리의 활용

Ⅰ. 특허권의 효력

① 발명의 실시

제2조(정의) 이 법에서 사용하는 용어의 정의는 다음과 같다.
  3. "실시"란 다음 각 목의 구분에 따른 행위를 말한다.

가. 물건의 발명인 경우: 그 물건을 생산·사용·양도·대여 또는 수입하거나 그 물건의 양도 또는 대여의 청약(양도 또는 대여를 위한 전시를 포함한다. 이하 같다)을 하는 행위

나. 방법의 발명인 경우: 그 방법을 사용하는 행위

다. 물건을 생산하는 방법의 발명인 경우: 나목의 행위 외에 그 방법에 의하여 생산한 물건을 사용·양도·대여 또는 수입하거나 그 물건의 양도 또는 대여의 청약을 하는 행위

1. 응용문제

甲은 일회용 카메라(A발명)에 대한 특허권자이다. 乙은 甲에게서 A발명을 구입한 후 이를 업으로서 사용하고 있다. 丙은 A발명을 중국으로 수출하고 있다. 丁은 乙과 같이 A발명을 구매하여 사용한 후 버려진 A발명을 수거한 후 필름을 교체하여 다시 판매하고 있다.

乙, 丙, 丁의 실시행위가 甲의 특허권의 침해인지를 논하시오.

② 공동발명

1. 사 례

(1) 【공동발명에 있어서 출원명의만을 1인으로 하여 등록된 경우, 그 등록의 유효성 여부(소극)】

— 대법원 2004.1.16.선고 2003다47218 판결 —

가. 사실개요

피고는 소외 A가 2000.3.30. 출원하여 2000.7.27. 등록받은 '주방기구 장착용 냉장고'에 관한 고안(등록번호 제198954호, 이하 '이 사건 등록고안'이라고 한다)의 실용신안권자이다. 이 사건 등록고안은 직무고안으로서 당해 실용신안을 받을 수 있는 권리는 고안이 완성됨과 동시에 각 소속회사인 피고와 B에게 승계되어 피고

와 B의 공유로 되었으나 피고의 묵인 내지 승낙 아래 A 단독명의로 출원하여 등록되었다. 원고들은 2002.7.12. 피고를 상대로 이 사건 등록고안이 그 출원 전에 반포된 간행물에 기재된 선행기술들로부터 이 기술분야에서 통상의 지식을 가진 자가 극히 용이하게 고안할 수 있는 고안에 해당한다는 이유를 내세워 등록무효심판을 청구하였고, 이 사건 소 제기 후 이 사건 등록고안의 무효사유로 공동출원 규정위반을 추가로 주장하였다. 이에 특허심판원은 2003.5.29. 원고들의 심판청구를 기각하는 청구취지 기재의 이 사건 심결을 하였고 이에 원고가 심결취소소송 을 제기하였다.

나. 판결요지

적법한 권리의 승계 없이 공동고안자 전부가 고안에 관한 권리를 그대로 보유하면서 출원명의자만을 공유자 중의 1인이나 제3자로 하기로 합의하고 그 합의에 따라 공유자 중의 1인이나 제3자 명의로 출원하여 등록받은 경우에는 실용신안법 제20조 제1항에 의하여 준용되는 특허법 제44조를 위반한 경우에 해당하여 실용신안법 제49조 제1항 제1호에 의하여 그 등록은 무효라고 보아야 할 것이다.

다. 판결의 의의

이 사례에서 법원은 고안을 등록받을 수 있는 권리가 공유인 경우에 공유자 중 1인에게 이 사건 등록고안에 관한 지적재산권 관리를 일임하고 그 출원을 공유자 중 1인의 단독명의로 하는 데에 대하여 묵인 내지 승낙하였더라도, 공유관계를 확정적으로 해소한 것이 아니라면 등록고안에 대한 제반 권리는 여전히 보유하는 것으로 판단하여 공동발명에 대한 출원인의 자격에 대하여 구체적으로 판단하였다는 것에 의의가 있다.

2. 응용문제

> 甲과 丙은 공동으로 연구하여 A발명을 완성하였다. 발명을 완성한 후에 甲은 丙의 동의 없이 A발명에 대한 권리를 乙에게 양도하였고 그 후 乙은 단독으로 A발명을 특허출원을 하였다. A발명이 신규성, 진보성 등의 등록요건을 구비한 경우에 乙의 특허출원의 등록가능성을 논하시오.

II. 특허권의 효력 제한

① 이용·저촉 관계에 의한 제한

> 제98조(타인의 특허발명 등과의 관계) 특허권자·전용실시권자 또는 통상실시권자는 특허발명이 그 특허발명의 특허출원일 전에 출원된 타인의 특허발명·등록실용신안 또는 등록디자인이나 그 디자인과 유사한 디자인을 이용하거나 특허권이 그 특허발명의 특허출원일 전에 출원된 타인의 디자인권 또는 상표권과 저촉되는 경우에는 그 특허권자·실용신안권자·디자인권자 또는 상표권자의 허락을 받지 아니하고는 자기의 특허발명을 업으로서 실시할 수 없다.

1. 사 례

(1) 【선행발명과 후발명이 이용관계에 있는 경우 후발명이 선행발명특허의 권리범위에 속하는지 여부(적극)】

― 대법원 1991.11.26.선고 90후1499 판결 ―

가. 사실개요

(가)호 발명을 실시하고 있는 甲은 이 사건 특허발명의 특허권자인 乙를 상대로 소극적 권리범위확인심판을 청구하였으나 특허청 심판소는 심판청구인인 甲의 청구를 기각하였다. 이에 대하여 이 사건 甲이 위 심결에 대하여 취소를 구하였고, 특허청 항고심판소는 (가)호 발명은 본건 특허와 상이하고, 또 본건 특허의 이용발명에 해당하지도 아니하여 (가)호 발명은 본건 특허의 권리범위에 속하지 아니한다고 판단한 다음, 심판청구인의 이 사건 권리범위확인청구를 기각한 초심결을 파기하고 심판청구를 인용하였다. 이에 피심판청구인 乙이 불복하여 상고하였다.

나. 판결요지

[1] 선행발명과 후발명이 구 특허법 제45조 제3항 소정의 이용관계에 있는 경우에는 후발명은 선행발명특허의 권리범위에 속하게 된다.

[2] 기계, 장치 등에 관한 발명의 경우에 있어서는 후발명이 선행발명의 특허요지에 새로운 기술적 요소를 가하는 것으로서 후발명이 선행발명의 요지를 전부 포함하고 이를 그대로 이용하게 되면 구 특허법 제45조 제3항 소정의 이용관계가 성립된다.

[3] 기계, 장치 등에 관한 발명에 적용될 위 "마"항의 법리를 화학물질의 제법발명에 적용할 수는 없고, 특히 촉매사용에 대한 언급이 없는 특허제조방법과 촉매를 사용하여 행하는 제조방법은 비록 출발물질과 생성물질이 같다고 하더라도, 후자의 촉매사용이 작용효과상의 우월성을 얻기 위한 것이 아니라 무가치한 공정을 부가한 것에 지나지 않는다고 인정되는 경우를 제외하고는 후발명이 선행발명을 이용하고 있다고 볼 수 없으므로 후발명은 선행발명의 권리범위의 영역 밖에 있는 것이다.

다. 판결의 의의

특허권자는 특허권이 설정등록된 경우 자신의 특허발명에 대하여 업으로서 실시를 독점할 수 있다(적극적 효력). 또한 등록된 특허권의 권리범위 내에서 타인의 실시를 제한할 수 있다(소극적 효력). 이러한 특허권의 효력은 일정한 경우에 제한되는데 공지된 발명을 이용하여 개량한 '이용발명'의 경우가 그러하다.

이 판례에서는 이용관계에 있는 선·후발명의 경우에 후발명의 특허권의 효력이 제한되는지에 대하여 명확히 하고 있다.

NOTE

이 판결에 대한 판례 평석은 아래 자료를 참고할 것.

☞ 정대동, "화학물질의 제법특허발명과 이용발명", 대법원판례해설 16호(91년 하반기), 법원도서관, 1992, 551-573면.

(2) 【화학물질 제조방법의 발명에서 촉매의 부가로 인하여 그 수율에 현저한 상승이 있는 경우에도 이용발명에 해당하는지 여부(적극)】
― 대법원 2001.8.21.선고 98후522 판결 ―

가. 사실개요

피라조술푸론에틸의 제조방법[이하 '(가)호 발명']을 실시하고 있는 甲이 1993.8. 26. 이 사건 특허발명 피라졸술포닐우레아 유도체의 제조방법의 특허권자인 乙를 상대로 소극적 권리범위확인심판을 청구하였다. 특허청 심판소는 심판청구인인 甲의 청구를 인용하여 "(가)호 발명은 이 사건 특허발명의 권리범위에 속하지 아니한다"고 심결하였고, 이에 대하여 이 사건 특허발명의 특허권자인 乙이 위 심결에 대하여 취소를 구하였으나, 특허청 항고심판소는 "이 사건 특허발명은 출발물질을 PSI로 하고, ADMP를 반응물질로 하고 있는 것인 데 비하여, (가)호 발명은 출발물질을 PSC로 하고, 반응물질로서 소듐시아네이트(NaOCN), 피리딘 및 ADMP의 3가지 물질을 용매인 아세토니트릴(CH_3CN)과 함께 투입하여 반응시키는 것인바, 양 발명은 반응물질 중 ADMP만 서로 동일할 뿐, 출발물질과 다른 두 가지의 반응물질 및 용매 등이 상이하다. 그리고 피리딘은 출발물질인 PSC와 결합되어 중간생성물인 피리디늄어닥트의 생성을 촉진시키는 등 전체 공정에서 목적물질의 반응수율에 상당한 영향을 미치는 촉매로서 주요한 역할을 하는 물질이므로, 이를 무가치한 부가물이라 할 수 없다. 따라서 (가)호 발명은 이 사건 특허발명의 권리범위에 속하지 아니한다"고 판시하여 이를 기각하였다. 이에 피심판청구인 乙이 상고하였다.

나. 판결요지

[1] 선 특허발명과 후 발명이 구 특허법(1990.1.13. 법률 제4207호로 전문 개정되기 전의 것) 제45조 제3항에서 규정하는 이용관계에 있는 경우에는 후 발명은 선 특허발명의 권리범위에 속하게 되고, 이러한 이용관계는 후 발명이 선 특허발명의 기술적 구성에 새로운 기술적 요소를 부가하는 것으로서 후 발명이 선 특허발명의 요지를 전부 포함하고 이를 그대로 이용하되, 후 발명 내에 선 특허발명이 발명으로서의 일체성을 유지하는 경우에 성립하는 것이며, 이는 선 특허발명과 동일한 발명뿐만 아니라 균등한 발명을 이용하는 경우도 마찬가지이다.

[2] 화학반응에서 촉매라 함은 반응에 관여하여 반응속도 내지 수율 등에 영향을 줄 뿐 반응 후에는 그대로 남아 있고 목적물질의 화학적 구조에는 기여를 하지 아니하는 것임을 고려하면, 화학물질 제조방법의 발명에서 촉매를 부가함에 의하여 그 제조방법 발명의 기술적 구성의 일체성, 즉 출발물질에 반응물질을 가하여 특정한 목적물질을 생성하는 일련의 유기적 결합관계의 일체성이 상실된다고 볼 수는 없으므로, 촉매의 부가로 인하여 그 수율에 현저한 상승을 가져오는 경우라 하더라도, 달리 특별한 사정이 없는 한 선행 특허발명의 기술적 요지를 그대로 포함하는 이용발명에 해당한다고 봄이 상당하다.

다. 판결의 의의

이 사건 대법원 판결은 촉매의 사용과 이용발명에 관한 기존의 대법원판결과 배치되는 판결이다. 기존의 대법원판결들은 화학물질의 제조과정(수단)에 있어서 촉매를 사용하는 것과 사용하지 않는 것은 그 기술사상을 현저히 달리하는 것이라는 전제에서 촉매의 사용이 작용효과상의 우월성이 있다면 이용관계의 성립을 인정하지 않았으나 촉매의 사용으로 인하여 수율이 향상되더라도 나머지 점에 차이가 없다면 특허성 있는 이용발명으로서 특허발명의 권리범위에 속한다고 판시하여 방법의 발명, 특히 화학물질의 제법에 관한 발명에 있어서 이용발명에 해당하는 기준을 제시한 것에 그 의의가 있다.

NOTE

이 판결에 대한 판례 평석은 아래 자료를 참고할 것.

☞ 강동세, "화학적 제조방법발명의 이용발명론," 정보법 판례백선 I , 박영사, 2006, 20-26면.

☞ 이수완, "특허발명에 있어서의 이용관계와 촉매," 대법원판례해설 39호(2001 하반기), 법원도서관, 2002, 310-341면.

☞ 조영호, "이용발명에 관한 판례연구," 재판실무연구(2006.1), 광주지방법원, 163-186면.

---

2. 관련 문헌

• 구대환, "불완전이용발명의 이용관계 성립 여부에 관한 고찰," 법학 45권 3호(132호)

(2004.9), 서울대학교 법학연구소, 66-93면.

- 박성수, "특허 청구범위의 해석에 관한 소고," 사법논집 제39집(2004.12), 법원도서관, 589-660면.
- 배대헌, "산업재산권의 Dichotomy," 계명법학(제1집) 1집(1997.1), 계명법학간행위원회, 133-163면.
- 성기문, 특허발명의 보호범위와 제 침해에 관한 실무적 고찰," 사법논집 제41집(2005.12), 법원도서관, 411-530면.
- 이수완, "적극적 권리범위확인심판과 이용관계," 대법원판례해설 41호(2002 상반기), 법원도서관, 417-429면.
- _____, "특허발명에 있어서의 이용관계와 촉매," 대법원판례해설 39호(2001 하반기), 법원도서관, 310-341면.
- _____, "특허성판단과 특허침해판단과의 관계," 창작과 권리 2호(1996년 봄호) (1996. 3), 세창출판사, 75-92면.
- 조영호, "이용발명에 관한 판례연구" 재판실무연구 2005, 광주지방법원, 163-186면.
- 최덕규, "특허명세서 기재요건의 해석 및 운용실태: 특허법 제42조 제3항 및 제4항의 운용실태를 중심으로," 창작과 권리 8호(1997년 가을호), 세창출판사, 2-36면.

3. 응용문제

甲과 乙은 카메라(구성이 a+b+c로 된 발명A)에 대한 특허발명의 공동발명자로서 특허권을 공유하고 있다. 이후 甲은 독자적으로 연구하여 A발명에 플래시(구성요소 d) 부분을 추가한 카메라(구성이 a+b+c+d로 된 발명B)를 발명하여 특허등록을 받았다. 甲이 B발명을 실시할 때 乙과의 관계에 의하여 특허권의 효력이 제한되는지를 논하시오.

② 특허권의 공유에 의한 제한

제99조(특허권의 이전 및 공유 등) ① 특허권은 이전할 수 있다.

② 특허권이 공유인 경우에는 각 공유자는 다른 공유자 모두의 동의를 받아야만 그 지분을 양도하거나 그 지분을 목적으로 하는 질권을 설정할 수 있다.

③ 특허권이 공유인 경우에는 각 공유자는 계약으로 특별히 약정한 경우를 제외하고는 다른 공유자의 동의를 받지 아니하고 그 특허발명을 자신이 실시할 수 있다.

④ 특허권이 공유인 경우에는 각 공유자는 다른 공유자 모두의 동의를 받아야만 그 특허권에 대하여 전용실시권을 설정하거나 통상실시권을 허락할 수 있다.

1. 사 례

【특허권의 공유관계의 법적 성질】
 ― 대법원 1999.3.26.선고 97다41295 판결 ―

가. 사실개요

소외 甲 주식회사(이하 '甲회사')는 1989.11.24. 카셋트플레이어의 문자정보표시시스템 및 그 표시방식에 관한 발명에 관한 특허를 출원하여 1993.5.8. 등록을 마친 이 사건 특허권자이다. 甲회사는 이 사건 특허가 등록되기 이전인 1993.2.1. 원고에게 이 사건 특허권의 2분의 1 지분을 양도하기로 하는 계약을 체결하였다. 그 후 甲회사가 위 양도계약에 따라 특허권의 2분의 1 지분을 양도하지 아니하자, 원고는 위 양도계약에 기한 특허권이전등록청구권을 보전하기 위하여 1993.8.20. 甲회사를 상대로 (서울민사지방법원 93카합7351) 특허권가처분신청을 하였고, 이에 위 법원은 1993.9.7. "甲회사는 이 사건 특허권 중 2분의 1 지분에 대하여 매매, 증여, 사용권의 설정 기타 일체의 처분을 하여서는 아니된다"는 내용의 가처분결정을 하였으며, 위 가처분은 위 법원의 촉탁에 따라 같은 달 11. 특허청에 기입등록되었다.

甲회사는 위 가처분이 기입등록된 후인 1994.7.6. 원고의 동의 없이 이 사건 특허권을 피고 A에게 양도하여 위 피고 명의의 특허권이전등록이 같은 날 경료되었고, 피고 A는 같은 해 8.4. 피고 B에게 이 사건 특허권을 양도하여 피고 B 명의의 특허권이전등록이 같은 달 5.에 마쳐졌으며, 피고 B는 1996.3.19. 다시 이 사건 특허권을 피고 주식회사(이하 '피고회사'라고만 한다)과 피고 C에게 양도함으로써 피고회사, C 공동명의의 특허권이전등록이 3.21. 경료되었다. 한편 피고 D는 같은 해 4.17. 피고회사와 피고 C로부터 지역을 대한민국 전역, 기간을 같은 날부터 2008.1.21.까지로 하는 전용실시권을 허락받아 1996.4.18. 전용실시권설정등록을 마쳤다. 한편 원고는 이 사건 특허권 중 2분의 1 지분에 대한 가처분등록이 이루어진 다음 甲회사에 대하여 서울지방법원 북부지원 95가합3446호로 특허권 이전등록청구의 본안소송을 제기하였고, 위 소송에서 甲회사가 1996.4.18. 원고의 청구를 인낙하자, 같은 해 5.10. 위 인낙조서에 기하여 원고 명의의 특허권 일부이전등록을 마쳤다. 그리고 이 사건 제1심판결 선고 후인 1997.2.24. 특허청에 위 가처분등록의 효력에 반하는 피고 A, B, C 및 피고회사 명의의 이전등록의 말소를 신청하였는데, 특허청에서는 위 인낙조서가 원고와 다른 특허권자의 지분을 표시한 것에 불과할 뿐 말소를 명하는 재판이 아니라는 이유로 위 신청서를 불수리하면서도, 특허등록원부상 기존의 특허권자란 9번의 피고회사 및 피고 C 특허권등록란에 위 피고들이 이 사건 특허권 중 2분의 1 지분만을 공유하고 있으며, 같은 특허권자란 10번의 원고 특허권일부이전등록란에 원고가 나머지 2분의 1지분을 소유하고 있다는 취지로 정정 기재함으로써 결과적으로 피고회사 및 피고 C에 대하여는 2분의 1 지분을 말소등록한 것처럼 되었다. 이에 원고가 불복하여 항소를 제기하였고, 원심이 같은 취지에서 이 사건 가처분 이후에 이루어진 이 사건 특허권의 처분은 원고가 양수받아 가처분을 한 지분의 범위 내에서만 무효라고 판단하여 항소를 일부기각하였다. 이에 원고와 피고가 각각 불복하여 상고를 제기하였다.

나. 판결요지

특허권을 공유하는 경우에 각 공유자는 다른 공유자의 동의를 얻지 아니하면 그 지분을 양도하거나 그 지분을 목적으로 하는 질권을 설정할 수 없고, 그 특허권에 대하여 전용실시권을 설정하거나 통상실시권을 허락할 수 없는 등 특허권의 공유관계는 합유에 준하는 성질을 가진다.

다. 판결의 의의

특허권의 일부 공유지분의 이전청구권을 보전하기 위한 처분금지가처분결정에 기하여 가처분등록이 경료된 후 특허권이 전부 타에 이전된 경우에 있어서, 가처분권자인 그 지분의 양수인이 본안소송에서 승소하여 그 지분에 대한 이전등록이 이루어졌다면, 위 가처분등록 이후의 특허권 이전은 양수인 앞으로 이전등록된 지분의 범위 내에서만 무효가 된다고 보아야 하고, 비록 특허권을 공유하는 경우에 각 공유자는 다른 공유자의 동의를 얻지 아니하면 그 지분을 양도하거나 그 지분을 목적으로 하는 질권을 설정할 수 없고, 그 특허권에 대하여 전용실시권을 설정하거나 통상실시권을 허락할 수 없는 등(특허법 제99조 제2항, 제4항 참조) 특허권의 공유관계가 합유에 준하는 성질을 가졌다고 하더라도(대법원 1987.12.8.선고 87후111 판결 참조), 특허권의 일부 지분을 양수하기로 한 자는 그 지분의 이전등록이 있기까지는 특허권의 공유자로서 양수의 목적이 되지 아니한 다른 지분의 양도에 대하여 동의권을 행사할 수 없는 것이므로, 다른 지분의 처분을 저지할 수 있는 특약이 존재하는 등의 특별한 사정이 있는 경우가 아니라면, 양수의 목적이 된 지분의 이전등록 이전에 그러한 동의권의 보전을 위한 가처분이나 다른 지분에 대한 처분금지의 가처분을 구하는 것은 허용되지 않는다고 할 것이다.

2. 관련 문헌

- 박정화, "상표권의 공유자가 그 상표권의 효력에 관한 심판에서 패소한 경우에 제기할 심결취소소송이 고유필수적 공동소송인지 여부(소극)," 대법원판례해설 53호 (2004 하반기), 법원도서관, 264-292면.
- 정상조, "저작권의 공동보유," 법학 40권 2호(111호) (1999.8), 서울대학교 법학연구소, 207-241면.
- ＿＿＿, "컴퓨터 프로그램의 공동개발," 정보법학 3호(1999.12), 한국정보법학회, 205-241면.
- 정차호, "공동발명자 결정방법 및 관련 권리의 연구," 특허소송연구 3집(2005.12), 특허법원, 141-174면.

3. 응용문제

甲과 乙은 카메라 렌즈에 관한 특허발명(이하 발명A)의 공동발명자로서 특허권을 공유하고 있다. 특허등록 이후 甲은 사망하였고 상속인 丙이 甲의 권리를 승계하였다. 그 후에 丙이 발명A에 대해 丁에게 실시권 설정계약을 하였고 그에 따라 丁은 A발명을 실시하고 있다. 이 때 乙, 丙, 丁의 법률관계에 대하여 논하시오.

③ 공지기술에 의한 제한

제97조(특허발명의 보호범위) 특허발명의 보호범위는 청구범위에 적혀 있는 사항에 의하여 정하여진다.

1. 사 례

(1) 【특허발명이 공지된 기술에 해당하므로 무효심결의 확정 여부에 관계없이 그 권리범위를 인정할 수 없다고 한 사례】

― 대법원 2000.11.10.선고 2000후1283 판결 ―

가. 사실개요

원고들은 명칭을 '하수 처리용 접촉물'로 하는 특허발명(출원일 1986.6.18, 우선권주장일 1985.6.21, 등록일 1992.7.6, 이하 '이 사건 특허발명'이라 한다)의 공동특허권자들이다. 피고는 폐수 처리용 접촉제의 발명[이하 '(가)호 발명'이라 한다]은 이 사건 특허발명의 출원 전에 공지되었고, 이 사건 특허발명과 구성 및 작용효과가 상이한 발명이며, 이 사건 특허발명은 그 출원 전에 반포되어 국내로 반입된 간행물인 일본 특허공보(1979.8.30.)에 기재된 발명(이하 '인용발명 1'이라 한다) 및 일본 특허공보(1981.1.16.)에 기재된 발명(이하 '인용발명 2'라 한다)과 동일하여 신규성과 진보성이 인정되지 아니하여 권리범위를 인정할 수 없다는 이유로 (가)호 발명은 이 사건 특허발명의 권리범위에 속하지 아니한다는 확인을 구하는 권리범위확인심판을 청구하였다. 특허심판원은 위 심판사건을 98당1412호로 심리하여 1999.6.29. (가)호 발명은 이 사건 특허발명의 권리범위에 속하지 아니한다는 심결을 하였다. 이에 원고가 불복하여 심결취소소송을 제기하였으나, 특허법원은 원고의 청구를 기각하였다. 이에 원고가 상고를 제기하였다.

나. 판결요지

하수처리용 접촉물에 관한 특허발명이 그 출원 전에 국외 간행물에 기재된 인용발명의 일부 구성요소의 수치를 한정한 것에 불과한 것으로 그 수치 한정에 구성의 곤란성이 인정되지 아니하고 수치 한정으로 인한 특별한 효과나 임계적

(臨界的) 의의가 인정되지 않으므로 특허발명은 인용발명과 기술적 구성이 실질적
으로 동일하여 공지된 기술에 해당하고, 따라서 무효심결의 확정 여부에 관계없
이 그 권리범위를 인정할 수 없다는 이유로 (가)호 발명은 특허발명과 대비할 필
요도 없이 그 권리범위에 속하지 않는다고 한 사례이다.

다. 판결의 의의

대법원은 1983.7.26.선고 81후56 전원합의체 판결로, "등록된 특허의 일부에
그 발명의 기술적 효과발생에 유기적으로 결합된 것이 아닌 공지사유가 포함되어
있는 경우, 그 공지부분에까지 권리범위가 확장되는 것이 아닌 이상 그 등록된 특
허무효의 심결의 유무에 관계없이 그 권리범위를 인정할 근거가 상실된다는 것은
논리상 당연한 이치라고 보지 않을 수 없고, 이를 구별하여 그 일부에 공지사유가
있는 경우에는 그 권리범위에 속한다고 해석하여야 할 근거도 찾아볼 수 없으며,
특허권은 신규의 발명에 대하여 부여되는 것이고 그 권리를 정함에 있어서는 출
원 당시의 기술수준이 무효심판의 유무에 관계없이 고려되어야 한다"라고 공지사
실 제외설에 입각하여 판시하면서, 이와 배치되는, 등록된 기술적 고안의 일부가
아닌 전부가 공지공용에 속하는 경우에는 그 무효심결이 없는 한 무효를 주장할
수 없다고 한 종전 판례들을 폐기하고 있다.

이 판례도 이에 따라 특허발명이 공지기술과 실질적으로 동일한 경우에는 무
효심결 없이도 그 권리범위를 주장할 수 없음을 확인하고 있다.

(2) 【특허발명과 대비되는 발명이 공지의 기술만으로 이루어지거나 당업자가
　　 공지기술로부터 용이하게 실시할 수 있는 경우, 특허발명의 권리범위에 속
　　 하는지 여부(소극)】
　　 ― 대법원 2001.10.30.선고 99후710 판결 ―

가. 사실개요

이 사건 특허발명은 일련의 8개 과정으로 이루어진 것을 특징으로 하는 전자
동 고압멸균소독기의 멸균제어방법이고, (가)호 발명인 '고압증기멸균기'는 병원 등
에서 사용하는 의료기구들을 비롯하여 멸균소독이 필요한 각종 기구들을 마이크로
프로세서에 의해 자가진단으로 멸균소독할 수 있게 한 기기로서, 멸균 전 과정, 즉
급수 → 가열 → 멸균 → 배기 → 건조 → 완료가 자동으로 진행되게 한 것이다.

인용발명 1은 1990.6.경 미국 A사가 발행한 "Table Top Sterilizer"에 대한 Equipment Manual의 일부를 발췌한 책자에 기재된, 8개의 과정으로 이루어지고, PC 보드의 마이크로프로세서에 의하여 실행되는 자동프로그램에 의하여 멸균소독작업을 자동으로 달성되게 되는 멸균소독기에 대한 기술이며, 인용발명 2는 독일 S사가 1992.2. 발행한 멸균소독기 제품에 대한 사용자 매뉴얼 책자와 1991.6. 발행한 멸균소독기제품에 대한 서비스 매뉴얼 책자에 기재된, 인용발명 1과 같은 8개의 일련의 멸균소독과정과 이 과정이 마이크로 프로세서에 의하여 제어되는 멸균소독기에 대한 기술이다.

이 사건 특허발명의 특허권자인 원고가 피고가 실시중인 (가)호 발명에 대하여 권리범위확인을 구한 사안으로서, 원심(특허법원 1999.2.25.선고 98허4725 판결)의 청구기각판결에 대하여 원고가 상고하였다.

나. 판결요지

[1] 어느 발명이 특허발명의 권리범위에 속하는지를 판단함에 있어서 특허발명과 대비되는 발명이 공지의 기술만으로 이루어지거나 그 기술분야에서 통상의 지식을 가진 자(당업자)가 공지기술로부터 용이하게 실시할 수 있는 경우에는 특허발명과 대비할 필요 없이 특허발명의 권리범위에 속하지 않게 된다.

[2] (가)호 발명이 공지된 선행기술에 의하여 용이하게 발명할 수 있다는 이유로 특허발명과 대비할 필요도 없이 특허발명의 권리범위에 속하지 아니한다고 한 사례이다.

다. 판결의 의의

특허발명과 대비되는 발명이 공지의 기술만으로 이루어진 경우에는 자유기술의 항변을 허용하여 특허발명과 대비할 필요 없이 특허발명의 권리범위에 속하지 않게 된다는 것이 종래의 확립된 대법원 판례의 입장이었다. 그런데 특허발명과 대비되는 발명이 공지기술로부터 용이하게 실시할 수 있는 경우에도 특허발명의 권리범위에 속하지 않게 되는가에 관하여 명확하지 않았다.

이 판결은 "어느 발명이 특허발명의 권리범위에 속하는지를 판단함에 있어서 특허발명과 대비되는 발명이 공지의 기술만으로 이루어지거나 그 기술분야에서 통상의 지식을 가진 자가 공지기술로부터 용이하게 실시할 수 있는 경우에는 특허발명과 대비할 필요 없이 특허발명의 권리범위에 속하지 않게 된다"고 판시하여 자유기술항변을 인정하되, 특허발명과 대비되는 발명이 신규성이 없을 뿐만 아니라 진보성이 없는 경우에도 자유기술의 항변을 인정한 최초의 판결로서 의의가 있다.

NOTE

이 판결에 대한 판례 평석은 아래 자료를 참고할 것.

☞ 강동세, "특허발명과 대비되는 발명이 공지기술로부터 용이하게 실시할 수 있는 경우, 특허발명의 권리범위에 속하는지 여부(소극)," 대법원판례해설 39호(2002.6), 법원도서관, 2002, 363-380면.

☞ 성기문, "자유기술의 항변," 정보법 판례백선Ⅰ, 박영사, 2006, 36-43면.

---

2. 관련 문헌

- 강기중, "가. 등록의장이 공지된 의장이나 그 출원 전에 반포된 간행물에 기재된 의장과 동일·유사한 경우, 등록무효 심판이 없어도 그 권리범위를 부정할 수 있는지 여부(적극), 나. 등록의장이 주지의 형상으로부터 용이하게 창작할 수 있는 것인 경우, 등록무효심판이 없어도 그 권리범위를 부인할 수 있는지 여부(소극) 및 등록의장과 대비되는 의장이 주지의 형상으로부터 용이하게 창작할 수 있는 것인 경우, 등록의장의 권리범위에 속하는지 여부(소극)," 대법원판례해설 50호(2004 상반기), 법원도서관, 596-610면.
- 권택수, "특허권침해금지청구소송에 있어서의 실무상 제문제: 피고제품 및 피고방법의 특정, 특허청구범위의 해석과 관련하여," 민형사실무연구: 서울북부지방법원 승격기념논문집(2004.12), 서울북부지방법원, 355-400면.
- 박성수, "특허 청구범위의 해석에 관한 小考," 사법논집 제39집(2004.12), 법원도서관, 589-660면.
- 성기문, "자유기술의 항변," 정보법 판례백선Ⅰ, 박영사, 36-43면.
- ____, "특허발명의 보호범위와 제 침해에 관한 실무적 고찰," 사법논집 제41집(2005.12), 법원도서관, 411-530면.
- 이한주, "특허침해소송에 있어 무효사유의 판단," 사법논집 제41집(2005.12), 법원도서관, 531-602면.

- 조현래, "특허침해소송과 권리범위확인심판에서 무효항변의 허용여부 및 권리범위 해석," 상사판례연구 17집(2004.12), 한국상사판례학회, 367-418면.
- 최성준, "성질 또는 특성 등에 의하여 물건을 특정하는 발명," LAW & TECHNOLOGY 제3권 제1호(2007년 1월), 서울대학교 기술과법센터, 108-115면.

3. 응용문제

甲은 카메라(구성이 a+b+c로 된 발명A)에 대한 특허권자이다. 甲은 발명A의 특허가 등록된 이후 乙이 A발명을 허락 없이 실시하여 침해금지를 청구하였다. 대응방안을 연구하던 乙은 발명 A가 출원 전 공지된 카메라(구성이 a+b´+c로 된 발명B)와 비교하여 극히 용이하게 발명할 수 있다는 것을 알게 되었다. 위 침해소송에서 乙의 항변에 대하여 논하시오.

Ⅲ. 특허권자의 의무

① 특허료 납부의무와 추가납부 및 회복

제79조(특허료) ① 제87조 제1항에 따른 특허권의 설정등록을 받으려는 자는 설정등록을 받으려는 날(이하 "설정등록일"이라 한다)부터 3년분의 특허료를 내야 하고, 특허권자는 그 다음 해부터의 특허료를 해당 권리의 설정등록일에 해당하는 날을 기준으로 매년 1년분씩 내야 한다.

② 제1항에도 불구하고 특허권자는 그 다음 해부터의 특허료는 그 납부연도 순서에 따라 수년분 또는 모든 연도분을 함께 낼 수 있다.

제81조(특허료의 추가납부 등) ① 특허권의 설정등록을 받으려는 자 또는 특허권자는 제79조 제3항에 따른 납부기간이 지난 후에도 6개월 이내(이하 "추가납부기간"이라 한다)에 특허료를 추가로 낼 수 있다.

② 제1항에 따라 특허료를 추가로 낼 때에는 내야 할 특허료의 2배의 범위에서 산업통상자원부령으로 정하는 금액을 납부하여야 한다.

③ 추가납부기간에 특허료를 내지 아니한 경우(추가납부기간이 끝나더라도

제81조의2 제2항에 따른 보전기간이 끝나지 아니한 경우에는 그 보전기간에 보전하지 아니한 경우를 말한다)에는 특허권의 설정등록을 받으려는 자의 특허출원은 포기한 것으로 보며, 특허권자의 특허권은 제79조 제1항 또는 제2항에 따라 낸 특허료에 해당되는 기간이 끝나는 날의 다음 날로 소급하여 소멸된 것으로 본다.

제81조의2(특허료의 보전) ① 특허청장은 특허권의 설정등록을 받으려는 자 또는 특허권자가 제79조 제3항 또는 제81조 제1항에 따른 기간에 특허료의 일부를 내지 아니한 경우에는 특허료의 보전(補塡)을 명하여야 한다.

② 제1항에 따라 보전명령을 받은 자는 그 보전명령을 받은 날부터 1개월 이내(이하 "보전기간"이라 한다)에 특허료를 보전할 수 있다.

제81조의3(특허료의 추가납부 또는 보전에 의한 특허출원과 특허권의 회복 등) ① 특허권의 설정등록을 받으려는 자 또는 특허권자가 책임질 수 없는 사유로 추가납부기간에 특허료를 내지 아니하였거나 보전기간에 보전하지 아니한 경우에는 그 사유가 소멸한 날부터 2개월 이내에 그 특허료를 내거나 보전할 수 있다. 다만, 추가납부기간의 만료일 또는 보전기간의 만료일 중 늦은 날부터 1년이 지난 때에는 그러하지 아니하다.

② 제1항에 따라 특허료를 내거나 보전한 자는 제81조 제3항에도 불구하고 그 특허출원을 포기하지 아니한 것으로 보며, 그 특허권은 계속하여 존속하고 있던 것으로 본다.

③ 추가납부기간에 특허료를 내지 아니하였거나 보전기간에 보전하지 아니하여 특허발명의 특허권이 소멸한 경우 그 특허권자는 추가납부기간 또는 보전기간 만료일부터 3개월 이내에 제79조에 따른 특허료의 2배를 내고, 그 소멸한 권리의 회복을 신청할 수 있다. 이 경우 그 특허권은 계속하여 존속하고 있던 것으로 본다.

④ 제2항 또는 제3항에 따른 특허출원 또는 특허권의 효력은 추가납부기간 또는 보전기간이 지난 날부터 특허료를 내거나 보전한 날까지의 기간(이하 이 조에서 "효력제한기간"이라 한다) 중에 타인이 특허출원된 발명 또는 특허발명을 실시한 행위에 대해서는 그 효력이 미치지 아니한다.

⑤ 효력제한기간 중 국내에서 선의로 제2항 또는 제3항에 따른 특허출원된 발명 또는 특허발명을 업으로 실시하거나 이를 준비하고 있는 자는 그 실시하거나 준비하고 있는 발명 및 사업목적의 범위에서 그 특허출원된 발명 또는 특허발명에 대한 특허권에 대하여 통상실시권을 가진다.

⑥ 제5항에 따라 통상실시권을 가진 자는 특허권자 또는 전용실시권자에게 상당한 대가를 지급하여야 한다.

1. 응용문제

甲은 A발명에 대하여 2007.7.1. 특허출원하여 2009.5.1.에 특허결정등본을 송달받았다. 그러나 甲은 등본 송달일부터 3월 이내 특허료를 납입하지 못하고 있다가 2009.10.1.에 특허료를 납부하였으나 착오로 10,000원을 적게 납부하였다. 이에 특허청은 2009.11.1.에 甲에게 부족한 금액을 납부할 것을 명하는 보전명령을 하였다. 이러한 경우 甲이 부족한 특허료를 납부할 수 있는 기간과 기간 내 납부하지 못한 경우로서 甲이 책임질 수 없는 사유가 있는 경우에 법률관계를 논하시오.

IV. 실 시 권

1 전용실시권

제100조(전용실시권) ① 특허권자는 그 특허권에 대하여 타인에게 전용실시권을 설정할 수 있다.

② 전용실시권을 설정받은 전용실시권자는 그 설정행위로 정한 범위에서 그 특허발명을 업으로서 실시할 권리를 독점한다.

③ 전용실시권자는 다음 각 호의 경우를 제외하고는 특허권자의 동의를 받아야만 전용실시권을 이전할 수 있다.

1. 전용실시권을 실시사업(實施事業)과 함께 이전하는 경우

2. 상속이나 그 밖의 일반승계의 경우

④ 전용실시권자는 특허권자의 동의를 받아야만 그 전용실시권을 목적으로 하는 질권을 설정하거나 통상실시권을 허락할 수 있다.

⑤ 전용실시권에 관하여는 제99조 제2항부터 제4항까지의 규정을 준용한다.

제101조(특허권 및 전용실시권의 등록의 효력) ① 다음 각 호의 어느 하나에 해당하는 사항은 등록하여야만 효력이 발생한다.

1. 특허권의 이전(상속이나 그 밖의 일반승계에 의한 경우는 제외한다), 포기에 의한 소멸 또는 처분의 제한

> 2. 전용실시권의 설정·이전(상속이나 그 밖의 일반승계에 의한 경우는 제외한다)·변경·소멸(혼동에 의한 경우는 제외한다) 또는 처분의 제한
>
> 3. 특허권 또는 전용실시권을 목적으로 하는 질권의 설정·이전(상속이나 그 밖의 일반승계에 의한 경우는 제외한다)·변경·소멸(혼동에 의한 경우는 제외한다) 또는 처분의 제한
>
> ② 제1항 각 호에 따른 특허권·전용실시권 및 질권의 상속이나 그 밖의 일반 승계의 경우에는 지체 없이 그 취지를 특허청장에게 신고하여야 한다.

1. 응용문제

> 甲은 A발명에 대한 특허권자이다. 乙은 甲에게 A발명에 대해 전용실시권 계약을 한 후(2009.1.1.) 등록 없이 A발명을 업으로서 실시하였으나 이후 전용실시권을 甲의 동의를 얻어 丁에게 이전(2009.8.1.)하였다. 丁은 이전과 동시에 A발명을 실시하고 있으나 전용실시권을 등록하지 않았다. 그 후 甲은 A발명에 대한 특허권을 丙에게 양도하고 이를 등록하였다(2009.9.1.).
>
> 丙이 丁에게 특허발명의 침해를 이유로 침해금지청구를 하였더니(2009.10.1.) 丁은 전용실시권이 있음을 항변하고 있다. 丙과 丁의 주장의 타당성에 대하여 논하시오.

② 선사용권

> 제103조(선사용에 의한 통상실시권) 특허출원 시에 그 특허출원된 발명의 내용을 알지 못하고 그 발명을 하거나 그 발명을 한 사람으로부터 알게 되어 국내에서 그 발명의 실시사업을 하거나 이를 준비하고 있는 자는 그 실시하거나 준비하고 있는 발명 및 사업목적의 범위에서 그 특허출원된 발명의 특허권에 대하여 통상실시권을 가진다.

1. 응용문제

> 甲회사는 2008.2.1. A발명을 완성하고 2008.4.1.에 이를 특허출원하여 등록된 특허권자이다. 乙회사는 甲의 경쟁회사로서 독자적으로 연구하여 2008.1.1.에 A발명을 완성한 후 대량생산을 준비하여 2008.5.1.부터 이를 판매하고 있다. 丙은 甲회사로

부터 A발명의 설계도면을 몰래 입수하여 2008.3.1.부터 A발명의 자동화 설비를 준비하여 2008.6.1.부터 이를 생산하고 있다.

甲이 특허등록 이후에 乙, 丙에게 침해금지청구소송을 제기한 경우 乙, 丙이 할 수 있는 법률상 주장에 대해 논하시오.

③ 중 용 권

제104조(무효심판청구등록 전의 실시에 의한 통상실시권) ① 다음 각 호의 어느 하나에 해당하는 자가 특허 또는 실용신안등록에 대한 무효심판청구의 등록 전에 자기의 특허발명 또는 등록실용신안이 무효사유에 해당하는 것을 알지 못하고 국내에서 그 발명 또는 고안의 실시사업을 하거나 이를 준비하고 있는 경우에는 그 실시하거나 준비하고 있는 발명 또는 고안 및 사업목적의 범위에서 그 특허권에 대하여 통상실시권을 가지거나 특허나 실용신안등록이 무효로 된 당시에 존재하는 특허권의 전용실시권에 대하여 통상실시권을 가진다.

1. 동일한 발명에 대한 둘 이상의 특허 중 그 하나의 특허를 무효로 한 경우 그 무효로 된 특허의 원(原)특허권자
2. 특허발명과 등록실용신안이 동일하여 그 실용신안등록을 무효로 한 경우 그 무효로 된 실용신안등록의 원(原)실용신안권자
3. 특허를 무효로 하고 동일한 발명에 관하여 정당한 권리자에게 특허를 한 경우 그 무효로 된 특허의 원특허권자
4. 실용신안등록을 무효로 하고 그 고안과 동일한 발명에 관하여 정당한 권리자에게 특허를 한 경우 그 무효로 된 실용신안의 원실용신안권자
5. 제1호부터 제4호까지의 경우에 있어서 그 무효로 된 특허권 또는 실용신안권에 대하여 무효심판청구 등록 당시에 이미 전용실시권이나 통상실시권 또는 그 전용실시권에 대한 통상실시권을 취득하고 등록을 받은 자. 다만, 제118조 제2항에 따른 통상실시권을 취득한 자는 등록을 필요로 하지 아니한다.

② 제1항에 따라 통상실시권을 가진 자는 특허권자 또는 전용실시권자에게 상당한 대가를 지급하여야 한다.

1. 응용문제

> 甲은 A발명을 완성하였으나 특허출원을 할지와 노하우로 비밀을 유지할지를 결정
> 하지 못하여 출원을 유보하고 있었다. 이때 乙은 甲의 조수로서 A발명을 甲몰래 특
> 허출원하였다. 丙은 乙에게 A발명이 특허등록된 후에 전용실시권 계약을 체결하고
> 이를 등록하였으며 이후 실시사업의 준비를 하고 있었다. 뒤늦게 A발명의 특허등록
> 사실을 알게 된 甲은 무효심판을 청구하여 무효심결이 확정되었다.
> 이 경우에 丙에게 인정되는 특허법상 권리에 대해 논하시오.

4 강제실시권

제138조(통상실시권 허여의 심판) ① 특허권자, 전용실시권자 또는 통상실시권
　자는 해당 특허발명이 제98조에 해당하여 실시의 허락을 받으려는 경우에 그
　타인이 정당한 이유 없이 허락하지 아니하거나 그 타인의 허락을 받을 수 없
　을 때에는 자기의 특허발명의 실시에 필요한 범위에서 통상실시권 허락의 심
　판을 청구할 수 있다.
　② 제1항에 따른 청구가 있는 경우에 그 특허발명이 그 특허출원일 전에 출원
　된 타인의 특허발명 또는 등록실용신안과 비교하여 상당한 경제적 가치가 있
　는 중요한 기술적 진보를 가져오는 것이 아니면 통상실시권을 허락하여서는
　아니 된다.
　③ 제1항에 따른 심판에 따라 통상실시권을 허락한 자가 그 통상실시권을 허
　락받은 자의 특허발명을 실시할 필요가 있는 경우 그 통상실시권을 허락받은
　자가 실시를 허락하지 아니하거나 실시의 허락을 받을 수 없을 때에는 통상실
　시권을 허락받아 실시하려는 특허발명의 범위에서 통상실시권 허락의 심판을
　청구할 수 있다.
　④ 제1항 및 제3항에 따라 통상실시권을 허락받은 자는 특허권자, 실용신안권
　자, 디자인권자 또는 그 전용실시권자에게 대가를 지급하여야 한다. 다만, 자
　기가 책임질 수 없는 사유로 지급할 수 없는 경우에는 그 대가를 공탁하여야
　한다.
　⑤ 제4항에 따른 통상실시권자는 그 대가를 지급하지 아니하거나 공탁을 하

지 아니하면 그 특허발명, 등록실용신안 또는 등록디자인이나 이와 유사한 디자인을 실시할 수 없다.

1. 응용문제

甲은 면도날(A)과 면도기 몸체(B), 면도날 탈부착장치(C)로 구성된 면도기에 대하여 특허출원하여 등록된 특허권자이다. 甲의 출원등록 후 乙은 甲의 면도날(A)과 면도기 몸체(B), 면도날 탈부착장치(C)에서 면도기 몸체부분에서 손잡이 부분에 고무를 부착하여 미끄러짐을 방지하기 위한 고무(D)로 구성된 면도기를 출원하여 등록되었다(등록은 적법한 것으로 가정한다). 특허등록 후 乙이 자신의 등록발명을 실시할 수 있는지와 실시하기 위한 조치에 대해 논하시오.

제3절 특허권의 침해

① 균등침해

제97조(특허발명의 보호범위) 특허발명의 보호범위는 청구범위에 적혀 있는 사항에 의하여 정하여진다.

1. 사 례

(1) 【균등관계 여부의 판단 기준과 그 판단(적극)】
　　─ 대법원 2000.7.28.선고 97후2200 판결 ─

가. 사실개요

심판청구인이 자신이 실시하고 있는 (가)호 발명이 피심판청구인의 이 사건 특허발명의 권리범위에 속하지 아니한다는 확인을 구하는 사건인데, 이 사건 특허발명의 청구범위 제1항과 (가)호 발명은 모두 항균제인 사이프로 플루옥사신을 제조하는 방법으로 출발물질 및 목적물질은 같지만, 이 사건 특허발명은 출발물질인 [1-사이클로프로필-7-클로로-6-플루오로-1, 4-디하이드로-4-옥소퀴놀린-3-카르복실산]을 [피페라진]과 반응시켜 목적물질을 얻는 데 반하여, (가)호 발명은 출발물질에 피페라진이 아닌 [N-에톡시카르보닐피페라진]을 반응시켜 [1-사이클로푸로필-7-(4-에톡시카르보닐-1-피페라지닐)-6-플루오르-1, 4-디하이드로-4-옥소퀴놀린-3-카르복실산]을 중간체로 제조하고 이를 다시 가수분해시켜 목적물질을 제조한다는 점에서 구성의 차이가 있다.

특허법원은 양 발명은 중간체를 거치는지 여부의 제조공정상의 차이로 인하여 그 작용효과가 상이하다는 이유로 (가)호 발명은 이 사건 특허발명과 상이하여 권리범위에 속하지 아니한다고 판단하였고, 이에 불복하여 피심판청구인인 특허권자가 상고를 제기하였다.

나. 판결요지

[1] (가)호 발명이 특허발명과, 출발물질 및 목적물질은 동일하고 다만 반응물질에 있어 특허발명의 구성요소를 다른 요소로 치환한 경우라고 하더라도, 양 발명의 기술적 사상 내지 과제의 해결원리가 공통하거나 동일하고, (가)호 발명의 치환된 구성요소가 특허발명의 구성요소와 실질적으로 동일한 작용효과를 나타내며, 또 그와 같이 치환하는 것 자체가 그 발명이 속하는 기술분야에서 통상의 지식을 가진 자이면 당연히 용이하게 도출해 낼 수 있는 정도로 자명한 경우에는, (가)호 발명이 당해 특허발명의 출원시에 이미 공지된 기술이거나 그로부터 당업자가 용이하게 도출해 낼 수 있는 것이 아니고, 나아가 당해 특허발명의 출원절차를 통하여 (가)호 발명의 치환된 구성요소가 특허청구의 범위로부터 의식적으로 제외되는 등의 특단의 사정이 없는 한, (가)호 발명의 치환된 구성요소는 특허발명의 그것과 균등물이라고 보아야 한다.

[2] (가)호 발명의 출발물질 및 목적물질이 특허발명과 동일하고 그 반응물질도 특허발명의 반응물질과 균등물이며 반응중간체를 가수분해하여 목적물질을 얻는 공정도 단순한 관용수단의 부가에 불과하다는 이유로 (가)호 발명이 특허발명과 상이한 발명이라고 볼 수 없다고 한 사례이다.

다. 판결의 의의

특허법은 특허발명의 실질적 가치를 보호하기 위하여 명세서에 기재되어 있지 않은 사항이더라도 제3자에게 불측의 불이익을 주지 않는 범위 내에서 특허발명의 보호범위를 그 문언 이외의 범위까지 확장하고 있다. 이러한 균등론의 법리는 특허법에 규정된 것이 아니어서 판례를 통해 인정되어 왔으나 적용요건이 명확하지 않았다.

대상 판결은 균등론을 명시적으로 수용하면서 그 적용요건을 구체적으로 제시한 최초의 판결로서 의의가 있다.

NOTE

이 판결에 대한 판례 평석은 아래 자료를 참고할 것.

☞ 권택수, "균등론의 적용요건," 대법원판례해설 35호(2001.6), 법원도서관, 890-911면.

☞ 유영일, "특허소송에서의 균등론의 체계적 발전방향," 저스티스 34권 5호(2001. 10), 한국법학원, 230-268면.

☞ 전원열, "특허청구범위의 정보전달기능," 정보법학 7권 2호(2003.12), 한국정보법학회, 185-210면.

☞ 정진옥, "균등론의 요건," 상사판례연구 12집(2001.12), 한국상사판례학회, 299-334면.

☞ 최성준, "균등론의 적용요건," 정보법 판례백선 I (2006), 박영사, 3-11면.

---

(2) 【균등관계 여부 판단(소극)】
　　― 특허법원 2010.4.30.선고 2009허7888 판결 ―

가. 사실개요

- 이 사건 특허발명의 특허청구범위

청구항 1. 로터베이터(2) 상단의 횡축(3)에 상하로 회동 가능하게 힌지 결합된 써레용 프레임(60)(구성요소 1)과, 써레용 프레임(60)에 장착된 써레판(50)(구성요소 2)과, 써레용 프레임(60) 또는 써레판(50)에 연결되어 써레판(50)을 회동 승강되도록 하는 실린더(27)(구성요소 3)를 포함하여 구성된 트랙터용 써레에 있어서, 실린더(27)가 상하로 회동되도록 힌지 결합되는 실린더 취부용 브래킷(20)

(구성요소 4)과, 일 측으로 개방된 결합홈(12)이 형성되어 결합홈(12)에 의해 로터베이터(2)의 횡축(3)에 결합되는 한 쌍의 프레임 취부용 브래킷(10)(구성요소 5)과, 프레임 취부용 브래킷(10)의 결합홈(12) 개방부(15)에 설치되어 로터베이터(2)의 횡축(3)이 결합홈(12)의 개방부(15)를 통해 분리되지 않도록 하는 고정볼트(16)(구성요소 6)와, 로터베이터(2)의 횡축(3)과 나란한 방향으로 설치되며 양단부에는 한 쌍의 프레임 취부용 브래킷(10)이 연결되고 중앙부에는 실린더 취부용 브래킷(20)이 연결되는 브래킷 연결용 프레임(30)(구성요소 7)을 포함하여 구성된 것을 특징으로 하는 써레 장착용 구조물

　- 이 사건 제1항 발명의 구성요소 1 내지 4, 7은 확인대상발명의 대응구성과 서로 동일하고 당사자들 사이에 다툼이 없음

　- 피청구인은 구성요소 5, 6에 대응하는 확인대상발명의 구성요소들은 주지관용기술인 '바이스 플라이어'를 그대로 채용하여 구성요소 5, 6을 단순히 치환 내지 변경한 것에 불과한 것으로서, 양 구성요소는 균등관계에 있다고 주장

나. 판결요지

　확인대상발명에서 특허발명의 특허청구범위에 기재된 구성 중 치환 내지 변경된 부분이 있는 경우에도, 양 발명에서 과제의 해결원리가 동일하고, 그러한 치환에 의하더라도 특허발녕에서와 같은 목직을 달성할 수 있고 실질적으로 동일한 작용효과를 나타내며, 그와 같이 치환하는 것이 그 발명이 속하는 기술 분야에서 통상의 지식을 가진 자라면 누구나 용이하게 생각해 낼 수 있는 정도로 자명하다면, 확인대상발명이 특허발명의 출원 시 이미 공지된 기술과 동일한 기술 또는 통상의 기술자가 공지기술로부터 용이하게 발명할 수 있었던 기술에 해당하거나, 특허발명의 출원절차를 통하여 확인대상발명의 치환된 구성이 특허청구범위로부터 의식적으로 제외된 것에 해당하는 등의 특별한 사정이 없는 한, 확인대상발명은 전체적으로 특허발명의 특허청구범위에 기재된 구성과 균등한 것으로서 여전히 특허발명의 권리범위에 속한다고 보아야 한다(대법원 2005. 2. 25. 선고 2004다29194 판결, 대법원 2009. 6. 25. 선고 2007후3806 판결 등 참조).

　이 사건 제1항 발명은 로터베이터 상단의 횡축에 프레임 취부용 브래킷을 용접에 의해 고정시킴으로써 사용자마다 그 장착위치가 서로 다르게 되고 써레의 작동이 제조회사에서 설계된 대로 이루어지지 않는 등 기존 기술의 문제점을 해결하여 로터베이터 상단의 횡축에 프레임 취부용 브래킷을 간편하게 장착시키는

것을 목적으로 하고 있고, 확인대상발명 또한 위와 같은 프레임 취부용 브래킷의 간편한 장착을 주된 목적으로 하고 있다.

그러나 앞서 본 바와 같이 이러한 과제해결을 위한 구체적 방법에 있어서 이 사건 제1항 발명이 구성요소 5, 6에서 볼트고정 방식을 취하고 있는 반면, 확인대상발명은 그 대응구성에서 레버조절 방식을 취하고 있다. 한편 원고가 주장하는 '바이스 플라이어'는 작업물체를 고정하거나 잡아주는 작업용 수공구에 관한 것이고, 확인대상발명은 농기구인 트랙터의 로터베이터의 횡축에 써래를 결합하기 위한 것으로 그 기술분야가 같다고 할 수 없다.

또 확인대상발명은 위와 같은 과제해결방식을 채택함으로써 안내관(110)에 끼워져 있는 각도조절볼트(115)를 조절하여 이동핀(460)의 이동거리와 이에 따른 취부 브래킷(400)의 회동각도를 달리함으로써 결합 흠(120)의 직경을 조절할 수 있고, 제조회사마다 각기 다른 직경을 갖는 로터베이터의 횡축에 다른 부품의 삽입 없이 기존의 써레판을 손쉽게 탈부착시킬 수 있다. 나아가, 프레임 취부용 브래킷(100)과 취부 브래킷(400), 레버(450) 및 안내관(110)이 힌지에 의하여 일체로 연결되어 동작됨에 따라 써레판의 결합·분리작업 시 부주의로 인한 부품의 분실을 원천적으로 차단할 수 있는 효과도 가지게 된다. 그런데 이 사건 제1항 발명에서는 위와 같은 작용효과를 찾기 어렵다.

따라서 양 발명에서 과제의 해결원리와 그 실질적 작용효과가 상이하므로, 구성요소 5, 6과 확인대상발명의 대응구성들은 서로 균등한 관계에 있다고 볼 수 없다.

다. 판결의 의의

균등론은 대법원 97후2200 판결에서 "(가)호 발명이 특허발명의 구성요소를 다른 요소로 치환한 경우라고 하더라도, 양 발명의 기술적 사상 내지 과제의 해결원리가 공통하거나 동일하고, (가)호 발명의 치환된 구성요소가 특허발명의 구성요소와 실질적으로 동일한 작용효과를 나타내며, 또 그와 같이 치환하는 것 자체가 그 발명이 속하는 기술분야에서 통상의 지식을 가진 자이면 당연히 용이하게 도출해 낼 수 있는 정도로 자명한 경우에는, (가)호 발명이 당해 특허발명의 출원 시에 이미 공지된 기술이거나 그로부터 당업자가 용이하게 도출해 낼 수 있는 것이 아니고, 나아가 당해 특허발명의 출원절차를 통하여 (가)호 발명의 치환된 구성요소가 특허청구의 범위로부터 의식적으로 제외되는 등의 특단의 사정이 없는 한, (가)호 발명의 치환된 구성요소는 특허발명의 그것과 균등물"이라 하여 구체적인 요건을 제시하면서 이에 따라 판단하고 있다.

이 판례는 균등론의 적용요건 중 "과제의 해결원리와 그 실질적 작용효과"에 대하여 구체적으로 판단한 것으로서 의미가 있다.

2. 관련 문헌

- 강기중, "기. 특허발명과 (가)호 발명의 균등관계 여부의 판단 기준, 나. 특허발명의 출원과정에서 특정 구성이 특허청구범위로부터 의식적으로 제외된 것인지 여부의 판단 방법, 다. 출원인이 특허발명의 특허청구범위 제1항에 DNA 서열의 기재를 추가하여 보정을 함에 있어서 추가된 DNA 서열과 균등관계에 있는 것을 자신의 권리범위에서 제외할 의도였다고 단정하기 어렵다고 본 사례," 대법원판례해설 43호(2002 하반기), 법원도서관, 481-509면.
- _____, "특허침해소송의 구조와 판례동향," 인권과 정의 342호(2005.2), 대한변호사협회, 34-55면.
- 강동세, "특허발명과 대비되는 발명이 공지기술로부터 용이하게 실시할 수 있는 경우, 특허발명의 권리범위에 속하는지 여부(소극)," 대법원판례해설 39호(2001 하반기), 법원도서관, 363-380면.
- 박원규, "기능식 청구항에 관한 고찰―그 허용범위와 해석방법을 중심으로―," 사법논집 제45집, 2007, 법원도서관, 539-590면.
- 성기문, "특허발명의 보호범위와 제 침해에 관한 실무적 고찰," 사법논집 제41집(2005.12), 법원도서관, 411-530면.
- 이명규, "특허법 제36조 제1항에 있어서 '동일한 발명'의 의미," 특허소송연구 3집(2005.12), 특허법원, 51-74면.
- 이수완, "특허발명에 있어서의 이용관계와 촉매," 대법원판례해설 39호(2001 하반기), 법원도서관, 310-341면.
- 전원열, "특허법에 있어서 법이념간의 균형과 Festo 판결," 창작과 권리 31호(2003년 여름호), 세창출판사, 41-63면.
- 진효근, "출원경과 금반언 원칙(Prosecution History Estoppel)과 그 실무상 운용에 관하여," 창작과 권리 28호(2002년 가을호), 세창출판사, 35-42면.
- 최성준, "균등론의 적용요건," 정보법 판례백선 I , 2006, 박영사, 3-11면.
- _____, "한국법원에서의 균등론," LAW & TECHNOLOGY 제2호(2005.9), 서울대학

교 기술과법센터, 9-23면.

3. 응용문제

甲은 핸들(A)과 바퀴(B), 탄성스프링이 부착된 의자(C) 및 몸체(D)로 구성된 자전거에 대하여 특허출원하여 등록된 특허권자이다. 乙은 甲의 특허발명에서 의자(C)에 부착된 탄성스프링 대신 탄성고무를 부착한 의자(c)에 핸들(A)과 바퀴(B) 및 몸체(D)로 구성된 자전거를 제조하여 판매하고 있다(탄성스프링과 탄성고무는 의자의 충격을 완화하기 위한 목적으로서 기능이 동일하다).
이에 甲은 乙이 자신의 특허권을 침해한 것이라 주장하며 침해금지청구를 하였다. 甲의 침해주장의 타당성을 논하시오.

② 생략침해

1. 사 례

【특허발명과 대비되는 (가)호 발명이 특허발명의 청구항에 기재된 필수적 구성요소들 중의 일부만을 갖추고 있는 경우, (가)호 발명이 특허발명의 권리범위에 속하는지 여부(소극)】
― 대법원 2001.6.15.선고 2000후617 판결 ―

가. 사실개요

甲은 명칭을 '자동차의 찌그러진 금속판을 원상태로 복구하는 방법'으로 하는 등록 제97703호 등록발명(출원일 1994.2.7, 등록일 1996.4.2, 이하 '이 사건 특허발명'이라 한다)의 특허권자들이다. 乙은 甲에 대하여 (가)호 발명은 이 사건 특허발명과 기술적 구성이 판이하게 다르므로 이 사건 특허발명의 권리범위에 속하지 아니한다는 심결을 구하는 심판을 청구하였다. 특허심판원은 (가)호 발명은 이 사건 특허발명의 권리범위에 속하지 아니한다는 심결을 하였다. 이에 甲이 불복하여 심결취소소송을 제기하였으나, 특허법원은 甲의 청구를 기각하였다. 이에 다시 甲이 상고를 제기하였다.

나. 판결요지

특허발명의 청구항이 복수의 구성요소로 되어 있는 경우에는 그 각 구성요소가 유기적으로 결합된 전체로서의 기술사상이 보호되는 것이지, 각 구성요소가 독립하여 보호되는 것은 아니므로, 특허발명과 대비되는 (가)호 발명이 특허발명의 청구항에 기재된 필수적 구성요소들 중의 일부만을 갖추고 있고 나머지 구성요소가 결여된 경우에는 원칙적으로 그 (가)호 발명은 특허발명의 권리범위에 속하지 아니한다.

다. 판결의 의의

복수의 구성요소로 이루어진 특허발명에 대하여 그 청구항에 기재된 복수의 구성요소 중 일부만을 구비한 발명이 특허발명의 권리범위에 속하는지 여부에 대하여 학설과 판례의 견해는 일치하지 않고 있다.

이 판결은 청구항에 기재된 모든 구성요소를 필수적 구성요소로 보아 각 구성요소가 유기적으로 결합된 전체로서의 기술사상이 보호되는 것으로 판시한 대표적 사례이다.

2. 관련 문헌

- 구대환, "불완전이용발명의 이용관계 성립 여부에 관한 고찰," 법학 45권 3호(132호)(2004.9), 서울대학교 법학연구소, 66-93면.
- 권택수, "특허권침해금지청구소송에 있어서의 실무상 제문제: 피고제품 및 피고방법의 특정, 특허청구범위의 해석과 관련하여," 민형사실무연구, 서울북부지방법원 승격기념논문집(2004.12), 서울북부지방법원, 355-400면.
- 김철환, "생략발명과 불완전이용론에 관한 소고," 지적재산권 제4호(2004.10), 지적재산권법제연구원, 8-24면.
- 조영선, "공지부분이 포함된 청구범위의 해석," 지적재산권 제8호(2005.7), 지적재산권법제연구원, 67-71면.
- 장완호, "청구범위 해석에 관한 최근 대법원 판례의 의의 및 영향," 지식재산21 93호(2005.11), 특허청, 32-43면.
- 윤선희, "특허발명의 권리범위(불완전이용발명의 허용 여부)," 정보법 판례백선 I, 박영사, 58-66면.

- 이두형, "특허권 침해 관련 법적 공격 · 방어수단에 관한 고찰," 사법논집 제43집, 법원도서관, 603-678면.
- 최성준, "특허청구범위의 해석에 있어서의 몇 가지 문제에 관하여,"「지식재산강국을 향한 도전 30년」특허청 개청 30주년 기념 논문집 Ⅰ, 특허청, 3-48면.

3. 응용문제

甲은 A발명(구성요소 a + b + c + d)에 대한 특허권자이다. 乙은 A발명의 구성요소 중 d를 제외한 발명에도 A발명과 동일한 효과를 내는 것을 발견하고 구성요소 a + b + c로 된 B발명을 실시하고 있다. 乙의 B발명의 실시가 甲의 특허권 침해인지를 논하시오.

③ 간접침해

제127조(침해로 보는 행위) 다음 각 호의 구분에 따른 행위를 업으로서 하는 경우에는 특허권 또는 전용실시권을 침해한 것으로 본다.
  1. 특허가 물건의 발명인 경우: 그 물건의 생산에만 사용하는 물건을 생산 · 양도 · 대여 또는 수입하거나 그 물건의 양도 또는 대여의 청약을 하는 행위
  2. 특허가 방법의 발명인 경우: 그 방법의 실시에만 사용하는 물건을 생산 · 양도 · 대여 또는 수입하거나 그 물건의 양도 또는 대여의 청약을 하는 행위

1. 사 례

(1) 【특허발명을 채택한 레이저 프린터에 사용되는 소모부품인 (가)호 발명의 감광드럼카트리지가 특허발명의 물건의 생산에만 사용하는 물건에 해당하여 (가)호 발명이 특허발명의 권리범위를 벗어날 수 없다고 한 사례】
  ― 대법원 2001.1.30.선고 98후2580 판결 ―

가. 사실개요

이 사건 소송의 피고(권리범위확인심판의 피청구인)는 1994.7.27. 등록된 "화상기록장치"라는 명칭의 특허발명(이하 '이 사건 특허 발명'이라고 한다)에 관한 특

허권자이다.

이 사건 특허 발명은 레이저 프린터, 팩시밀리 등과 같은 전자사진 기술을 사용하는 화상기록장치에서 사용되는 프로세서 유닛에 관한 것으로서 감광드럼유닛, 토너박스, 현상유닛을 각각 하나의 유닛으로 하되 현상유닛에 드럼섹션과 토너섹션을 구비하여 감광드럼유닛 및 토너박스를 안착함으로써 현상유닛 하나만을 들어내면 감광드럼유닛과 토너박스를 함께 들어낼 수 있으면서도 각각 그 사용기간에 맞추어 부품을 개별적으로 교체할 수 있도록 구성한 것이다.

원고는 "드럼카트리지"라는 명칭의 (가)호 발명을 실시하고 있는 자로서 (가)호 발명은 이 건 특허의 출원 전에 공지된 기술이고 나머지 부분은 이 건 발명과 상이한 것이며, 또한 (가)호 발명은 이 건 특허에만 사용되는 물건이 아니라는 이유로 (가)호 발명이 이건 특허의 권리범위에 속하지 아니한다는 소극적 권리범위확인심판을 청구하였으나 특허심판원은 원고의 청구를 기각하였고, 이에 대하여 원고는 다시 특허법원에 심결취소소송을 제기하였으나 역시 원고 청구가 기각되었다. 이에 대하여 원고가 상고를 제기하였다.

나. 판결요지

[1] 특허발명의 대상이거나 그와 관련된 물건을 사용함에 따라 마모되거나 소진되어 자수 교체해 주어야 하는 소모부품일지라도, 특허발명의 본질적인 구성요소에 해당하고 다른 용도로는 사용되지 아니하며 일반적으로 널리 쉽게 구할 수 없는 물품으로서 당해 발명에 관한 물건의 구입시에 이미 그러한 교체가 예정되어 있었고 특허권자측에 의하여 그러한 부품이 따로 제조·판매되고 있다면, 그러한 물건은 특허권에 대한 이른바 간접침해에서 말하는 "특허 물건의 생산에만 사용하는 물건"에 해당하고, 위 "특허 물건의 생산에만 사용하는 물건"에 해당한다는 점은 특허권자가 주장·입증하여야 한다.

[2] 특허발명을 채택한 레이저 프린터에 사용되는 소모부품인 (가)호 발명의 감광드럼카트리지가 특허발명의 본질적 구성요소이고 다른 용도로는 사용되지도 아니하며 일반적으로 널리 쉽게 구입할 수도 없는 물품일 뿐만 아니라 레이저 프린터 구입시에 그 교체가 예정되어 있었고 특허권자가 그러한 감광드럼카트리지를 따로 제조·판매하고 있으므로 특허발명의 물건의 생산에만 사용하는 물건에 해당하여 (가)호 발명이 특허발명의 권리범위를 벗어날 수 없다고 한 사례이다.

다. 판결의 의의

본 판결은 특허법 제127조 제1호의 이른바 간접침해가 성립하기 위한 요건과 기준 및 증명책임 여부를 명확하게 정리하였으며, 특히 소비자들에 의한 합법적인 교체나 수선이 예정되어 있는 소모품을 업으로서 생산하여 유통시키는 행위가 간접침해에 해당할 수 있음을 확인함과 동시에 그 판단기준을 제시하였다는 점에서 그 의의를 찾을 수 있다.

NOTE

이 판결에 대한 판례 평석은 아래 자료를 참고할 것.

☞ 최정열, "간접침해의 성립 여부에 관한 판단기준 및 입증책임," 정보법 판례백선 I, 박영사, 2006, 12-19면.

☞ 표호건, "프로그램관련 특허에서의 간접침해규정의 검토," 발명특허 29권 5호 (335호) (2004.5), 한국발명진흥회, 56-65면.

---

(2) 【레이저 프린터에 사용되는 소모부품인 토너 카트리지가 '특허 물건의 생산에만 사용하는 물건'에 해당한다고 본 사례】
— 대법원 1996.11.27.자 96마365 결정 —

가. 사실개요

신청인은 전자사진방식의 화상기록장치에 관한 특허발명을 토대로 한 레이저프린터를 생산·판매하는 업체이다. 신청인의 특허(특허청 1994.7.27. 등록) 청구범위 제1항은 전자사진방식의 화상기록장치에 있어서, 감광드럼, 크리닝부 및 대전기를 일체로 유닛화한 감광드럼유닛과, 그 감광드럼유닛을 수납하는 드럼섹션과 토너박스를 착탈가능하도록 하는 토너섹션을 가진 현상유닛과, 위 감광드럼유닛의 위치결정 부재와 위 현상유닛의 위치결정 부재를 가이드하는 가이드홈을 가진 기기 본체 프레임을 가지도록 구성하여, 소모품인 감광드럼유닛, 토너박스, 현상유닛을 별도로 가져 경제적으로 함과 동시에 현상유닛의 위에 감광드럼유닛, 토너박스가 수납가능하도록 하여 사용자의 취급을 편리하게 한 것을 특징으로 하는 화상기록장치에 관한 발명이다. 신청인의 특허상품인 레이저 프린터의 평균수명은 시간상으로 약 5년이며 인쇄횟수로 약 300,000회 정도이고, 본건 특허 레이저 프린터의 본체와 장착되어 판매되는 초기 토너카트리지는 약 1,500회를 인쇄

할 수 있고, 그 후에 낱개로 판매되는 토너카트리지는 약 3,000회 정도를 인쇄할
수 있어, 신청인의 특허 레이저 프린터가 수명이 다하기까지 보통 약 100개 정도
의 토너카트리지가 소모되므로, 신청인의 특허 레이저 프린터를 구입한 소비자들
은 동일한 토너카트리지를 반복적으로 구입해야 하고 따라서 동일한 토너카트리
지에 대한 수요와 시장이 형성되게 되었다. 이러한 소비자들의 수요를 겨냥해서
피신청인은 신청인의 특허 레이저 프린터용 토너카트리지와 동일한 기능의 토너
카트리지를 생산하여 신청인의 제품설명서와 동일한 표현의 제품설명서를 동봉
하여 판매하였다.

신청인은 피신청인의 그러한 생산·판매행위가 부정경쟁방지법에 위반되고
신청인의 특허권에 대한 간접침해에 해당되며 제품설명서에 대한 저작권의 침해
가 된다고 주장하면서 그 침해행위에 대한 금지가처분을 신청하였다.

원심법원은 서울고등법원 1996.2.22.선고, 95라135 결정에서 "특허법 제127
조는 '특허가 물건의 발명인 경우에는 그 물건의 생산에만 사용하는 물건을 업으
로서 생산·양도·대여 또는 수입하거나 그 물건의 양도 또는 대여의 청약을 하
는 행위'가 특허권을 침해한 것으로 본다고 규정하고 있는데, 신청인의 특허상품
인 레이저 프린터의 토너카트리지는 동 프린터가 수명을 다할 때까지 보통 100회
정도 교체되어야 하는 부품이고, 따라서 동 토너카트리지는 특허발명의 '생산'에
필요한 물선이라기보다는 소비자가 그 '사용'에 필요로 하는 소모품에 불과하다고
할 것이며, 피신청인들이 생산하는 토너카트리지가 특허 레이저 프린터 외의 다
른 프린터에는 사용할 수가 없는 것이라고 하더라도 소모품으로서의 성질에는 아
무런 영향이 없다"고 보아, 특허권의 간접침해를 인정하지 아니하였다. 이에 신청
인이 상고를 제기하였다.

나. 결정요지

[1] 특허발명의 대상이거나 그와 관련된 물건을 사용함에 따라 마모되거나 소
진되어 자주 교체해 주어야 하는 소모부품일지라도, 특허발명의 본질적인 구성요
소에 해당하고 다른 용도로는 사용되지 아니하며 일반적으로 널리 쉽게 구할 수
없는 물품으로서 당해 발명에 관한 물건의 구입시에 이미 그러한 교체가 예정되
어 있었고 특허권자측에 의하여 그러한 부품을 따로 제조·판매하고 있다면, 그
러한 물건은 특허권의 간접침해에서 말하는 "특허 물건의 생산에만 사용하는 물
건"에 해당한다.

[2] 레이저 프린터에 사용되는 소모부품인 토너 카트리지가 위에서 설시된 이유에 기하여 '특허 물건의 생산에만 사용하는 물건'에 해당한다고 보아, 이를 간접침해에서 말하는 '생산'의 개념에 포함되지 않아 특허권을 침해한 것이 아니라고 본 원심결정을 파기한 사례이다.

다. 결정의 의의

이 결정은 특허권의 대상이 되는 물건의 소모품을 생산 판매하는 행위도 일정한 경우에 그 특허권의 간접침해가 성립함을 판시한 최초의 결정으로서 그러한 부품이 간접침해가 성립되는 요건을 명확히 하였다는 점에서 의의가 있다. 또한 이 결정에 의해 간접침해에 해당하기 위한 '생산'의 의미나, '생산에만'의 의미를 구체적으로 제시하고 있다는 점에도 의의가 있다.

NOTE

이 결정에 대한 판례 평석은 아래 자료를 참고할 것.

☞ 신성기, "1. 특허대상 물품의 부품(소모품)을 생산·판매하는 행위가 특허권의 간접침해에 해당하는지 여부, 2. 상품의 형태가 자타상품의 식별표지로서 주지성을 취득할 수 있는지 여부," 대법원판례해설 27호(1997.7), 법원도서관, 615-628면.

☞ 정대훈, "지적재산권법에 관한 중요판례: 간접 침해의 성립요건," 인권과 정의 258호(1998.2), 대한변호사협회, 13-14면.

☞ 정상조, "특허권의 간접침해," 민사판례연구 XXI 21권(1999.7), 박영사, 540-570면.

☞ 진효근, "간접침해의 요건," 판례연구 13집(2000.1), 서울지방변호사회, 312-326면.

---

2. 관련 문헌

- 강기중, "특허침해소송의 구조와 판례동향," 인권과 정의 342호(2005.2), 대한변호사협회, 34-55면.

- 고규정, "판례에 나타난 부정경쟁행위에 있어서의 주지성의 의미와 판단 기준," 판례연구 11집(2000.1), 부산판례연구회, 769-806면.

- 김두진, "지적재산권과 독점금지법의 관계: 미국과 우리나라의 특허와 독점금지제도를 중심으로," 광운비교법학 5호(2004.12), 광운대학교비교법연구소, 277-302면.

- 김원오, "입체상표의 등록 및 보호요건에 관한 소고: 상품의 형상이나 포장 형태의 입체표장을 중심으로," 산업재산권 11호(2002.5), 한국산업재산권법학회, 189-238면.

- 김정완, "특허권의 효력," 법률행정논총 19집(2000.1), 전남대학교 법률행정연구소, 107-156면.
- 박승문, "지적재산권 분쟁처리," 인권과 정의 301호(2001.9), 대한변호사협회, 56-72면.
- 성기문, "특허발명의 보호범위와 제 침해에 관한 실무적 고찰," 사법논집 제41집(2005.12), 법원도서관, 411-530면.
- 송재섭, "상표 희석화 이론의 해석과 적용," 서울대학교 대학원.
- 윤태석, "상품용기·포장이 상품주체혼동에 해당하는 경우," 재판과 판례 12집(2004.1), 대구판례연구회, 557-574면.
- 정상조, "특허권의 간접침해," 민사판례연구 21권(1999.7), 박영사, 540-570면.
- 최정열, "간접침해의 성립 여부에 관한 판단기준 및 입증책임," 정보법 판례백선 Ⅰ, 박영사, 12-19면.
- _____, "권리범위확인심판에 관한 소고," 특허소송연구 3집(2005.12), 특허법원, 27-50면.
- 한규현, "간접침해와 권리범위확인심판," 대법원판례해설 59호(2005 하반기), 법원도서관, 314-337면.
- 황희철, "Trade Dress(상품외관)의 보호에 대하여," 통상법률 19호(1998.2), 법무부, 87-113면.

3. 응용문제

甲은 A발명에 대한 특허권자이다. 乙은 A발명의 생산에만 사용되는 a를 국내에서 생산하고 있다. 이에 대하여 甲은 乙에 대하여 민·형사상 조치를 고려하고 있다.

(1) 甲이 침해금지청구와 손해배상청구를 한 경우 a가 A발명의 생산에만 사용되는지의 여부에 대한 입증책임과 판단의 기준 시점에 대해 논하시오.

(2) 乙의 행위가 특허법 제127조에 해당하는 경우, 형사처벌이 가능한지 논하시오.

제2장 | **특허절차법**

제1절 특허출원 절차

Ⅰ. 출원서류

☐1 특허청구범위 작성방법

제42조(특허출원) ① 특허를 받으려는 자는 다음 각 호의 사항을 적은 특허출원서를 특허청장에게 제출하여야 한다. 〈개정 2014.6.11.〉

1. 특허출원인의 성명 및 주소(법인인 경우에는 그 명칭 및 영업소의 소재지)

2. 특허출원인의 대리인이 있는 경우에는 그 대리인의 성명 및 주소나 영업소의 소재지[대리인이 특허법인·특허법인(유한)인 경우에는 그 명칭, 사무소의 소재지 및 지정된 변리사의 성명]

3. 발명의 명칭

4. 발명자의 성명 및 주소

② 제1항에 따른 특허출원서에는 발명의 설명·청구범위를 적은 명세서와 필요한 도면 및 요약서를 첨부하여야 한다. 〈개정 2014.6.11.〉

③ 제2항에 따른 발명의 설명은 다음 각 호의 요건을 모두 충족하여야 한다. 〈개정 2014.6.11.〉

1. 그 발명이 속하는 기술분야에서 통상의 지식을 가진 사람이 그 발명을 쉽게 실시할 수 있도록 명확하고 상세하게 적을 것

2. 그 발명의 배경이 되는 기술을 적을 것

④ 제2항에 따른 청구범위에는 보호받으려는 사항을 적은 항(이하 "청구항"이라 한다)이 하나 이상 있어야 하며, 그 청구항은 다음 각 호의 요건을 모두 충족하여야 한다. 〈개정 2014.6.11.〉

1. 발명의 설명에 의하여 뒷받침될 것

2. 발명이 명확하고 간결하게 적혀 있을 것

⑤ 삭제 〈2014.6.11.〉

⑥ 제2항에 따른 청구범위에는 보호받으려는 사항을 명확히 할 수 있도록 발명을 특정하는 데 필요하다고 인정되는 구조·방법·기능·물질 또는 이들의 결합관계 등을 적어야 한다. 〈개정 2014.6.11.〉

⑦ 삭제 〈2014.6.11.〉

⑧ 제2항에 따른 청구범위의 기재방법에 관하여 필요한 사항은 대통령령으로 정한다. 〈개정 2014.6.11.〉

⑨ 제2항에 따른 발명의 설명, 도면 및 요약서의 기재방법 등에 관하여 필요한 사항은 산업통상자원부령으로 정한다. 〈개정 2014.6.11.〉

제42조의2(특허출원일 등) ① 특허출원일은 명세서 및 필요한 도면을 첨부한 특허출원서가 특허청장에게 도달한 날로 한다. 이 경우 명세서에 청구범위는 적지 아니할 수 있으나, 발명의 설명은 적어야 한다.

② 특허출원인은 제1항 후단에 따라 특허출원서에 최초로 첨부한 명세서에 청구범위를 적지 아니한 경우에는 제64조 제1항 각 호의 구분에 따른 날부터 1년 2개월이 되는 날까지 명세서에 청구범위를 적는 보정을 하여야 한다. 다만, 본문에 따른 기한 이전에 제60조 제3항에 따른 출원심사 청구의 취지를 통지받은 경우에는 그 통지를 받은 날부터 3개월이 되는 날 또는 제64조 제1항 각 호의 구분에 따른 날부터 1년 2개월이 되는 날 중 빠른 날까지 보정을 하여야 한다.

③ 특허출원인이 제2항에 따른 보정을 하지 아니한 경우에는 제2항에 따른 기한이 되는 날의 다음 날에 해당 특허출원을 취하한 것으로 본다.

제45조(하나의 특허출원의 범위) ① 특허출원은 하나의 발명마다 하나의 특허출원으로 한다. 다만, 하나의 총괄적 발명의 개념을 형성하는 일 군(群)의 발명에 대하여 하나의 특허출원으로 할 수 있다.

② 제1항 단서에 따라 일 군의 발명에 대하여 하나의 특허출원으로 할 수 있는 요건은 대통령령으로 정한다.

1. 사 례

(1) 【특허청구범위가 발명의 상세한 설명에 의하여 뒷받침되고 있는지 여부의 판단 방법】

― 대법원 2006.5.11.선고 2004후1120 판결 ―

가. 사실개요

甲은 포유동물의 골관절염 등을 치료하거나 예방할 수 있는 화합물을 포함하는 약학조성물에 관한 발명으로서 1998.10.23.에 출원하였다. 이후 2001.4.27. 특허청은 청구항의 "콜라게나제-3 선택적 억제제"의 표현은 의약조성물의 활성성분이 명확하게 특정되어 있지 않아 의미하는 바가 포괄적이라는 등의 이유로 거절결정을 하였다. 이에 원고가 불복하여 2001.5.30. 거절결정불복심판청구를 하였으나 2002.12.24. 특허심판원(2001원1485호)은 이 사건 제1항 발명의 약학 조성물은 그 활성성분이 발명의 상세한 설명에서 당해 기술분야에서 통상의 지식을 가진 자가 그 효과를 파악할 수 있는 화합물의 정의보다 지나치게 포괄적으로 기재되어 있어 발명의 상세한 설명에 의하여 뒷받침된다고 볼 수 없다는 이유로 원고의 청구를 기각하였다. 이에 원고가 불복하여 2003.1.27. 심결취소소송을 제기하였으나, 2004.3.26. 특허법원(2003허458호)은 심결의 이유와 같은 취지에서 원고의 청구를 기각하였다. 이에 2004.4.20. 원고가 상고하였다.

나. 판결요지

[1] 특허출원서에 첨부된 명세서에 기재된 '발명의 상세한 설명'에 기재하지 아니한 사항을 특허청구범위에 기재하여 특허를 받게 되면 공개하지 아니한 발명에 대하여 특허권이 부여되는 부당한 결과가 되므로, 특허법 제42조 제4항 제1호는 이와 같은 부당한 결과를 방지하기 위한 규정이라 할 것이다.

[2] 특허청구범위가 발명의 상세한 설명에 의하여 뒷받침되고 있는지 여부는 그 발명이 속하는 기술분야에서 통상의 지식을 가진 자의 입장에서 특허청구범위에 기재된 발명과 대응되는 사항이 발명의 상세한 설명에 기재되어 있는지 여부에 의하여 판단하여야 하는바, 출원시의 기술상식에 비추어 보더라도 발명의 상세한 설명에 개시된 내용을 특허청구범위에 기재된 발명의 범위까지 확장 내지 일반화할 수 없는 경우에는 그 특허청구범위는 발명의 상세한 설명에 의하여 뒷받침된다고 볼 수 없다.

다. 판결의 의의

특허법 제42조 제4항 제1호에서 특허청구범위가 발명의 상세한 설명에 의해 뒷받침되어야 하는 이유는 공개하지 아니한 발명에 독점배타권을 부여하는 것을 방지하기 위함인바, 이 판결은 특허법 제42조 제4항 제1호의 취지를 명확히 함과 동시에, 특허청구범위가 발명의 상세한 설명에 의하여 뒷받침되고 있는지 여부에 대한 판단방법을 구체적으로 제시하였음에 의의가 있다.

NOTE

이 판결에 대한 판례 평석은 아래 자료를 참고할 것.

☞ 한규현, "특허법 제42조 제4항 제1호의 취지 및 판단방법," 대법원판례해설 62호
　(2006 상반기), 법원도서관, 215-228면.

---

(2) 【특허청구범위에 발명의 구성을 불명료하게 표현하는 용어나 기능적 표현
　의 기재가 허용되는지 여부(소극)】
　─ 대법원 1998.10.2.선고 97후1337 판결 ─

　가. 사실개요

　원고(상고인)는 "단순포진 바이러스(Herpes Simplex Virus)의 효과를 조절하기
위한 올리고뉴클레오티드(oligonucleotide) 또는 올리고뉴클레오티드 유사체 및
그 조절방법에 관한 발명"을 특허출원하였으나, 그 특허청구범위의 기재가 특허
법 제42조 제4항에 위배됨을 이유로 거절사정되었다. 이에 불복하여 원고는 거절
사정불복항고심판을 청구하였으나, 항고심판청구를 기각한다는 항고심판소 심리
종결통지를 송달받았다. 이에 항고심판소의 심결에 대하여 전부 불복하고 상고장
을 제출하였다.

　나. 판결요지

　특허법 제42조 제4항에 의하면, 특허출원서에 첨부되는 명세서의 기재에 있
어서 특허청구범위의 청구항은 발명의 상세한 설명에 의하여 뒷받침되고, 발명이
명확하고 간결하게 기재되며 발명의 구성에 없어서는 아니 되는 사항만으로 기재
되어야 하고, 같은 법 제62조 제4호에 의하면, 그러한 요건을 갖추지 아니한 경우
이는 특허출원에 대한 거절이유가 되도록 되어 있는바, 이 점에서 특허청구범위
에는 발명의 구성을 불명료하게 표현하는 용어는 원칙적으로 허용되지 아니하고,
발명의 기능이나 효과를 기재한 이른바 기능적 표현도 그러한 기재에 의하더라도
발명의 구성이 전체로서 명료하다고 보이는 경우가 아니면 허용될 수 없다.

　다. 판결의 의의

　이 판결은 청구항에 기재된 발명이 포괄적 개념의 기능적 표현만으로 정의한

경우에 실시례 등 발명의 상세한 설명을 참작하더라도 특허청구범위에 기재된 발명이 특정되지 아니하면 결국 구성이 전체로서 명확하지 아니하고 발명의 상세한 설명에 의하여 뒷받침되지 아니하는 광범위한 권리범위를 청구하는 것으로서 그 특허청구범위의 기재가 특허법 제42조 제4항에 위배되어 특허를 받을 수 없다고 판단하였다.

이 판례는 특허법 제42조 제4항의 특허청구범위의 기재가 불명확한 경우에 해당하는 청구범위의 기재를 판단하는 경우로서 기능적 표현의 기재가 이에 해당하는지를 명확히 하고 있다.

2. 관련 문헌

- 김원오, "인터넷 비즈니스모델의 특허적격성에 관한 연구," 창작과 권리 26호(2002년 봄호), 세창출판사, 26-104면.
- 박성수, "특허출원 명세서의 보정에 관한 소고: 요지변경 금지와 신규사항 추가금지에 대한 검토," 사법논집 36집, 법원행정처, 95-166면.
- 서태환, "특허소송에서의 균등론의 역할," 사법논집 30집(1999.12), 법원행정처, 359-466면.
- 윤여강, "특허의 정정 및 특허정정심판에서 정정의 범위에 대한 소고," 소담 김명신 선생 화갑기념논문집(2004.5), 법문사, 590-614면.
- 이명규, "실용신안 등록청구범위가 고안의 상세한 설명에 의하여 뒷받침되고 있는지 여부의 판단 기준," 법원판례해설 48호(2003 하반기), 법원도서관, 348-370면.
- 정차호, "기능식청구항: 미국과 한국의 적용," 지식재산21 59호(2000.3), 특허청, 57-73면.
- 한규현, "특허법 제42조 제4항 제1호의 취지 및 판단방법," 대법원판례해설 62호(2006 상반기), 법원도서관, 215-228면.

3. 응용문제

다음 특허청구항의 기재방법의 흠결을 검토하시오.

【특허청구의 범위】

【청구항 1】 면도날, 면도기 몸체, 면도기 탈부착장치 및 미끄럼방지용 고무로 구성되는 면도기A.

【청구항 2】 제1항에 있어서, 면도날의 각도가 약 45°인것을 특징으로 하는 면도기 A.

【청구항 3】 제1항에 있어서, 상기 면도날은 (주)서울면도기에서 제작한 면도날인 것을 특징으로 하는 면도기A.

【청구항 4】 면도기A와 같이 사용하는 면도용 크림B.

Ⅱ. 특허출원에 있어서의 여러 제도

제47조(특허출원의 보정) ① 특허출원인은 제66조에 따른 특허결정의 등본을 송달하기 전까지 특허출원서에 첨부한 명세서 또는 도면을 보정할 수 있다. 다만, 제63조 제1항에 따른 거절이유통지(이하 "거절이유통지"라 한다)를 받은 후에는 다음 각 호의 구분에 따른 기간(제3호의 경우에는 그 때)에만 보정할 수 있다.

1. 거절이유통지(거절이유통지에 대한 보정에 따라 발생한 거절이유에 대한 거절이유통지는 제외한다)를 최초로 받거나 제2호의 거절이유통지가 아닌 거절이유통지를 받은 경우: 해당 거절이유통지에 따른 의견서 제출기간

2. 거절이유통지에 대한 보정에 따라 발생한 거절이유에 대하여 거절이유통지를 받은 경우: 해당 거절이유통지에 따른 의견서 제출기간

3. 제67조의2에 따른 재심사를 청구하는 경우: 청구할 때

② 제1항에 따른 명세서 또는 도면의 보정은 특허출원서에 최초로 첨부한 명세서 또는 도면에 기재된 사항의 범위에서 하여야 한다. 이 경우, 외국어특허출원에 대한 보정은 최종 국어번역문(제42조의3 제6항 전단에 따른 정정이 있는 경우에는 정정된 국어번역문을 말한다) 또는 특허출원서에 최초로 첨부한 도면(도면 중 설명부분은 제외한다)에 기재된 사항의 범위에서도 하여야 한다.

③ 제1항 제2호 및 제3호에 따른 보정 중 청구범위에 대한 보정은 다음 각 호의 어느 하나에 해당하는 경우에만 할 수 있다.

1. 청구항을 한정 또는 삭제하거나 청구항에 부가하여 청구범위를 감축하는 경우

2. 잘못 기재된 사항을 정정하는 경우

3. 분명하지 아니하게 기재된 사항을 명확하게 하는 경우

4. 제2항에 따른 범위를 벗어난 보정에 대하여 그 보정 전 청구범위로 되돌아 가거나 되돌아가면서 청구범위를 제1호부터 제3호까지의 규정에 따라 보정하는 경우

④ 제1항 제1호 또는 제2호에 따른 기간에 보정을 하는 경우에는 각각의 보정절차에서 마지막 보정 전에 한 모든 보정은 취하된 것으로 본다.

⑤ 외국어특허출원인 경우에는 제1항 본문에도 불구하고 제42조의3 제2항에 따라 국어번역문을 제출한 경우에만 명세서 또는 도면을 보정할 수 있다.

제51조(보정각하) ① 심사관은 제47조 제1항 제2호 및 제3호에 따른 보정이 같은 조 제2항 또는 제3항을 위반하거나 그 보정(같은 조 제3항 제1호 및 제4호에 따른 보정 중 청구항을 삭제하는 보정은 제외한다)에 따라 새로운 거절이유가 발생한 것으로 인정하면 결정으로 그 보정을 각하하여야 한다. 다만, 제67조의2에 따른 재심사의 청구가 있는 경우 그 청구 전에 한 보정인 경우에는 그러하지 아니하다.

② 제1항에 따른 각하결정은 서면으로 하여야 하며, 그 이유를 붙여야 한다.

③ 제1항에 따른 각하결정에 대해서는 불복할 수 없다. 다만, 제132조의3에 따른 특허거절결정에 대한 심판에서 그 각하결정(제67조의2에 따른 재심사의 청구가 있는 경우 그 청구 전에 한 각하결정은 제외한다)에 대하여 다투는 경우에는 그러하지 아니하다.

1 명세서의 보정

1. 사 례

(1) 【의약의 용도발명에 관한 출원발명의 명세서에 개별적 화합물에 대한 약리효과를 확인하는 구체적 실험결과를 추가하는 보정이 명세서의 요지를 변경한 것에 해당한다고 한 사례】
— 대법원 2001.11.30.선고 2001후65 판결 —

가. 사실개요

원고는 명칭을 '부신피질자극호르몬 유리인자 길항제로서의 피롤로피리미딘을 함유하는 약학 조성물'로 하는 발명에 관하여 1993.11.12. 특허협력조약에 의

한 국제특허출원을 한 후, 1995.6.16. 특허청에 번역문을 제출하였으며, 1998.7.
23. 특허청구범위를 분할출원을 하였다(이하 '이 사건 출원발명'이라 한다. 이 사건
출원발명에 사용되는 화학물질에 대하여는 이 사건 출원발명과는 별도로 1998.10.28.
등록되었다). 특허청은 1998.9.4. 이 사건 출원발명은 약리효과가 기재되어 있지
아니하여 특허받을 수 없다는 내용의 거절이유를 통지하였다. 원고는 1998.11.4.
이 사건 출원발명의 명세서를 보정하였으나, 특허청은 위 보정서에 추가된 약리
시험결과에 대한 기재는 이 사건 출원발명의 효과를 뒷받침하기 위하여 최초 출
원서에 기재되어 있지 않았던 사항을 추가한 것으로 명세서의 요지를 변경하는
것으로 판단되므로 특허법 51조 제1항의 규정에 의하여 그 보정을 인정할 수 없
다는 이유로 1998.11.18. 보정각하결정을 하였다. 이에 원고는 1999.2.23. 특허심
판원에 위 보정각하결정에 대한 불복심판을 청구하였고, 특허심판원은 위 심판청
구 사건을 99보7호로 심리하여 1999.5.31. 원고의 심판청구를 기각하였다. 이에
원고가 불복하여 심결취소소송을 제기하였으나 특허법원은 원고의 청구를 기각
하였다. 이에 원고가 상고를 제기하였다.

나. 판결요지

[1] 일반적으로 기계장치 등에 관한 발명에 있어서는 특허출원의 명세서에 실
시예가 기재되지 않더라도 당업자가 발명의 구성으로부터 그 작용과 효과를 명확
하게 이해하고 용이하게 재현할 수 있는 경우가 많으나, 이와는 달리 이른바 실험
의 과학이라고 하는 화학발명의 경우에는 당해 발명의 내용과 기술수준에 따라
차이가 있을 수는 있지만 예측가능성 내지 실현가능성이 현저히 부족하여 실험데
이터가 제시된 실험예가 기재되지 않으면 당업자가 그 발명의 효과를 명확하게
이해하고 용이하게 재현할 수 있다고 보기 어려워 완성된 발명으로 보기 어려운
경우가 많고, 특히 약리효과의 기재가 요구되는 의약의 용도발명에 있어서는 그
출원 전에 명세서 기재의 약리효과를 나타내는 약리기전이 명확히 밝혀진 경우와
같은 특별한 사정이 있지 않은 이상 특정 물질에 그와 같은 약리효과가 있다는 것
을 약리데이터 등이 나타난 시험예로 기재하거나 또는 이에 대신할 수 있을 정도
로 구체적으로 기재하여야만 비로소 발명이 완성되었다고 볼 수 있는 동시에 명
세서의 기재요건을 충족하였다고 볼 수 있을 것이며, 이와 같이 시험예의 기재가
필요함에도 불구하고 최초 명세서에 그 기재가 없던 것을 추후 보정에 의하여 보
완하는 것은 명세서에 기재된 사항의 범위를 벗어난 것으로서 명세서의 요지를

변경한 것이다.

[2] 의약의 용도발명에 관한 출원발명의 명세서에 개별적 화합물에 대한 약리
효과를 확인하는 구체적 실험결과를 추가하는 보정이 명세서의 요지를 변경한 것
에 해당한다고 한 사례이다.

다. 판결의 의의

청구범위의 보정은 최초로 첨부된 명세서 또는 도면에 기재된 사항의 범위
안에서 이를 할 수 있다. 이는 보정의 소급효로 인하여 제3자의 피해를 막기 위한
취지이다.

이 판결에서는 출원시에 의약의 용도발명에 관한 구체적 증거자료를 첨부하
지 않고서 출원 후에 출원발명의 명세서에 개별적 화합물에 대한 약리효과를 확
인하는 구체적 실험결과를 추가하는 보정은 미완성발명을 완성된 발명의 형태로
보정하는 것으로서 명세서의 요지를 변경한 것으로 허용될 수 없음을 명확히 한
것에 의의가 있다.

NOTE

이 판결에 대한 판례 평석은 아래 자료를 참고할 것.

☞ 강동세, "의약의 용도발명에 있어서의 약리효과와 명세서의 보정," 정보법 판례백
선 I, 박영사, 2006, 51-57면.

---

(2) 【액정장치(LCD)의 발명특허청구에 관하여 하위개념 대신 상위개념으로의
변경청구가 요지변경에 해당한다고 본 원심결을 파기한 사례】
― 대법원 1994.9.27.선고 93후800 판결 ―

가. 사실개요

출원인이 액정장치에 관한 본원발명의 최초출원 명세서에서는 염료사용을
본원발명의 필수구성 요소로 하여 청구하였으나, 보정된 명세서에서는 염료 없이
2매의 편광자만을 사용하는 선택적 광흡수 수단을 상위개념으로 하여 청구하였
는데 이를 요지변경으로 보아 보정이 인정되지 않았고 거절사정되었다. 이에 불
복하여 원고는 거절사정불복항고심판을 청구하여 보정이 적법함을 주장하였으

나, 항고심판소는 본원발명의 요지를 실질적으로 확대한 것으로서 요지변경에 해당한다고 판단하여 청구를 기각하였다. 이에 항고심판소의 심결에 대하여 전부 불복하고 상고장을 제출하였다.

나. 판결요지

[1] 특허법 제47조 제2항 제3호, 제48조에서 규정하고 있는 보정이라 함은 명세서 등의 서류에 흠결이 있거나 불비한 점이 있는 경우에 이를 명료하게 정정하여 명세서 등의 명확화를 기하기 위한 것을 말하며, 요지의 변경이라고 함은 명세서에 기재된 특허청구의 범위를 증가·감소 또는 변경함을 말하는 것으로서 최초에 출원된 특허청구의 범위에 새로운 요지가 추가변경되는 등 그 내용에 동일성을 인정할 수 없는 정도의 실질적인 변화를 가져온 것을 뜻하며, 따라서 그 정도에 이르지 아니하는 변경이라면 요지의 변경에 해당하지 않는다고 보아야 한다.

[2] 영국 국방성이 출원한 액정장치(LCD)의 발명특허청구에 관하여 하위개념 대신 상위개념으로의 변경청구가 요지변경에 해당한다고 본 원심결을 파기한 사례이다.

다. 판결의 의의

이 판례는 청구범위의 보정과 그 보정이 요지변경인지에 대하여 구체적으로 발명의 구성요소를 하위개념에서 상위개념으로 보정하는 경우에도 특허청구범위에 기재된 기술적 사항이 실질적으로 변경되었는지에 따라 그 보정이 요지변경인지를 판단한다고 하여 그 판단기준을 제시한 것으로서 의의가 있다.

2. 관련 문헌

- 김철환, "2003~2004년도 특허법원 특허·실용신안 관련 중요판결 정리," 특허소송연구 3집(2005.12), 특허법원, 473-524면.
- 박성수, "특허출원 명세서의 보정에 관한 소고: 요지변경 금지와 신규사항 추가금지에 대한 검토," 사법논집 36집(2003), 법원행정처, 95-166면.
- 설범식, "2005년도 특허법원 특허·실용신안 관련 중요판결 정리," 특허소송연구 3집(2005.12), 특허법원, 565-596면.

- 이수완, "의약의 용도발명에 있어서의 약리효과와 명세서의 보정," 대법원판례해설 39호(2001 하반기), 법원도서관, 283-309면.
- 최성준, "의약의 용도발명에 있어서의 약리효과 기재 정도," LAW & TECHNOLOGY 제2호 (2005.9), 서울대학교 기술과법센터, 133-139면.
- 한규현, "의약의 용도발명과 명세서 기재요건," 대법원판례해설 53호(2004 하반기), 법원도서관, 353-380면.

3. 응용문제

甲은 자전거를 발명하여 2009.7.5. 특허출원하였으나, 2010.1.5. 진보성이 없다는 거절이유통지서를 받고 다음과 같이 특허청구범위만을 보정하였다.

【발명의 상세한 설명(최초출원명세서와 동일)】
자전거는 핸들 A와 몸체 B가 결합되고 상기 B에 바퀴 C가 부착되어 있고, 또 다른 실시예로서 바퀴 C에 브레이크 D가 부착되어 있으며, 또 다른 실시예로서 몸체 B에 백미러 F가 부착된 것을 특징으로 한다.

【특허청구범위】
제1항: 구성 A와 B, C로 이루어지는 것을 특징으로 하는 자전거
제2항: 제1항에 있어서, 상기 C에 브레이크 D가 부착되는 것을 특징으로 하는 자전거

그 후 甲은 심사관으로부터 최후거절이유통지서를 받고 다음과 같이 보정하였다.

【특허청구범위】
제1항: 삭제
제2항: 구성 A와 B로 이루어지는 자전거에 있어서, 상기 B에 바퀴 C와 백미러 F를 부착시키고 상기 C에 브레이크 D를 부착시킨 것을 특징으로 하는 병따개

위의 보정에 대해 심사관이 보정각하 하였다면, 보정각하의 적법여부를 검토하고, 그 후의 절차를 논하시오.

② 분할·변경 출원

제52조(분할출원) ① 특허출원인은 둘 이상의 발명을 하나의 특허출원으로 한
경우에는 그 특허출원의 출원서에 최초로 첨부된 명세서 또는 도면에 기재된
사항의 범위에서 다음 각 호의 어느 하나에 해당하는 기간에 그 일부를 하나
이상의 특허출원으로 분할할 수 있다. 다만, 그 특허출원이 외국어특허출원인
경우에는 그 특허출원에 대한 제42조의3 제2항에 따른 국어번역문이 제출된
경우에만 분할할 수 있다.

1. 제47조 제1항에 따라 보정을 할 수 있는 기간
2. 특허거절결정등본을 송달받은 날부터 30일(제15조 제1항에 따라 제132조
   의3에 따른 기간이 연장된 경우 그 연장된 기간을 말한다) 이내의 기간

② 제1항에 따라 분할된 특허출원(이하 "분할출원"이라 한다)이 있는 경우 그
분할출원은 특허출원한 때에 출원한 것으로 본다. 다만, 그 분할출원에 대하
여 다음 각 호의 규정을 적용할 경우에는 해당 분할출원을 한 때에 출원한 것
으로 본다.

1. 분할출원이 제29조 제3항에 따른 다른 특허출원 또는 「실용신안법」 제4조
   제4항에 따른 특허출원에 해당하여 이 법 제29조 제3항 또는 「실용신안법」
   제4조 제4항을 적용하는 경우
2. 제30조 제2항을 적용하는 경우
3. 제54조 제3항을 적용하는 경우
4. 제55조 제2항을 적용하는 경우

③ 제1항에 따라 분할출원을 하려는 자는 분할출원을 할 때에 특허출원서에
그 취지 및 분할의 기초가 된 특허출원의 표시를 하여야 한다.

④ 분할출원의 경우에 제54조에 따른 우선권을 주장하는 자는 같은 조 제4항
에 따른 서류를 같은 조 제5항에 따른 기간이 지난 후에도 분할출원을 한 날
부터 3개월 이내에 특허청장에게 제출할 수 있다.

⑤ 분할출원이 외국어특허출원인 경우에는 특허출원인은 제42조의3 제2항에
따른 국어번역문 또는 같은 조 제3항 본문에 따른 새로운 국어번역문을 같은
조 제2항에 따른 기한이 지난 후에도 분할출원을 한 날부터 30일이 되는 날까
지는 제출할 수 있다. 다만, 제42조의3 제3항 각 호의 어느 하나에 해당하는
경우에는 새로운 국어번역문을 제출할 수 없다.

⑥ 특허출원서에 최초로 첨부한 명세서에 청구범위를 적지 아니한 분할출원

에 관하여는 제42조의2 제2항에 따른 기한이 지난 후에도 분할출원을 한 날부터 30일이 되는 날까지는 명세서에 청구범위를 적는 보정을 할 수 있다.

◎ 실용신안법 ◎

제10조(변경출원) ① 특허출원인은 그 특허출원의 출원서에 최초로 첨부된 명세서 또는 도면에 기재된 사항의 범위에서 그 특허출원을 실용신안등록출원으로 변경할 수 있다. 다만, 다음 각 호의 어느 하나에 해당하는 경우에는 그러하지 아니하다. 〈개정 2014.6.11.〉

1. 그 특허출원에 관하여 최초의 거절결정등본을 송달받은 날부터 30일(「특허법」 제15조 제1항에 따라 같은 법 제132조의3에 따른 기간이 연장된 경우에는 그 연장된 기간을 말한다)이 지난 경우

2. 그 특허출원이 「특허법」 제42조의3 제2항에 따른 외국어특허출원인 경우로서 변경하여 출원할 때 같은 항에 따른 국어번역문이 제출되지 아니한 경우

② 제1항에 따라 변경된 실용신안등록출원(이하 "변경출원"이라 한다)이 있는 경우에 그 변경출원은 특허출원을 한 때에 실용신안등록출원을 한 것으로 본다. 다만, 그 변경출원이 다음 각 호의 어느 하나에 해당하는 경우에는 그러하지 아니하다. 〈개정 2014.6.11.〉

1. 제4조 제3항에 따른 다른 실용신안등록출원 또는 「특허법」 제29조 제4항에 따른 실용신안등록출원에 해당하여 이 법 제4조 제3항 또는 「특허법」 제29조 제4항을 적용하는 경우

2. 제5조 제2항을 적용하는 경우

3. 제11조에 따라 준용되는 「특허법」 제54조 제3항을 적용하는 경우

4. 제11조에 따라 준용되는 「특허법」 제55조 제2항을 적용하는 경우

③ 제1항에 따라 변경출원을 하려는 자는 변경출원을 할 때 실용신안등록출원서에 그 취지 및 변경출원의 기초가 된 특허출원의 표시를 하여야 한다. 〈개정 2014.6.11.〉

④ 변경출원이 있는 경우에는 그 특허출원은 취하된 것으로 본다. 〈개정 2014.6.11.〉

⑤ 삭제 〈2014.6.11.〉

⑥ 변경출원의 경우에 「특허법」 제54조에 따른 우선권을 주장하는 자는 같은 조 제4항에 따른 서류를 같은 조 제5항에 따른 기간이 지난 후에도 변경출원을

한 날부터 3개월 이내에 특허청장에게 제출할 수 있다. 〈개정 2013.3.22.〉

⑦ 실용신안등록출원인은 변경출원이 외국어실용신안등록출원인 경우에는 제8조의3 제2항에 따른 국어번역문 또는 같은 조 제3항 본문에 따른 새로운 국어번역문을 같은 조 제2항에 따른 기한이 지난 후에도 변경출원을 한 날부터 30일이 되는 날까지 제출할 수 있다. 다만, 제8조의3 제3항 각 호의 어느 하나에 해당하는 경우에는 새로운 국어번역문을 제출할 수 없다. 〈신설 2014.6.11.〉

⑧ 실용신안등록출원인은 실용신안등록출원서에 최초로 첨부한 명세서에 청구범위를 적지 아니한 변경출원의 경우 제8조의2 제2항에 따른 기한이 지난 후에도 변경출원을 한 날부터 30일이 되는 날까지 명세서에 청구범위를 적는 보정을 할 수 있다.

1. 사 례

【원출원 발명과 분할출원 발명이 동일한지 여부의 판단 기준】
― 대법원 2004.3.12.선고 2002후2778 판결 ―

가. 사실개요

이 사건 특허발명은 "광학 활성 피리도벤즈옥사진 유도체의 제조방법"에 관한 것으로서 1986.6.20.에 원출원(선행발명)이 있었고, 이 사건 특허발명은 1990.10.31. 위 원출원의 분할출원으로 출원하여, 1994.7.28.에 등록한 것이다. 피고들은 이 사건 특허발명이 원출원발명과 동일하다는 이유로 특허무효심판을 청구하였던바, 특허심판원은 이 사건 특허발명의 특허청구범위 제1항이 원출원과 중복특허에 해당한다는 이유로 특허무효심판청구를 받아들였다. 이에 원고가 불복하여 심결취소소송을 제기하였으나. 특허법원도 같은 이유로 심결취소소송청구를 기각하였다. 이에 원고가 상고를 제기하였다.

나. 판결요지

[1] 원출원 중 일부 발명이 실시례 등의 상세한 설명에 기재된 것으로서 원출원 발명과 다른 하나의 발명으로 볼 수 있는 경우에는 그 일부를 분할출원할 수 있으며, 이 경우 그 동일성 여부의 판단은 특허청구범위에 기재된 양 발명의 기술

적 구성이 동일한가 여부에 의하여 판단하되 그 효과도 참작하여야 할 것인바, 기술적 구성에 차이가 있더라도 그 차이가 주지 관용기술의 부가, 삭제, 변경 등으로 새로운 효과의 발생이 없는 정도에 불과하다면 양 발명은 서로 동일하다고 하여야 한다.

[2] 원출원 발명에 부가된 화합물의 제조 과정이 그 발명의 필수 구성요소로서 분할출원 발명이 예정하고 있지 않은 새로운 효과를 가진 공정이고 이를 단순한 주지 관용기술에 불과하다고 볼 수는 없어 이러한 제조 과정을 필수 구성요소로 하지 않는 분할출원 발명이 원출원 발명과 그 기술적 사상 및 기술 구성이 서로 다른 상이한 발명이라고 한 사례이다.

다. 판결의 의의

분할출원된 특허발명은 분할출원의 기초가 된 명세서에 기재된 발명과 동일할 것을 요한다. 이는 동일하지 않은 발명에 분할출원을 인정할 경우 분할출원의 소급효로 인하여 제3자가 불이익을 받을 수 있기 때문이다.

이 판결은 분할출원의 요건으로서 발명의 동일성 판단에 대하여 구체적인 판단을 한 것으로서 그 판단기준과 그에 따른 동일성 여부의 판단에 대한 구체적인 적용을 보여주는 사례인 점에서 그 의의를 찾을 수 있다.

NOTE

이 판결에 대한 판례 평석은 아래 자료를 참고할 것.

☞ 강기중, "분할출원에 있어서의 발명의 동일성 판단방법," 정보법 판례백선 I, 박영사, 2006, 114-120면.

---

2. 관련 문헌

- 강기중, "분할출원에 있어서의 발명의 동일성 판단방법," 정보법 판례백선 I, 박영사, 114-120면.
- 이두형, "최근 지적재산권 판례 동향," 인권과 정의 355호(2006.3), 대한변호사협회, 6-35면.
- ____, "최근 특허·실용신안 관련 판례 동향," 지식재산21 95호(2006.4), 특허청, 3-36면.

3. 응용문제

> 甲은 발명의 상세한 설명에 A, B, C를 기재하고 청구범위에 A, B만을 기재하여 출원하였다. 그 후 B발명에 진보성이 없다는 이유로 최후거절이유를 통지받았다. 이때 甲이 C발명에 대하여도 특허권을 부여받고자 할 때, B, C발명을 등록받을 수 있는 특허법상 제도에 대해 논하시오.

③ 우선권 주장

제54조(조약에 의한 우선권주장) ① 조약에 따라 다음 각 호의 어느 하나에 해당하는 경우에는 제29조 및 제36조를 적용할 때에 그 당사국에 출원한 날을 대한민국에 특허출원한 날로 본다.

1. 대한민국 국민에게 특허출원에 대한 우선권을 인정하는 당사국의 국민이 그 당사국 또는 다른 당사국에 특허출원한 후 동일한 발명을 대한민국에 특허출원하여 우선권을 주장하는 경우

2. 대한민국 국민에게 특허출원에 대한 우선권을 인정하는 당사국에 대한민국 국민이 특허출원한 후 동일한 발명을 대한민국에 특허출원하여 우선권을 주장하는 경우

② 제1항에 따라 우선권을 주장하려는 자는 우선권 주장의 기초가 되는 최초의 출원일부터 1년 이내에 특허출원을 하지 아니하면 우선권을 주장할 수 없다.

③ 제1항에 따라 우선권을 주장하려는 자는 특허출원을 할 때 특허출원서에 그 취지, 최초로 출원한 국가명 및 출원의 연월일을 적어야 한다.

④ 제3항에 따라 우선권을 주장한 자는 제1호의 서류 또는 제2호의 서면을 특허청장에게 제출하여야 한다. 다만, 제2호의 서면은 산업통상자원부령으로 정하는 국가의 경우만 해당한다.

1. 최초로 출원한 국가의 정부가 인증하는 서류로서 특허출원의 연월일을 적은 서면, 발명의 명세서 및 도면의 등본

2. 최초로 출원한 국가의 특허출원의 출원번호 및 그 밖에 출원을 확인할 수 있는 정보 등 산업통상자원부령으로 정하는 사항을 적은 서면

⑤ 제4항에 따른 서류 또는 서면은 다음 각 호에 해당하는 날 중 최우선일(最優先日)부터 1년 4개월 이내에 제출하여야 한다.

1. 조약 당사국에 최초로 출원한 출원일

2. 그 특허출원이 제55조 제1항에 따른 우선권 주장을 수반하는 경우에는 그 우선권 주장의 기초가 되는 출원의 출원일

3. 그 특허출원이 제3항에 따른 다른 우선권 주장을 수반하는 경우에는 그 우선권 주장의 기초가 되는 출원의 출원일

⑥ 제3항에 따라 우선권을 주장한 자가 제5항의 기간에 제4항에 따른 서류를 제출하지 아니한 경우에는 그 우선권 주장은 효력을 상실한다.

⑦ 제1항에 따라 우선권 주장을 한 자 중 제2항의 요건을 갖춘 자는 제5항에 따른 최우선일부터 1년 4개월 이내에 해당 우선권 주장을 보정하거나 추가할 수 있다.

제55조(특허출원 등을 기초로 한 우선권 주장) ① 특허를 받으려는 자는 자신이 특허나 실용신안등록을 받을 수 있는 권리를 가진 특허출원 또는 실용신안등록출원으로 먼저 한 출원(이하 "선출원"이라 한다)의 출원서에 최초로 첨부된 명세서 또는 도면에 기재된 발명을 기초로 그 특허출원한 발명에 관하여 우선권을 주장할 수 있다. 다만, 다음 각 호의 어느 하나에 해당하는 경우에는 그러하지 아니하다.

1. 그 특허출원이 선출원의 출원일부터 1년이 지난 후에 출원된 경우

2. 선출원이 제52조 제2항(「실용신안법」 제11조에 따라 준용되는 경우를 포함한다)에 따른 분할출원이나 제53조 제2항 또는 「실용신안법」 제10조 제2항에 따른 변경출원인 경우

3. 그 특허출원을 할 때에 선출원이 포기·무효 또는 취하된 경우

4. 그 특허출원을 할 때에 선출원이 특허 여부의 결정, 실용신안등록 여부의 결정 또는 거절한다는 취지의 심결이 확정된 경우

② 제1항에 따른 우선권을 주장하려는 자는 특허출원을 할 때 특허출원서에 그 취지와 선출원의 표시를 하여야 한다.

③ 제1항에 따른 우선권 주장을 수반하는 특허출원된 발명 중 해당 우선권 주장의 기초가 된 선출원의 출원서에 최초로 첨부된 명세서 또는 도면에 기재된 발명과 같은 발명에 관하여 제29조 제1항·제2항, 같은 조 제3항 본문, 같은 조 제4항 본문, 제30조 제1항, 제36조 제1항부터 제3항까지, 제96조 제1항 제3호, 제98조, 제103조, 제105조 제1항·제2항, 제129조 및 제136조 제4항(제

133조의2 제4항에 따라 준용되는 경우를 포함한다), 「실용신안법」 제7조 제3항·제4항 및 제25조, 「디자인보호법」 제95조 및 제103조 제3항을 적용할 때에는 그 특허출원은 그 선출원을 한 때에 특허출원한 것으로 본다.

④ 제1항에 따른 우선권 주장을 수반하는 특허출원의 출원서에 최초로 첨부된 명세서 또는 도면에 기재된 발명 중 해당 우선권 주장의 기초가 된 선출원의 출원서에 최초로 첨부된 명세서 또는 도면에 기재된 발명과 같은 발명은 그 특허출원이 출원공개되거나 특허가 등록공고되었을 때에 해당 우선권 주장의 기초가 된 선출원에 관하여 출원공개가 된 것으로 보고 제29조 제3항 본문, 같은 조 제4항 본문 또는 「실용신안법」 제4조 제3항 본문·제4항 본문을 적용한다.

⑤ 선출원이 다음 각 호의 어느 하나에 해당하면 그 선출원의 출원서에 최초로 첨부된 명세서 또는 도면에 기재된 발명 중 그 선출원에 관하여 우선권 주장의 기초가 된 출원의 출원서에 최초로 첨부된 명세서 또는 도면에 기재된 발명에 대해서는 제3항과 제4항을 적용하지 아니한다.

1. 선출원이 제1항에 따른 우선권 주장을 수반하는 출원인 경우

2. 선출원이 「공업소유권의 보호를 위한 파리 협약」 제4조 D(1)에 따른 우선권 주장을 수반하는 출원인 경우

⑥ 제4항을 적용할 때 선출원이 다음 각 호의 어느 하나에 해당하더라도 제29조 제7항을 적용하지 아니한다.

1. 선출원이 제201조 제4항에 따라 취하한 것으로 보는 국제특허출원인 경우

2. 선출원이 「실용신안법」 제35조 제4항에 따라 취하한 것으로 보는 국제실용신안등록출원인 경우

⑦ 제1항에 따른 요건을 갖추어 우선권 주장을 한 자는 선출원일(선출원이 둘 이상인 경우에는 최선출원일을 말한다)부터 1년 4개월 이내에 그 우선권 주장을 보정하거나 추가할 수 있다.

1. 사 례

【원출원 발명과 분할출원 발명이 동일한지 여부의 판단기준】
— 대법원 2004.3.12.선고 2002후2778 판결 —

가. 사실개요
피고는 6개의 미국 내 특허출원과 1개의 국제특허출원을 기초로 우선권 주장

을 하면서 대한민국을 지정국으로 하여 1996.5.24. PCT/US96/8107호로 국제출원하여 등록된 특허권자이다. 원고는 2004.3.19. 피고의 특허발명이 공지된 인용발명에 비하여 진보성이 없고, 청구범위의 기재가 불비하므로 등록이 무효로 되어야 한다고 주장하면서 등록무효심판을 청구하였다. 특허심판원은 이에 대하여 2005.3.28. 특허발명은 인용발명들에 비하여 구성의 곤란성, 목적의 특이성 및 효과의 현저성이 인정되어 그 기술분야에서 통상의 지식을 가진 자가 용이하게 발명할 수 있는 것에 해당한다고 볼 수 없고, 청구항에 기재불비의 사유가 없다는 이유로 원고의 청구를 기각하는 이 사건 심결을 하였다. 이에 원고는 피고의 출원절차 중 우선권 주장이 적법한지와 관련하여 출원발명과 우선권의 기초가 되는 발명의 동일성 여부를 다투며 심결취소소송을 제기하였다.

나. 판결요지

발명의 동일성 판단을 위하여 출원된 발명의 특허청구범위에 기재된 사항과 특허출원 전에 반포된 간행물에 기재된 사항을 대비함에 있어서는, 기재상의 표현 또는 기재형식의 이동(異同)만을 기준으로 하여서는 아니 되고 특허청구범위에 내재하는 기술적 사상의 실체에 착안하여 판단하여야 한다. 두 발명이 동일하다 함은 기술적 사상이 전면적으로 일치하는 경우는 물론이고, 그 범위에 차이가 있을 뿐 부분적으로 일치하는 경우라도 일치하는 부분을 제외한 나머지 부분만으로 별개의 발명을 이루지 않는 한 두 발명은 동일한 발명이라고 보아야 한다.

다. 판결의 의의

이 판결은 파리조약에 따라 인정되는 우선권 주장의 요건으로서 발명의 동일성 판단에 대하여 구체적인 판단을 한 것으로서 그 판단기준으로서 기술적 사상의 실체에 착안하여 판단하여야 한다는 점을 명확히 한 것에 그 의의를 찾을 수 있다.

2. 응용문제

甲은 미국에 2009.1.1.에 A발명을 출원하였고, 일본에서 2009.3.1. A발명과 이를 개량한 B발명을 출원하며 미국출원에 대해 조약에 의한 우선권주장을 하였다. 이후 한국에서 2009.5.1. B발명을 개량한 발명 C를 출원하였으며, 2009.6.1. 甲은 A, B,

> C발명에 대하여 간행물에 게재하였다. 그 후에 甲은 A, B, C발명 모두를 한국에서
> 권리화할 필요를 인식하고 2009.7.1.에 A, B, C발명을 특허출원하였다.
> 2009.7.1. 출원의 등록가능성과 이용가능한 특허법상 제도를 논하시오.

④ 정당권리자의 보호

제34조(무권리자의 특허출원과 정당한 권리자의 보호) 발명자가 아닌 자로서
특허를 받을 수 있는 권리의 승계인이 아닌 자(이하 "무권리자"라 한다)가 한
특허출원이 제33조 제1항 본문에 따른 특허를 받을 수 있는 권리를 가지지 아
니한 사유로 제62조 제2호에 해당하여 특허를 받지 못하게 된 경우에는 그 무
권리자의 특허출원 후에 한 정당한 권리자의 특허출원은 무권리자가 특허출
원한 때에 특허출원한 것으로 본다. 다만, 무권리자가 특허를 받지 못하게 된
날부터 30일이 지난 후에 정당한 권리자가 특허출원을 한 경우에는 그러하지
아니하다.
제35조(무권리자의 특허와 정당한 권리자의 보호) 제33조 제1항 본문에 따른
특허를 받을 수 있는 권리를 가지지 아니한 사유로 제133조 제1항 제2호에 해
당하여 특허를 무효로 한다는 심결이 확정된 경우에는 그 무권리자의 특허출
원 후에 한 정당한 권리자의 특허출원은 무효로 된 그 특허의 출원 시에 특허
출원한 것으로 본다. 다만, 그 특허의 등록공고가 있는 날부터 2년이 지난 후
또는 심결이 확정된 날부터 30일이 지난 후에 정당한 권리자가 특허출원을 한
경우에는 그러하지 아니하다.

1. 응용문제

> 甲은 일회용 카메라(A발명)에 대한 발명을 완성하였으나 특허출원을 보류하던 중 甲
> 의 조수 乙이 A발명에 대하여 특허출원하였고 A발명은 출원공개된 후 심사중이다.
> 출원공개된 A발명을 보고 丙은 이를 개량하여 A발명에 플래시 기능을 추가한 일회
> 용 카메라(B발명)를 완성하여 제조·판매하고 있다. 뒤늦게 이를 안 甲이 자신의 A
> 발명에 대하여 권리를 취득할 수 있는 방법에 대하여 논하시오.

제2절 국내특허출원 심사에서의 절차

① 출원단계 무단실시에 대한 조치

제61조(우선심사) 특허청장은 다음 각 호의 어느 하나에 해당하는 특허출원에 대해서는 심사관에게 다른 특허출원에 우선하여 심사하게 할 수 있다.

1. 제64조에 따른 출원공개 후 특허출원인이 아닌 자가 업(業)으로서 특허출원된 발명을 실시하고 있다고 인정되는 경우

2. 대통령령으로 정하는 특허출원으로서 긴급하게 처리할 필요가 있다고 인정되는 경우

제64조(출원공개) ① 특허청장은 다음 각 호의 구분에 따른 날부터 1년 6개월이 지난 후 또는 그 전이라도 특허출원인이 신청한 경우에는 산업통상자원부령으로 정하는 바에 따라 그 특허출원에 관하여 특허공보에 게재하여 출원공개를 하여야 한다.

1. 제54조 제1항에 따른 우선권 주장을 수반하는 특허출원의 경우: 그 우선권 주장의 기초가 된 출원일

2. 제55조 제1항에 따른 우선권 주장을 수반하는 특허출원의 경우: 선출원의 출원일

3. 제54조 제1항 또는 제55조 제1항에 따른 둘 이상의 우선권 주장을 수반하는 특허출원의 경우: 해당 우선권 주장의 기초가 된 출원일 중 최우선일

4. 제1호부터 제3호까지의 어느 하나에 해당하지 아니하는 특허출원의 경우: 그 특허출원일

② 제1항에도 불구하고 다음 각 호의 어느 하나에 해당하는 경우에는 출원공개를 하지 아니한다.

1. 명세서에 청구범위를 적지 아니한 경우

2. 제42조의3 제2항에 따른 국어번역문을 제출하지 아니한 경우(외국어특허출원의 경우로 한정한다)

3. 제87조 제3항에 따라 등록공고를 한 특허의 경우

③ 제41조 제1항에 따라 비밀취급된 특허출원의 발명에 대해서는 그 발명의

비밀취급이 해제될 때까지 그 특허출원의 출원공개를 보류하여야 하며, 그 발명의 비밀취급이 해제된 경우에는 지체 없이 제1항에 따라 출원공개를 하여야 한다. 다만, 그 특허출원이 설정등록된 경우에는 출원공개를 하지 아니한다.

④ 제1항의 출원공개에 관하여 출원인의 성명·주소 및 출원번호 등 특허공보에 게재할 사항은 대통령령으로 정한다.

1. 응용문제

甲은 A발명에 대하여 특허출원 중이다. 특허출원 후 등록 전에 乙이 동일한 A발명을 실시하고 있는 것을 알게 되었다. 甲이 특허법상 취할 수 있는 조치에 대하여 논하시오.

② 심사결과에 대한 불복방법

제67조의2(재심사의 청구) ① 특허출원인은 그 특허출원에 관하여 특허거절결정등본을 송달받은 날부터 30일(제15조 제1항에 따라 제132조의3에 따른 기간이 연장된 경우 그 연장된 기간을 말한다) 이내에 그 특허출원의 명세서 또는 도면을 보정하여 해당 특허출원에 관한 재심사(이하 "재심사"라 한다)를 청구할 수 있다. 다만, 재심사를 청구할 때에 이미 재심사에 따른 특허거절결정이 있거나 제132조의3에 따른 심판청구가 있는 경우에는 그러하지 아니하다.

② 특허출원인은 제1항에 따른 재심사의 청구와 함께 의견서를 제출할 수 있다.

③ 제1항에 따라 재심사가 청구된 경우 그 특허출원에 대하여 종전에 이루어진 특허거절결정은 취소된 것으로 본다. 다만, 재심사의 청구절차가 제16조 제1항에 따라 무효로 된 경우에는 그러하지 아니하다.

④ 제1항에 따른 재심사의 청구는 취하할 수 없다.

제132조의3(특허거절결정 등에 대한 심판) 특허거절결정 또는 특허권의 존속기간의 연장등록거절결정을 받은 자가 결정에 불복할 때에는 그 결정등본을

송달받은 날부터 30일 이내에 심판을 청구할 수 있다.

제186조(심결 등에 대한 소) ① 심결에 대한 소 및 심판청구서나 재심청구서의 각하결정에 대한 소는 특허법원의 전속관할로 한다.

② 제1항에 따른 소는 다음 각 호의 자만 제기할 수 있다.

1. 당사자

2. 참가인

3. 해당 심판이나 재심에 참가신청을 하였으나 신청이 거부된 자

③ 제1항에 따른 소는 심결 또는 결정의 등본을 송달받은 날부터 30일 이내에 제기하여야 한다.

④ 제3항의 기간은 불변기간으로 한다.

⑤ 심판장은 주소 또는 거소가 멀리 떨어진 곳에 있거나 교통이 불편한 지역에 있는 자를 위하여 직권으로 제4항의 불변기간에 대하여 부가기간을 정할 수 있다.

⑥ 심판을 청구할 수 있는 사항에 관한 소는 심결에 대한 것이 아니면 제기할 수 없다.

⑦ 제162조 제2항 제5호에 따른 대가의 심결 및 제165조 제1항에 따른 심판비용의 심결 또는 결정에 대해서는 독립하여 제1항에 따른 소를 제기할 수 없다.

⑧ 제1항에 따른 특허법원의 판결에 대해서는 대법원에 상고할 수 있다.

1. 응용문제

甲은 A발명에 대하여 특허 출원하였으나 제29조 제1항 위반의 거절이유를 통지받았다. 이에 청구범위를 보정하였으나 부적법한 보정으로 인정되어 보정각하된 후 거절결정 받았다. 甲이 거절결정 및 보정각하 결정에 대하여 불복할 수 있는 방법에 대하여 논하시오.

제3절 특허협력조약(PCT)에 의한 국제출원절차

Ⅰ. 국제출원절차

1 국제출원방법

제193조(국제출원) ① 국제출원을 하려는 자는 산업통상자원부령으로 정하는 언어로 작성한 출원서와 발명의 설명·청구범위·필요한 도면 및 요약서를 특허청장에게 제출하여야 한다.

② 제1항의 출원서에는 다음 각 호의 사항을 적어야 한다.

1. 해당 출원이 「특허협력조약」에 따른 국제출원이라는 표시

2. 해당 출원된 발명의 보호가 필요한 「특허협력조약」 체약국(締約國)의 지정

3. 제2호에 따라 지정된 체약국(이하 "지정국"이라 한다) 중 「특허협력조약」 제2조(ⅳ)의 지역특허를 받으려는 경우에는 그 취지

4. 출원인의 성명이나 명칭·주소나 영업소 및 국적

5. 대리인이 있으면 그 대리인의 성명 및 주소나 영업소

6. 발명의 명칭

7. 발명자의 성명 및 주소(지정국의 법령에서 발명자에 관한 사항을 적도록 규정되어 있는 경우만 해당한다)

③ 제1항의 발명의 설명은 그 발명이 속하는 기술분야에서 통상의 지식을 가진 사람이 쉽게 실시할 수 있도록 명확하고 상세하게 적어야 한다.

④ 제1항의 청구범위는 보호를 받으려는 사항을 명확하고 간결하게 적어야 하며, 발명의 설명에 의하여 충분히 뒷받침되어야 한다.

⑤ 제1항부터 제4항까지에서 규정한 사항 외에 국제출원에 관하여 필요한 사항은 산업통상자원부령으로 정한다.

제199조(국제출원에 의한 특허출원) ① 「특허협력조약」에 따라 국제출원일이 인정된 국제출원으로서 특허를 받기 위하여 대한민국을 지정국으로 지정한 국제출원은 그 국제출원일에 출원된 특허출원으로 본다.

② 제1항에 따라 특허출원으로 보는 국제출원(이하 "국제특허출원"이라 한다)에 관하여는 제42조의2, 제42조의3 및 제54조를 적용하지 아니한다.

1. 응용문제

甲은 대한민국 국민으로서 A발명을 완성하여 이를 대한민국을 포함하여 미국, 일본에서 특허권으로 보호받고자 한다. 현행 특허법에서 이용가능한 제도와 그 장·단점을 논하시오.

II. 국제특허출원의 특례

① 번역문의 지위

제201조(국제특허출원의 번역문) ① 국제특허출원을 외국어로 출원한 출원인은 「특허협력조약」 제2조(xi)의 우선일(이하 "우선일"이라 한다)부터 2년 7개월(이하 "국내서면제출기간"이라 한다) 이내에 다음 각 호의 국어번역문을 특허청장에게 제출하여야 한다. 다만, 국어번역문의 제출기간을 연장하여 달라는 취지를 제203조 제1항에 따른 서면에 적어 국내서면제출기간 만료일 전 1개월부터 그 만료일까지 제출한 경우(그 서면을 제출하기 전에 국어번역문을 제출한 경우는 제외한다)에는 국내서면제출기간 만료일부터 1개월이 되는 날까지 국어번역문을 제출할 수 있다.
1. 국제출원일까지 제출한 발명의 설명, 청구범위 및 도면(도면 중 설명부분에 한정한다)의 국어번역문
2. 국제특허출원의 요약서의 국어번역문
② 제1항에도 불구하고 국제특허출원을 외국어로 출원한 출원인이 「특허협력조약」 제19조 (1)에 따라 청구범위에 관한 보정을 한 경우에는 국제출원일까지 제출한 청구범위에 대한 국어번역문을 보정 후의 청구범위에 대한 국어번역문으로 대체하여 제출할 수 있다.
③ 제1항에 따라 국어번역문을 제출한 출원인은 국내서면제출기간(제1항 단서에 따라 취지를 적은 서면이 제출된 경우에는 연장된 국어번역문 제출 기간

을 말한다. 이하 이 조에서 같다)에 그 국어번역문을 갈음하여 새로운 국어번역문을 제출할 수 있다. 다만, 출원인이 출원심사의 청구를 한 후에는 그러하지 아니하다.

④ 제1항에 따른 출원인이 국내서면제출기간에 제1항에 따른 발명의 설명 및 청구범위의 국어번역문을 제출하지 아니하면 그 국제특허출원을 취하한 것으로 본다.

⑤ 특허출원인이 국내서면제출기간의 만료일(국내서면제출기간에 출원인이 출원심사의 청구를 한 경우에는 그 청구일을 말하며, 이하 "기준일"이라 한다)까지 제1항에 따라 발명의 설명, 청구범위 및 도면(도면 중 설명부분에 한정한다)의 국어번역문(제3항 본문에 따라 새로운 국어번역문을 제출한 경우에는 마지막에 제출한 국어번역문을 말한다. 이하 이 조에서 "최종 국어번역문"이라 한다)을 제출한 경우에는 국제출원일까지 제출한 발명의 설명, 청구범위 및 도면(도면 중 설명부분에 한정한다)을 최종 국어번역문에 따라 국제출원일에 제47조 제1항에 따른 보정을 한 것으로 본다.

⑥ 특허출원인은 제47조 제1항 및 제208조 제1항에 따라 보정을 할 수 있는 기간에 최종 국어번역문의 잘못된 번역을 산업통상자원부령으로 정하는 방법에 따라 정정할 수 있다. 이 경우 정정된 국어번역문에 관하여는 제5항을 적용하지 아니한다.

⑦ 제2항에 따라 보정 후의 청구범위에 대한 국어번역문을 제출하는 경우에는 제204조 제1항 및 제2항을 적용하지 아니한다.

1. 응용문제

甲은 A발명을 미국을 수리관청으로 하여 PCT에 의한 국제출원을 하면서 지정국에 대한민국을 포함하였다. 미국의 출원에는 발명 A, B를 기재하였으나 대한민국 특허청에 제출한 번역문에는 발명 A, B, C를 기재하였다. 甲의 국제출원이 대한민국에서 등록가능성과 등록 후 법률관계에 대하여 논하시오.

제4절 심판 및 소송에서의 절차

Ⅰ. 심 판

① 무효심판 청구권자

제133조(특허의 무효심판) ① 이해관계인 또는 심사관은 특허가 다음 각 호의 어느 하나에 해당하는 경우에는 무효심판을 청구할 수 있다. 이 경우 청구범위의 청구항이 둘 이상인 경우에는 청구항마다 청구할 수 있다. 다만, 특허권의 설정등록일부터 등록공고일 후 3개월 이내에는 누구든지 다음 각 호(제2호는 제외한다)의 어느 하나에 해당한다는 이유로 무효심판을 청구할 수 있다.

1. 제25조, 제29조, 제32조, 제36조 제1항부터 제3항까지, 제42조 제3항 제1호 또는 같은 조 제4항을 위반한 경우

2. 제33조 제1항 본문에 따른 특허를 받을 수 있는 권리를 가지지 아니하거나 제44조를 위반한 경우

3. 제33조 제1항 단서에 따라 특허를 받을 수 없는 경우

4. 특허된 후 그 특허권자가 제25조에 따라 특허권을 누릴 수 없는 자로 되거나 그 특허가 조약을 위반한 경우

5. 조약을 위반하여 특허를 받을 수 없는 경우

6. 제47조 제2항 전단에 따른 범위를 벗어난 보정인 경우

7. 제52조 제1항에 따른 범위를 벗어난 분할출원인 경우

8. 제53조 제1항에 따른 범위를 벗어난 변경출원인 경우

② 제1항에 따른 심판은 특허권이 소멸된 후에도 청구할 수 있다.

③ 특허를 무효로 한다는 심결이 확정된 경우에는 그 특허권은 처음부터 없었던 것으로 본다. 다만, 제1항 제4호에 따라 특허를 무효로 한다는 심결이 확정된 경우에는 특허권은 그 특허가 같은 호에 해당하게 된 때부터 없었던 것으로 본다.

④ 심판장은 제1항에 따른 심판이 청구된 경우에는 그 취지를 해당 특허권의 전용실시권자나 그 밖에 특허에 관하여 등록을 한 권리를 가지는 자에게 알려야 한다.

1. 사 례

(1) **【특허무효심판청구인이 대가지급조건부로 통상실시권을 허여받은 경우 그 무효심판을 구할 이해관계의 소멸여부】**
― 대법원 1984.5.29.선고 82후30 판결 ―

가. 사실개요
심판청구인 A가 피심판청구인 B를 상대로 B의 특허인 농약류 살균제 제조방법에 관한 특허에 대하여 무효심판을 청구하자 동일제품 제조업자인 C가 A를 위한 참가신청을 하고 참가허가 결정을 받아 쟁송한 결과 A·C의 주장이 받아들여져 심판청구를 인용하는 항고심결이 내려졌다. 이에 피심판청구인 B는 상고이유의 하나로 심판청구인 A가 이 사건 특허의 통상실시권을 허여받은 자로서 무효심판 청구의 이해관계가 소멸됨을 이유로 상고를 제기하였다.

나. 판결요지
특허무효심판청구인이 특허청으로부터 본건 특허의 통상실시권을 허여받았다 하여도 동 허여처분에 제품순판매액의 3퍼센트에 해당하는 대가의 지급조건이 붙어 있어 통상실시권에 수반하는 의무이행을 하여야 한다면 위 실시권 허여 자체만으로 당사자간의 모든 이해관계가 소멸되었다고 볼 수 없으니 특허무효심판을 구할 이해관계가 있다.

다. 판결의 의의
특허법 제133조 1항은 이해관계인 또는 심사관에 대하여 무효심판의 청구인 적격을 인정하고 있다. 이때 이해관계인에 특허권의 실시권을 가진 자가 포함되는지에 판례의 견해가 일치되지 않고 있다.
이 판례는 무효심판을 청구할 수 있는 이해관계에 대하여 실시권이 허여된 사실만으로 당사자간의 이해관계가 소멸된 것으로 볼 수 없다고 판시하여 통상실시권을 허여받은 자를 이해관계인으로 인정한 경우이다.

NOTE
이 판결에 대한 판례 평석은 아래 자료를 참고할 것.

☞ 곽종석, "특허심판 참가의 성격," 대법원판례해설 3호(1984년 하반기), 법원도서관,
  175-196면.

⑵ 【특허의 실시권을 허여받은 자가 구하는 동 특허의 무효확인청구의 적부
  (소극)】
  ― 대법원 1981.7.28.선고 80후77 판결 ―

가. 사실개요

甲은 자신의 특허발명에 관하여 乙에게 이 사건 특허에 의하여 에어콘용 방
진필터를 제조하여 심판청구인에게 공급 사용케 하는 공급자와 사용자간의 구매
계약을 체결하였으나 乙은 甲의 특허발명에 대하여 무효심판을 청구하였고, 乙은
이해관계가 인정되어 인용심결되었다. 이에 甲이 불복하여 특허청 항고심판소에
소를 제기하였고, 항고심판소에 계속 중인 1979.1.23 甲과 乙은 이 사건 특허발명
의 전용실시권을 허락하는 계약을 체결하였다. 그럼에도 불구하고 항고심판소는
乙의 이해관계를 인정하여 甲이 상고를 제기하였다.

나. 판결요지

특허권자로부터 그 특허권의 실시권을 허여받은 자는 그 허여기간 내에는 그
권리의 대항을 받을 염려가 없어 업무상 손해를 받거나 받을 염려가 없으므로 그
기간 중에는 그 특허에 관하여 무효확인을 구할 이해관계가 없다고 해석되는바,
이 건이 항고심에 계속 중 이 건 특허의 전용실시권을 허락받은 심판청구인은 위
특허의 무효확인을 구할 이해관계인이 아니고, 이와 같은 이해관계의 유무는 직
권조사사항이다

다. 판결의 의의

이 판례는 특허무효심판에서 전용실시권을 허락받을 자가 무효심판을 청구
할 이해관계가 인정되는지에 대하여 그 이해관계를 부정한 판례이다. 무효심판의
청구인으로서 이해관계인에 실시권자가 포함되는지 여부는 판례도 일치되지 않
고 있으며, 학설도 견해가 대립하고 있다.

NOTE

이 판결에 대한 판례 평석은 아래 자료를 참고할 것.

☞ 송영식, "실시권자의 특허무효심판청구," 민사판례연구(제2판) 4권(1993.1), 257-275면, 박영사.

2. 관련 문헌

- 신성기, "권리범위확인심판(특허, 실용신안)의 이해관계인, 심판의 대상, 심리기준과 방법에 관하여: 대법원 판례를 중심으로," 창작과 권리 11호(98년 여름호), 세창출판사, 2-31면.
- 이상경, "특허·상표법상 심판청구인 적격으로서의 이해관계인," 인권과 정의 263호 (1998.7), 대한변호사협회, 73-92면.
- ____, "특허법과 상표법상의 심판청구인 적격으로서의 이해관계인,"「지적재산권의 현재와 미래: 소담 김명신선생 화갑기념논문집」(2004.5), 법문사, 223-250면.
- 최병규, "지식재산권법과 독점규제법의 관계," 지식재산21 56호(1999.9), 특허청, 37-62면.
- 황경남, "특허무효심판," 재판자료 56집(1992.12): "지적소유권에 관한 제문제(上)," 법원행정처, 447-498면.

3. 응용문제

甲은 A발명에 대한 특허권자이다. 乙은 甲에게 A발명에 대하여 전용실시권을 설정받아 이를 실시하고 있다. 이후 乙은 A발명이 甲의 A발명 출원 전에 간행물에 게재되었던 사실을 알게 되어 이를 이유로 A특허발명에 대하여 무효심판을 청구하였다. 乙이 청구한 무효심판이 적법한지를 논하시오.

② 정정심판

제133조의2(특허무효심판절차에서의 특허의 정정) ① 제133조 제1항에 따른 심판의 피청구인은 제136조 제1항 각 호의 어느 하나에 해당하는 경우에만 제

147조 제1항 또는 제159조 제1항 후단에 따라 지정된 기간에 특허발명의 명세서 또는 도면에 대하여 정정청구를 할 수 있다. 이 경우 심판장이 제147조 제1항에 따라 지정된 기간 후에도 청구인이 증거서류를 제출함으로 인하여 정정청구를 허용할 필요가 있다고 인정하는 경우에는 기간을 정하여 정정청구를 하게 할 수 있다.

② 제1항에 따른 정정청구를 하였을 때에는 해당 무효심판절차에서 그 정정청구 전에 한 정정청구는 취하된 것으로 본다.

③ 심판장은 제1항에 따른 정정청구가 있을 때에는 그 청구서의 부본을 제133조 제1항에 따른 심판의 청구인에게 송달하여야 한다.

④ 제1항에 따른 정정청구에 관하여는 제136조 제2항부터 제5항까지 및 제7항부터 제11항까지, 제139조 제3항 및 제140조 제1항·제2항·제5항을 준용한다. 이 경우 제136조 제9항 중 "제162조 제3항에 따른 심리의 종결이 통지되기 전(같은 조 제4항에 따라 심리가 재개된 경우에는 그 후 다시 같은 조 제3항에 따른 심리의 종결이 통지되기 전)에"는 "제136조 제5항에 따른 통지가 있을 때에는 지정된 기간에"로 본다.

⑤ 제4항을 적용할 때 제133조 제1항에 따른 특허무효심판이 청구된 청구항을 정정하는 경우에는 제136조 제4항을 준용하지 아니한다.

1. 사 례

(1) 【동일한 특허발명에 대하여 특허무효심판과 정정심판이 특허심판원에 동시에 계속 중에 있는 경우, 심리·판단의 우선순위 및 그 판단 대상】
— 대법원 2002.8.23.선고 2001후713 판결 —

가. 사실개요

원고는 명칭을 "두꺼운 오스테나이트 스텐레스강철 제품과 그 제조방법"으로 하는 특허발명(출원일 1985.3.16, 등록일 1991.11.5, 이하 '이 사건 특허발명'이라 한다)의 특허권자이다. 피고는 이 사건 특허발명이 그 출원 전에 공지된 인용발명과 동일하거나 그로부터 당업자가 용이하게 발명할 수 있는 것에 불과하여 그 등록이 무효로 되어야 한다는 이유로 등록무효심판을 청구하였다. 원고가 이 사건 특허발명의 특허청구범위에 대하여 정정심판(특허심판원 99당918호)을 청구하였고 그 청구가 기각되어 심결취소소송이 당원에 2000허1559호 사건으로 계류 중에 있었으나, 특허심판원은 위 심판사건을 2000.2.1. 이 사건 특허발명의 등록을 무효로 한다는 심결(이하 '이 사건 심결'이라 한다)을 하였다. 이에 원고가 불복하여 심결취소소송을 제기하였으나 특허법원은 원고의 청구를 기각하였다. 이에 원고가 상고를 제기하였다.

나. 판결요지

동일한 특허발명에 대하여 특허무효심판과 정정심판이 특허심판원에 동시에 계속 중에 있는 경우에는 정정심판제도의 취지상 정정심판을 특허무효심판에 우선하여 심리·판단하는 것이 바람직하나, 그렇다고 하여 반드시 정정심판을 먼저 심리·판단하여야 하는 것은 아니고, 또 특허무효심판을 먼저 심리하는 경우에도 그 판단대상은 정정심판청구 전 특허발명이며, 이러한 법리는 특허무효심판과 정정심판의 심결에 대한 취소소송이 특허법원에 동시에 계속되어 있는 경우에도 적용된다고 볼 것이다.

다. 판결의 의의

특허발명의 명세서 또는 도면에 대하여 정정을 한다는 심결이 확정된 때에는 그 징징 후의 명세서 또는 도면에 의하여 특허출원·출원공개·특허결정 또는 심결 및 특허권의 설정등록이 된 것으로 본다(특§136⑧). 이러한 정정심결의 소급효로 인하여 특허무효심판이 특허심판원에 계속된 경우에는 정정심판을 청구할 수 없다(특§136①). 그러나 정정심판이 먼저 청구되고 그 후에 무효심판이 청구된 경우는 특허심판원에 특허무효심판과 정정심판이 동시에 계속 중일 수 있다.

이 판례는 특허심판원에 특허무효심판과 정정심판이 동시에 계속 중일 경우에 심리·판단의 우선순위 및 그 판단대상을 판시한 것으로서 의미가 있다.

⑵ 【특허의 무효심판사건이 상고심에 계속 중 당해 특허의 정정심결이 확정된 경우 재심사유가 있는지 여부】
─ 대법원 2001.10.12.선고 99후598 판결 ─

가. 사실개요

원심판결(특허법원 1999.2.4.선고 98허4579 판결)은, 이 사건 특허발명의 특허청구범위 1항 및 2항(이하 '이 사건 특허발명'이라고 한다)은 그 출원 전에 반포된 간행물에 기재된 발명에 의하여 그 기술분야에서 통상의 지식을 가진 자가 용이하게 발명할 수 있는 것이어서 진보성이 없어 무효로 되어야 한다는 요지로 판단하였다. 이에 대하여 상고가 제기되어 상고심에 계속 중인 2000.12.29. 이 사건 특허발명에 관하여 원고의 정정심판청구에 기해 특허청구범위를 감축하는 정정을 허가하는 심결이 내려지고 그 심결은 2001.1.6.경 확정되었다.

나. 판결요지

특허의 무효심판사건이 상고심에 계속중 당해 특허의 정정심결이 확정된 경우, 그 특허발명은 구 특허법(1997.4.10. 법률 제5329호로 개정되기 전의 것) 제136조 제9항에 의하여 정정 후의 명세서대로 특허출원이 되고 특허권의 설정등록이 된 것이므로, 정정 전의 특허발명을 대상으로 하여 무효 여부를 판단한 원심판결에는 민사소송법 소정의 재심사유가 있어 판결에 영향을 끼친 법령위반이 있다고 한 사례이다.

다. 판결의 의의

정정심판과 무효심판은 별개의 절차로 되어 있으나 정정심판과 무효심판이 동시에 진행되는 경우는 일방의 심결에 따라 다른 심판에 영향을 미치게 되어 문제가 된다. 이 사안과 같이 무효심판의 심결취소소송이 특허법원이나 대법원에 계속 중에 정정을 인정하는 심결이 확정된 경우는 정정심결의 소급효로 인해 심결취소소송에 재심사유가 발생할 우려가 있어 문제가 되었다.

이 판결은 무효심판의 심결취소소송이 대법원에 계속 중에 정정심결이 확정된 경우 확정된 정정심결이 무효심판절차에 미치는 영향에 관하여 최초로 판시한 판결로서 의의가 있다.

> NOTE
>
> 이 판결에 대한 판례 평석은 아래 자료를 참고할 것.
>
> ☞ 최성준, "정정심결이 확정된 경우 무효심판에 미치는 영향," 정보법 판례백선 I, 박영사, 2006, 27-35면.

2. 관련 문헌

- 김이수, "지적재산권," 인권과 정의 306호(2002.2), 대한변호사협회, 46-67면.
- 박성수, "특허청구범위의 정정이 특허청구범위를 확장하거나 변경하는 경우에 해당하는지 여부에 관한 판단기준," 정보법 판례백선 I, 2006, 박영사, 689-697면.
- 박정희, "특허침해소송에서 당해 특허의 무효사유에 대하여 심리판단 가능여부," 지식재산21 91호(2005.7), 특허청, 3-13면.
- 이두형, "특허권 침해 관련 법적 공격·방어수단에 관한 고찰," 사법논집 제43집, 2006, 법원도서관, 603-678면.
- _____, "특허의 무효화와 특허의 정정: 특허무효심판과 정정심판의 관계," 지식재산21 100호(2007.7), 특허청, 160-192면.
- 최성준, "정정심결이 확정된 경우 무효심판에 미치는 영향," 정보법 판례백선 I, 2006, 박영사, 27-35면.

3. 응용문제

甲은 A발명에 대한 특허권자이다. 동종업자 乙은 甲의 A발명이 甲의 출원 전 공지된 발명 A'를 인용발명으로 하여 제29조 제2항 위반을 이유로 무효심판을 청구하여 특허심판원에 계속 중이다. 甲은 A발명이 진보성 흠결을 극복할 수 없을거라 판단하여 발명의 상세한 설명에 기재된 a발명으로 정정하려 한다(정정요건은 구비된 것으로 가정한다).

甲이 이용 가능한 특허법상의 제도에 대하여 논하시오.

③ 권리범위확인심판

제135조(권리범위 확인심판) ① 특허권자, 전용실시권자 또는 이해관계인은 특허 발명의 보호범위를 확인하기 위하여 특허권의 권리범위 확인심판을 청구할 수 있다.

② 제1항에 따른 특허권의 권리범위 확인심판을 청구하는 경우에 청구범위의 청구항이 둘 이상인 경우에는 청구항마다 청구할 수 있다.

1. 사 례

(1) 【선등록 실용신안권자가 후등록 실용신안권자를 상대로 적극적 권리범위
확인심판을 청구할 수 있는지 여부(소극)】
― 대법원 2002.6.28.선고 99후2433 판결 ―

가. 사실개요

원고는 명칭이 스팽글 부착기의 스팽글 성형 및 부착장치인 실용신안(등록 제
70877호 실용신안)의 등록권리자로, 피고의 직물원단과 펀칭필름접착기의 접착장
치[(가)호 고안이라 한다]가 자신의 등록 고안의 권리범위에 속하는 것이라는 확인
을 구하는 적극적 권리범위확인심판을 청구하였다. 이에 특허청 심판원은 실용신
안권의 권리범위확인은 등록된 실용신안을 중심으로 어떠한 비등록 실용신안이
적극적으로 등록실용신안의 권리범위에 속한다거나 소극적으로 이에 속하지 아
니함을 확인하는 것으로 등록된 두 개의 실용신안권의 고안 내용이 동일 또는 유
사한 경우 선등록실용신안권자는 후등록실용신안권자를 상대로 실용신안등록의
무효를 청구할 수 있을 뿐 그를 상대로 하는 권리범위확인심판을 청구할 수 없다
고 한 후, (가)호 고안은 등록된 실용신안(등록 제86315호)인바 원고의 심판청구를
각하하였다.

특허청 심판원의 심판청구 각하에 대하여, 원고는 (가)호 고안은 등록 제
86315호 고안이 아니므로 그 각하가 위법한 것임을 다투면서, 함께 (가)호 고안은
등록고안에 비하여 퇴보된 것으로, 개악발명이나 이용관계에 있는 경우에는 권리
범위에 속한다고 하는 대법원의 판례(92후1509)를 들고, (가)호 고안의 효력을 부
인하는 것은 아니므로 등록된 발명이나 실용신안 상호간의 적극적 권리범위확인
심판을 부적법한 것이라고 할 수 없다고 주장하였다. 이에 원심은 (가)호 고안이
등록된 고안과 다른 별도의 고안이라는 원고의 주장을 배척하고, 권리간 적극적
권리범위확인심판에 대하여 판단하였다.

나. 판결요지

[1] 후출원에 의하여 등록된 고안을 (가)호 고안으로 하여 선출원에 의한 등록
고안의 권리범위에 속한다는 확인을 구하는 적극적 권리범위확인심판은 후등록
된 권리에 대한 무효심판의 확정 전에 그 권리의 효력을 부정하는 결과로 되어 원

칙적으로 허용되지 아니하고, 다만 예외적으로 양 고안이 구 실용신안법(1990.1. 13. 법률 제4209호로 전문 개정되기 전의 것) 제11조 제3항에서 규정하는 이용관계에 있어 (가)호 고안의 등록의 효력을 부정하지 않고 권리범위의 확인을 구할 수 있는 경우에는 권리 대 권리 간의 적극적 권리범위확인심판의 청구가 허용된다.

[2] 등록고안의 선출원 등록자가 후등록된 (가)호 고안이 진보성이 없는 개악 고안으로서 무효라는 취지로 주장하면서 적극적 권리범위확인심판을 청구한 이상 확인의 이익이 없는 부적법한 청구라고 한 사례이다.

다. 판결의 의의
권리범위확인심판은 적극적 권리범위확인심판과 소극적 권리범위확인심판으로 구분된다. 이때 권리간 소극적 권리범위확인심판을 청구할 수 있음은 이견이 없으나 권리간 적극적 권리범위확인심판의 청구가 가능한지에 견해의 대립이 있었다.
이 판결은 권리간 적극적 권리범위확인심판을 청구하는 것이 원칙적으로 허용되지 않음을 명확히 한 것으로서 의의가 있다.

NOTE

이 판결에 대한 판례 평석은 아래 자료를 참고할 것.
☞ 윤선희, "권리간 적극적 권리범위확인심판(권리 대 권리 적극적 권리범위확인심판 청구의 허용 여부)," 정보법 판례백선 I, 2006, 박영사, 76-83면.
☞ 이수완, "적극적 권리범위확인심판과 이용관계," 대법원판례해설 41호(2002.12), 법원 도서관, 417-429면.

---

(2) 【특허발명과 후등록고안이 특허법 제98조에서 규정하는 이용관계에 있는 경우, 권리 대 권리간의 적극적 권리범위확인심판의 청구가 허용되는지 여부(적극)】
— 특허법원 2004.3.25.선고 2003허2270 판결 —

가. 사실개요
원고는 통발연결장치에 관한 특허발명의 등록권리자인데, 피고의 확인대상발명이 이 사건 특허발명과 동일한 것이므로 이 사건 특허발명의 권리범위에 속한다는 심결을 구하는 권리범위확인심판을 청구하였으나, 특허심판원은 양 발명이 이용관계에 해당함을 부정하며 원고의 심판청구를 각하하는 심결을 하였다. 이에 원고가 불복하여 심결취소소송을 제기하였다.

나. 판결요지

후출원에 의하여 등록된 고안을 확인대상 발명으로 하여 선출원에 의한 특허발명의 권리범위에 속한다는 확인을 구하는 적극적 권리범위확인심판 즉, 권리 대 권리의 적극적 권리범위확인심판은 후등록된 권리에 대한 무효심판의 확정 전에 그 권리의 효력을 부정하는 결과로 되어 원칙적으로 허용되지 아니하지만 예외적으로 특허발명과 등록고안이 특허법 제98조에서 규정하는 이용관계에 있어 확인대상 발명의 등록의 효력을 부정하지 않고 권리범위의 확인을 구할 수 있는 경우에는 권리 대 권리 간의 적극적 권리범위확인심판의 청구도 허용된다.

다. 판결의 의의

권리 대 권리의 적극적 권리범위확인심판은 원칙적으로 허용되지 아니한다. 이는 특허무효심결 없이 등록권리의 효력을 부정하는 것으로서 무효심판의 전권사항을 권리범위확인심판이 하는 것과 같게 되어 부당하기 때문이다. 그러나 이용관계의 확인에 불과한 경우는 타방의 권리를 부정하는 것이 아니므로 적극적 권리범위확인심판의 청구가 적법하다는 것이 판례의 태도이다.

이 판례는 이용관계에 대한 적극적 권리범위확인심판청구가 확인의 이익이 있음을 명확히 하고 있다.

2. 관련 문헌

- 강동세, "이용발명에 관한 연구," 특허소송연구 1집(2000.5), 특허법원, 49-78면.
- 구대환, "권리범위확인심판에 관한 고찰," 지식재산21 57호(1999.11), 특허청, 101-114면.
- 김철환, "심결취소소송에서의 소의 이익," 사법논집 제39집(2004.12), 법원도서관, 527-588면.
- 박성수, "특허법 제128조의 적용요건에 관한 소고: 권리자의 특허실시 여부와 관련하여," 특허법연구 8권(2006.9), 박영사, 816-872면.

- 신성기, "등록된 권리 사이의 권리범위확인심판의 적부 및 실용신안에 대한 진보성, 권리침해 판단의 기준," 법조 45권 10호(통권481호) (1996.10), 법조협회, 162-182면.
- _____, "적극적 권리범위 확인심판," 특허정보 41호(1996.11), 특허청, 16-26면.
- 이두형, "특허권 침해 관련 법적 공격·방어수단에 관한 고찰," 사법논집 제43집, 2006, 법원도서관, 603-678면.
- 이수완, "적극적 권리범위확인심판과 이용관계," 대법원판례해설 41호(2002 상반기), 법원도서관, 417-429면.
- 조영호, "이용발명에 관한 판례연구," 재판실무연구 2005(2006.1), 광주지방법원, 163-186면.
- 최성준, "특허법원의 최근 중요판결 분석 2," 특허소송연구 1집(2000.5), 특허법원, 399-489면.
- _____, "특허법원의 최근 중요판결 분석 2(上)," 창작과 권리 17호(99년 겨울호), 세창출판사, 88-145면.
- 최정열, "권리범위확인심판에 관한 소고," 특허소송연구 3집(2005.12), 특허법원, 27-50면.

3. 응용문제

> 甲은 A발명(구성이 a+b+c로 된 발명)에 대한 특허권자이다. 동종업자 乙은 A발명을 연구하여 이를 개량한 A'발명(구성이 a+b+c+d로 된 발명)을 완성 후 출원하여 설정등록 되었다. 乙은 A'발명의 설정등록 후 甲의 동의 없이 특허발명을 실시하고 있어 甲은 乙의 실시가 자신의 특허권의 권리범위에 속한다는 취지의 권리범위 확인심판을 청구하였다. 甲의 심판청구가 적법한지를 논하시오.

II. 소 송

① 심결취소소송의 심리범위

> 제186조(심결 등에 대한 소) ① 심결에 대한 소 및 심판청구서나 재심청구서의 각하결정에 대한 소는 특허법원의 전속관할로 한다.

② 제1항에 따른 소는 다음 각 호의 자만 제기할 수 있다.

1. 당사자

2. 참가인

3. 해당 심판이나 재심에 참가신청을 하였으나 신청이 거부된 자

③ 제1항에 따른 소는 심결 또는 결정의 등본을 송달받은 날부터 30일 이내에 제기하여야 한다.

④ 제3항의 기간은 불변기간으로 한다.

⑤ 심판장은 주소 또는 거소가 멀리 떨어진 곳에 있거나 교통이 불편한 지역에 있는 자를 위하여 직권으로 제4항의 불변기간에 대하여 부가기간을 정할 수 있다.

⑥ 심판을 청구할 수 있는 사항에 관한 소는 심결에 대한 것이 아니면 제기할 수 없다.

⑦ 제162조 제2항 제5호에 따른 대가의 심결 및 제165조 제1항에 따른 심판비용의 심결 또는 결정에 대해서는 독립하여 제1항에 따른 소를 제기할 수 없다.

⑧ 제1항에 따른 특허법원의 판결에 대해서는 대법원에 상고할 수 있다.

1. 사 례

(1) 【당사자계 심판의 심결취소소송의 심리범위】
— 대법원 2002.6.25.선고 2000후1290 판결 —

가. 사실개요

발명의 명칭이 "플로아 매설용 콘센트 박스"(출원일/등록일: 1996.1.11./1998. 10.29.)인 발명에 대하여 진보성 위반을 이유로 무효심판을 제기하였으나. 특허심판원 심결은 이 사건 특허발명이 심판절차에서 제출된 공지기술에 관한 증거(인용발명 1과 2)로 부터는 용이하게 발명할 수 없다는 이유로 원고의 무효심판청구를 기각하였다. 이에 원고가 불복하여 심결취소소송을 제기하였고 특허법원은 심결취소소송 단계에서 새로이 제출된 증거인 인용발명 3.이 이 사건 특허발명의 출원 전에 공지되었다고 한 다음 이 사건 특허발명이 인용발명 3에 비하여 진보성이 없다는 이유로 이 사건 특허발명의 특허를 무효라고 판단하여 심결을 취소하였다. 이에 피고가 불복하여 상고를 제기하였다.

나. 판결요지

심판은 특허심판원에서의 행정절차이며 심결은 행정처분에 해당하고, 그에 대한 불복의 소송인 심결취소소송은 항고소송에 해당하여 그 소송물은 심결의 실체적, 절차적 위법성 여부라 할 것이므로 당사자는 심결에서 판단되지 않은 처분의 위법사유도 심결취소소송단계에서 주장·입증할 수 있고 심결취소소송의 법원은 특별한 사정이 없는 한 제한 없이 이를 심리·판단하여 판결의 기초로 삼을 수 있는 것이며 이와 같이 본다고 하여 심급의 이익을 해한다거나 당사자에게 예측하지 못한 불의의 손해를 입히는 것이 아니다.

다. 판결의 의의

특허법 제186조 제6항은 "심판을 청구할 수 있는 사항에 관한 소는 심결에 대한 것이 아니면 이를 제기할 수 없다"고만 하고 있을 뿐 소송단계에서의 심리범위에 대하여는 아무런 제한을 해 놓지 않고 있다. 이에 심결취소소송의 심리범위와 관련하여 많은 견해의 대립이 있었다.

이 판결은 우리나라 특허소송실무의 큰 쟁점 중 하나였던 특허법원의 심결취소소송의 심리범위에 관하여 대법원이 그 입장을 밝힌 최초의 판결인 점에서 의의가 있다.

NOTE

이 판결에 대한 판례 평석은 아래 자료를 참고할 것.

☞ 강기중, "심결취소소송의 심리범위," 대법원판례해설 41호(2002.12), 법원도서관, 483-503면.

☞ 최덕규, "특허법원소송에서의 신규증거에 대한 심리범위," 창작과 권리 28호, (2002년 가을호), 세창출판사, 43-61면.

---

(2) 【결정계 심판의 심결취소소송의 심리범위】
― 대법원 2002.11.26.선고 2000후1177 판결 ―

가. 사실개요

원고의 이 사건 출원발명(이 사건 출원발명은 "금속 부품의 고온 세정 및 탈지 방법"에 관한 것인데, 원료로 사용되는 "조성물"에 기술적인 특징이 있다)의 출원[1996.1.

10.(우선권주장일: 1995.1.10.)]에 대하여, 특허청은 1998.7.22. 최초 출원명세서에 기재된 "하나 이상의 1, 2 에폭시알칸, 하나 이상의 아세탈 및 염화-메틸렌으로 이루어진 금속부품의 고온 세정 및 탈지용의 조성물"을 요지로 하는 발명은 "인용발명으로부터 당업자가 용이하게 발명할 수 있는 것이라고 인정되므로, 특허법 제29조 제2항에 의하여 특허받을 수 없다"는 내용으로 원고에게 의견제출통지를 하였다. 이에 대하여 원고는 1998.10.22. 출원발명의 특허청구 범위를 "조성물"에서 "방법"형식으로 정정하는 보정서를 제출함과 동시에 거절이유에 대한 의견서도 제출하였는데, 그 의견서에는 "인용발명의 조성물에서 필수적으로 사용되는 1종 이상의 케톤은 본 발명에서 함유하고 있지 않으며, 아울러 인용발명에서 사용되는 에스테르도 본 발명에서는 함유하고 있지 않는 차이점이 있습니다"라는 기재가 되어 있었으나, 출원명세서 중 발명의 상세한 설명의 케톤화합물과 관련된 부분을 정정하지는 않았다. 위 의견서와 보정서를 제출받은 특허청은 1998.10.29. 위 1998.7.22.자 거절이유를 번복할 만한 사항을 발견할 수 없다는 이유로 거절사정을 하였고, 이에 불복하여 원고는 1998.12.5. 거절사정불복심판청구를 하였으며 그에 따른 이 건 심결이 나올 때까지 특허청이나 특허심판원은 출원발명의 신규성에 대하여 언급한 바 없다. 이에 대하여 특허심판원은 이 사건 출원발명의 진보성이 없다는 결론을 내리며 심판청구를 기각하였다. 이에 원고가 불복하여 심결취소소송을 제기하였고 특허법원은 진보성이 인정됨을 이유로 신규성 흠결에도 불구하고 원고의 청구를 인용하고, 심결을 취소하였다. 이에 피고인 특허청장이 상고를 제기하였다.

나. 판결요지

특단의 사정이 없는 한 발명에 신규성이 없다는 것과 진보성이 없다는 것은 원칙적으로 특허를 받을 수 없는 사유로서 독립되어 있는 것이라고 할 것인데, 출원발명에 대한 최초의 거절이유통지부터 심결이 내려질 때까지 특허청이 출원인에게 출원발명이 신규성이 없다는 이유로 의견서제출통지를 하여 그로 하여금 명세서를 보정할 기회를 부여한 바 없고, 심결에 이르기까지 특허청이 일관하여 출원발명의 요지로 인정하고 있는 부분에 관하여는 진보성이 있다고 여겨지는바, 법원이 출원발명의 요지를 제대로 파악한 결과 신규성이 없다고 인정되는 부분이 있다고 하더라도, 출원인에게 그 발명의 요지를 보정할 기회도 주지 않은 채 곧바로 이와 다른 이유로 출원발명의 출원을 거절한 심결의 결론이 그 결과에 있어서는 정당하다고 하여 심결을 그대로 유지하는 것은 당사자에게 불측의 손해를 가하는 것으로 부당하다고 보여지므로, 출원발명의 요지를 잘못 인정하고 그에 따른 진보성 판단도 잘못된 심결을 취소함이 상당하다고 한 사례이다.

다. 판결의 의의

거절결정불복심판과 같은 결정계 심판에 대한 심결취소소송에서 피고인 특허청장이 새로운 거절이유를 주장하는 경우에는 원고는 그 거절이유에 대한 보정 등과 같은 출원단계에서 출원인에게 주어지는 제도를 이용할 수 없어 부당하다.

이 사건 대법원판결은 출원발명에 대한 거절이유통지와 관련하여 새로운 거절이유에 해당하는지 여부의 판단기준을 제시함과 아울러, 종래 특허청의 실무관행의 잘못을 바로잡았다는 점에서 그 의의가 크다고 하겠다.

NOTE

이 판결에 대한 판례 평석은 아래 자료를 참고할 것.

☞ 권택수, "새로운 거절이유에 해당되어 특허출원인에게 의견서 제출 기회를 부여할 필요가 있는지 여부의 판단기준," 대법원판례해설 43호(2003.7), 법원도서관, 580-594면.

---

2. 관련 문헌

- 권택수, "새로운 거절이유에 해당되어 특허출원인에게 의견서 제출 기회를 부여할 필요가 있는지 여부의 판단기준," 대법원판례해설 43호(2002 하반기), 법원도서관, 580-594면.
- 김철환, "심결취소소송에서의 소의 이익," 사법논집 39집(2004.12), 법원도서관, 527-588면.
- 박정희, "심결취소소송의 심리범위," LAW & TECHNOLOGY 제2호(2005.9), 서울대학교 기술과법센터, 145-149면.
- 설범식, "특허·실용신안·디자인·상표의 등록 및 심판절차의 이해," 재판자료 제112집: 전문분야 법관연수 자료집(상), 2007, 법원도서관, 183-256면.
- 이재환, "심결취소소송의 심리범위," 정보법 판례백선 I, 2006, 박영사, 706-714면.
- 조영선, "심결취소소송의 실무상 제문제," 재판자료 제112집: 전문분야 법관연수.

- 최덕규, "특허법원소송에서의 신규증거에 대한 심리범위," 창작과 권리 30호(2003년 봄호), 세창출판사, 109-125면.

3. 응용문제

甲은 A발명에 대하여 특허출원하였으나 신규성 흠결을 이유로 거절결정을 받았다. 이후 거절결정불복심판을 청구하였으나 기각심결되었다. 이에 특허법원에 심결취소소송을 제기하였고 심리결과 신규성은 인정되나 미완성발명으로서 제29조 제1항 본문 위반을 이유로 기각하였다. 특허법원의 심결이 타당한지 논하시오.

판례색인

사항색인

≪저자 소개≫

한양대학교 법학전문대학원 교수

(사)한국지식재산학회 회장, 국회입법지원위원

일본 東京大學 大學院 法學政治學研究科 客員教授, 일본 大阪大學, 연세대학교 법과대학 및 법무
　대학원, 고려대학교 법무대학원, 한국외국어대학교 법과대학, 특허청 국제특허연수원 등 강사
　및 상지대학교 법학과 교수 역임

(사)한국중재학회 회장, (사)한국산업보안연구학회 회장, (사)한국산업재산권법학회 회장 역임

특허법·실용신안법·상표법·의장법 개정위원, 저작권법 개정위원, 대한상사중재원 국제중재인
　및 중재인, 산업재산권 분쟁조정위원회 조정위원, 인터넷분쟁조정위원회 조정위원, 사법시험·
　군법무관시험·행정고시·입법고시 위원, 변리사·변호사·5급 공무원 특채 시험위원 등 역임

〈주요 저서〉

· 대조식 공업소유권법령집(편저), 법경출판사
　(1986)
· 무체재산권법 개설(역저), 법경출판사(1991)
· 영업비밀개설(저), 법경출판사(1991)
· 주해 특허법(공역), 한빛지적소유권센터(1994)
· 지적소유권법(공저), 한빛지적소유권센터
　(1996)
· 국제계약법 이론과 실무(저), 법률출판사
　(1997)

· 특허법(공역), 법문사(2001)
· 산업재산권법원론(저), 법문사(2002)
· 부정경쟁방지법(공저), 법문사(2012)
· 영업비밀보호법(공저), 법문사(2012)
· 특허법(저), 법문사(2013)
· 상표법 제3판(저), 법문사(2015)
· 특허의 이해(저), 법문사(2015)
· 지적재산권법(저), 세창출판사(2015)

2정판 로스쿨 특허법

2010년　2월　20일　초 판 발행
2015년　8월　20일　2정판 발행

저　자 윤 선 희
발행인 이 방 원
발행처　세창출판사
　　　　서울 서대문구 경기대로 88 냉천빌딩 4층
　　　　전화 723-8660　　팩스 720-4579
　　　　E-mail: sc1992@empal.com　　Homepage: www.sechangpub.co.kr
　　　　신고번호 제300-1990-63호

정가　24,000원

ISBN　978-89-8411-538-5　93360